中国金融四十人论坛

CHINA FINANCE 40 FORUM

致力于夯实中国金融学术基础，探究金融领域前沿课题，引领金融理念突破与创新，推动中国金融改革与发展。

中国金融创新再出发

《径山报告》课题组 ◎ 著

中信出版集团 | 北京

图书在版编目（CIP）数据

中国金融创新再出发/《径山报告》课题组著 . --
北京 : 中信出版社, 2020.5
ISBN 978-7-5217-1593-4

Ⅰ . ①中… Ⅱ . ①径… Ⅲ . ①金融改革—研究报告—
中国 Ⅳ . ①F832.1

中国版本图书馆 CIP 数据核字 (2020) 第 028709 号

中国金融创新再出发

著　　者:《径山报告》课题组
出版发行: 中信出版集团股份有限公司
　　　　　（北京市朝阳区惠新东街甲 4 号富盛大厦 2 座　邮编　100029）
承 印 者: 北京通州皇家印刷厂

开　　本: 787mm×1092mm　1/16　　印　张: 29　　　字　数: 300 千字
版　　次: 2020 年 5 月第 1 版　　　　印　次: 2020 年 5 月第 1 次印刷
广告经营许可证: 京朝工商广字第 8087 号
书　　号: ISBN 978-7-5217-1593-4
定　　价: 89.00 元

中国金融四十人论坛书系
CHINA FINANCE 40 FORUM BOOKS

"中国金融四十人论坛书系"专注于宏观经济和金融领域，着力金融政策研究，力图引领金融理念突破与创新，打造高端、权威、兼具学术品质与政策价值的智库书系品牌。

中国金融四十人论坛是中国最具影响力的非官方、非营利性金融专业智库平台，专注于经济金融领域的政策研究与交流。论坛正式成员由40位40岁上下的金融精锐组成。论坛致力于以前瞻视野和探索精神，夯实中国金融学术基础，研究金融领域前沿课题，推动中国金融业改革与发展。

自2009年以来，"中国金融四十人论坛书系"及旗下"新金融书系""浦山书系"已出版100余本专著。凭借深入、严谨、前沿的研究成果，该书系已经在金融业内积累了良好口碑，并形成了广泛的影响力。

中国金融四十人论坛《径山报告》项目介绍

中国金融四十人论坛于 2017 年初正式启动《径山报告》项目，每年针对经济金融领域的重大话题，邀请学界、政界与业界专家进行研究、辩论，提出相应的政策和建议。此项目首期三年由中国金融四十人论坛学术委员会主席、北京大学国家发展研究院副院长黄益平牵头，由项目协调小组确定年度研究主题并邀请学术素养深厚、专业经验丰富的专家承担课题研究工作。《2019·径山报告》项目协调小组成员包括：黄益平、刘晓春、王海明、徐忠、张斌。

《2019·径山报告》的主题为"以金融创新支持经济高质量发展"，由浙商银行提供独家支持。此报告于 2019 年 11 月交付出版，并根据报告主题，将书名定为《中国金融创新再出发》。

径山，位于杭州城西北，以山明、水秀、茶佳闻名于世。《径山报告》项目选择以"径山"命名，寓意"品茶论道悟开放"，让中国金融实践走向世界。

中国金融四十人论坛《2019·径山报告》课题组

综合报告：黄益平

分报告一：林毅夫　付才辉　任晓猛

分报告二：田　轩　陈　卓　马思远　隗　玮
　　　　　王一出　张　澈　王平凡

分报告三：杨凯生　王小娥　赵幼力　胡　婕　杨　荇

分报告四：肖　钢　关晶奇　石锦建　陈大鹏　郎　昆

分报告五：黄　卓　沈　艳　郭　峰　黄益平

分报告六：郭　凯　徐　昕　王一飞　姜宁馨

目 录

01

以金融创新支持经济高质量发展

02

金融创新如何推动高质量发展：新结构经济学的视角

03

金融创新支持实体经济创新

04

商业银行如何通过转型支持经济高质量发展

05

中国影子银行的治理与创新

06

数字金融创新促进高质量经济增长

07

人民币国际化再出发

附录　专家点评

目　录

金融创新需要有利于创新的政策环境

《中国金融创新再出发》全面、深入地分析了目前在实现高质量发展方面，中国金融体系所面临的一系列挑战，并从金融创新角度提出了多项政策建议。从 2017 年的"金融开放"、2018 年的"金融改革"到 2019 年的"金融创新"，《径山报告》项目的主题设置及时反映了中国经济金融发展的迫切任务——近年来我国低成本优势丧失、人口老龄化加剧，加之全球化趋势停顿甚至逆转，我国经济增长模式面临严峻挑战。如何通过金融创新支持经济创新、实现可持续增长这一关键问题亟待回答。

在中华人民共和国成立 70 周年这个具有重要历史意义的时间节点，对"金融创新支持经济高质量发展"进行系统研究非常必要，它具有重要的理论意义和现实意义。

经济发展离不开金融创新

中国经济发展新的推动力在于创新。改革开放 40 年来，中国经济始终处在一个高速增长的状态，成为全球经济增长的楷模。

但在改革开放 40 年之后，推动中国经济高速发展的低成本优势逐渐丧失，需要有新的推动力让经济可持续、高质量的发展，而新的推动力就在于创新。同时，经济结构的调整也一定会伴随着创新。

经济创新需要一个高效且高质量的金融体系作为支撑。没有这样的金融体系，经济不可能高质量发展。总结改革开放 40 年的经验，实体经济部门每一步的发展都和金融部门的发展密不可分。相对于其他经济领域，金融部门的市场化程度也是最高的。厉以宁教授曾经指出，"金融创新"主要是指金融领域内的创新。因为在金融领域内存在许多潜在利润，但在现行的体制和手段下无法获取，因此就必须进行改革，包括金融体制方面的改革和金融手段方面的改革，这就是金融创新。

随着经济的发展和经济结构的调整，金融部门的确也在不断地转型和创新。银行、保险、基金、证券等很多金融业态都有较快的发展，目前中国的银行已有五千多家，其他类型的金融机构也非常多，金融产品的种类也越来越多，发达经济体市场上的各种金融产品在中国市场上都有，甚至还有一些是中国独创的融资模式。毋庸置疑，正是这样的创新成就了中国经济和中国金融发展的核心竞争力和前进的动力。

松紧适度的政策环境才能有利于金融创新

宏观政策的意义在于为经济的可持续发展打造一个适宜的环境，而这必然会涉及制度、理念、激励机制的创新。创新的核心是所谓"创造性的毁灭",尤其是在金融创新过程中更是充满了风险与效益的巨大不对称。所以,金融创新和金融风险始终是一对孪生兄弟。过去很多年里,监管总是滞后于创新,也就是说监管总是在创新出了纰漏之后再去想办法化解。如果监管者可以确立一个创新的基本原则,允许创新者在市场和法治的基础上享有失败和得到宽容的机会,譬如,创新必须是支持经济高质量发展的,风险必须是在可控范围之内的,那么这样的创新和监管之间就有可能达到成功的平衡。金融业不同于其他行业,稍有不慎,细微的金融风险就如同星星之火可以燎原一样酿成重大的金融危机,从而对经济造成重创。从这个视角看,金融创新需要特别小心,中国监管当局需要为金融创新设立一个覆盖范围比较广的、同时有利于防范风险的基本原则。

这方面我们有过成功的例子。2009—2015年,人民币国际化的进程走得很快,以至于到2016年人民币顺利加入了SDR篮子。应当说,这和政府顺应市场需求、因势利导是分不开的。虽然人民币还不是一个完全可兑换的货币,但在境外可自由使用,使得国际货币基金组织可以接受人民币这个非可兑换货币加入SDR篮子。人民币国际化在自身并不百分之百具备条件下的创新之路是市场选择的结果,并不是政府刻意推动的。2016年以后,人民币国际化的进程有所停滞,客观上与人民币汇率预期从升值变成贬值、中美之间的利差从宽变窄、国内金融业出现了一些风险、监管部门加强了对资本跨境流动的管理等有关,但同时也与人民币国际化被当作了宏观调控的工具、让位于其他目标不无关系。

由此得到的启示是，在进行金融创新时，一方面必须设立一个关于创新的基本原则，另一方面要坚持顺应市场的发展。顺应市场的发展和加强对创新的监管，两者其实可以并行不悖。只有两者兼顾，真正营造出一个有利于金融创新的生态环境，金融创新才能够百花齐放，才能够真正有效地支持经济的高质量发展。与此同时，由于金融创新的一个重要副产品就是可以规避金融监管，所以当金融创新使大多数金融从业者可以成功规避监管时，金融监管当局就不得不去调整现行的监管制度，或者说，金融创新必然会带来金融监管制度的改革。这就要求监管者必须与时俱进，尤其是在金融科技如此发达的今天，如何从传统的监管模式学习提升到大数字基础上的监管，显然需要长时间的磨砺。

张晓慧

中国金融四十人论坛资深研究员

清华大学五道口金融学院院长

三年一个轮回，《径山报告》已成标杆

缘起，只是一杯清茶。不意却引出一股清流，在纷繁喧嚣的当下，冷静观察世事，提出改革建议，于是有了《径山报告》。

当今世界，正处于历史的大转折时期，中国，是这个大转折时期的主角之一。中国进入了一个新时代，这新时代，既是中国的，也是世界的。度过这一转折期，不会一帆风顺。所谓改革进入深水区，是因为改革有许多风险与阻力。2017年，《径山报告》的专家们敏锐地观察到，加快开放是进一步改革的切入点和触发点，无论是整体的改革还是金融改革。因此，开篇是金融对外开放。这是他们的睿智、眼界、胆略和气度。一时洛阳纸贵。不仅洛阳纸贵，大洋彼岸等不及中国金融四十人论坛出《2017·径山报告》英文版，也顾不得知识产权，急急忙忙自己动手把中文翻译成英文。

如今，新一轮的金融开放，正在如火如荼地进行中。这一轮金融的对外开放，可以说是大力度、全方位的，是各主要经济体历史上少有的。

顺理成章，《径山报告》接下来的课题是：改革，构建现代金融体系。然后是创新，支持经济高质量发展。

"金融开放""金融改革""金融创新"，三大课题，一气呵成。这不仅是当今中国金融的主旋律，也是中国经济的主旋律。

三年一个轮回，《径山报告》已经成为中国智库的一个标杆。本书文风朴实，思想开放，以历史眼光和国际眼光来看待中国金融的改革开放，始终秉持市场化导向和国际化导向，并由此提出对策建议。因此，这些建议，具备了方向性意义，引起了国内外的广泛关注和高度重视。径山，历史悠久，曾经对中国和日本的佛教文化、茶文化影响巨大。今天，则是本书把径山展现给了世界。

五年以后，十年以后，人们再读这本书，应该会觉得平淡无奇。因为其中的许多分析、许多建议，已经成为我们的日常。但是，我想，经历过这之前十年、二十年，又经历过今后五年、十年的朋友，那时再读它，一定会击节叹赏，感慨系之！不信？我们可以定一个十年之约：径山寺里一杯茶！

清泉与清茶，我想，黄益平老师也会有兴趣赴约吧？三年主持课题，黄老师对主题的把控能力，开放与包容的胸襟，让人叹为观止。当然，清茶需清谈，清谈需清客，少不了这一众具有家国情怀、敢于直言的专家。

三载切磋，获益良多，幸甚至哉，更期新作！

刘晓春
上海新金融研究院副院长
浙商银行原行长

摘　要

　　在实行改革开放政策 40 年后，中国经济迎来了一系列重大的转折。首先，中国人均国民总收入已达到中高水平，失去了持续多年的低成本优势。其次，人口老龄化已然到来，目前每年劳动年龄人口减少 800 万人、老龄人口增加 1 200 万人。最后，全球化趋势出现停顿甚至逆转，中国经济增长对外部市场、资本与技术的依赖度必然会降低。未来中国经济能不能实现高质量发展，完全取决于经济增长模式能否平稳地从要素投入型过渡到创新驱动型。高质量发展的主要特征是生产要素的高效率与经济活动参与者的高收益，其最终目标是实现可持续增长。

　　增长模式转型要求金融模式转型。中国的金融部门从改革初期的单一机构到形成今天机构繁多、资产庞大的体系，经历了翻天覆地的变化。与各国的金融体系相比，中国的金融体系有两个突出的特征：一是较高的金融抑制水平，即政府对金融体系的干预比较多；二是银行在金融体系中占绝对主导地位。这个金融体系在过去几十年并没有妨碍中国在改革开放期间实现经济高速增长与金融基本稳定。这是因为以下三个原因。第一，金融抑制的水平其实一直在缓慢下降。第二，在市场机制不健全的经济体中，适度的金融抑制反而可能是有益的。第三，这个金融体系比较适应当时的增长模式，受政府干预的商业银行擅长支持大型企业、制造业和粗放式扩张，因为它们的风控方式基本上就是看财务数据、看抵押资产、看政府担保。

可惜的是，这个曾经行之有效的金融体系现在却无法再有效地"支持实体经济"。首先，很多轻资产、小规模的创新型企业和民营企业变成了经济创新的主力，但它们却无法获得有效的融资服务，因为它们往往缺乏财务数据、没有抵押资产和不享受政府担保。其次，人口老龄化和储蓄率下降，提高了家户对资产性收入的需求，但家户却找不到合适的投资渠道。最后，政府也缺乏恰当的市场与工具去筹集大量的资金支持公共服务。这些正是最近 10 年各种民间金融创新如影子银行、数字金融层出不穷的重要原因。

支持高质量的经济发展，就要求高质量的金融体系，一个最重要的挑战是如何支持经济创新，实现可持续增长。金融创新就是平衡创新活动周期长、不确定性高和投资要求短期回报之间的关系。金融的理念与实践都需要创新：一是增加资本的耐心，二是革新风险管理方法，三是在明晰责任的前提下容忍失败。高质量金融体系的基本条件是合理配置金融资源、有效管控金融风险，为企业、家户和政府提供良好的金融服务。

我国受政府高度干预与由银行绝对主导的金融体系显然已经不太适应当前经济发展的核心任务即支持创新活动。因此，金融改革的一个重要任务就是与时俱进地调整金融结构，不仅要尽量改变金融机构的组成比例，更要努力改进金融机构的实质功能。政府在金融市场中的作用更是亟待改革，产权歧视已经成为妨碍

摘　要

民企融资的一个重要因素。在弥补市场失灵方面，该做的没做好、不该做的经常做的现象很普遍，比如绝大部分产业政策不仅没有起到支持金融创新的作用，甚至严重扭曲了资源配置，金融监管也没有关注金融风险。

资本市场在支持金融创新活动、提供投资渠道方面有先天的优势，可惜我国的资本市场在这两个方面的优势都没有充分发挥出来。首先需要改变用管银行的方法管市场的政策思路，发行新股要核准，新股价格要调控，国家信用要替代市场信用，甚至连股市指数也要引导。市场开放度低、机构投资者占比小、上市公司行为不规范，市场自然很难有效运行。市场本身的一些先天不足也被放大，特别是资本缺乏耐心、投资者不能容忍失败。因此，发展资本市场的首要任务并非扩大市场，而是改变机制。

商业银行不太擅长支持轻资产的创新型企业，也很难提供大规模的投资渠道，这是先天决定的，形成了事实上的金融供给与需求严重不匹配、竞争激烈与服务不足并存。不过国际上已经有成功的经验，国内银行业也做了许多创新尝试，比如创立科技支行、提供供应链金融服务以及试验各种投贷联动模式，在提供银行信贷方面也逐步形成了业务团队深耕模式、"信贷工厂"模式和大数据风控模式。但商业银行的创新也面临许多难以逾越的障碍，利率市场化尚未完成，市场化风险定价很难实现。由于政府信用的介入，银行信贷配置无法真正做到竞争中性。信用体系不够完善，担保体系建设不足。另外，银行多元化融资模式也还没有形成。

理解我国的影子银行，一定要将其规避监管、诱发风险的属性与服务实体经济、弥补正规融资渠道不足的属性区别开来，所以，影子银行实际上是用错误的方法做了正确的事情，而且我国的影子银行业务是由商业银行主导的，故称"银行的影子"。监管与整治影子银行名正言顺，但要切忌"一刀切"的做法，避免既对实体经济造成冲击，又触发新的金融风险。

中国的数字金融全球领先，主要体现在普惠性方面。两家主要的移动支付平台各自拥有近10亿名用户，而且已经从大商场普及到街边摊贩。几家网络银行每年可以分别发放1 000万笔小微与个人贷款。这样的普惠金融，不仅仅增加了生活、商业的便利性，更重要的是为个人、为企业提供了以前不曾有过的发展和选择空间。而数字金融能够得到空前的发展，得益于传统金融部门的供给不足、监管部门相对宽松的政策环境，以及以智能手机、大数据和云计算为代表的数字技术的飞速进步。中国数字金融发展的启示具有两重性：一是数字技术可以让很多传统金融机构做到过去做不到的事情，二是监管框架必须与时俱进才能保障金融稳定。

人民币国际化也是支持经济高质量发展的重要工具。一方面，只要是有利于人民币国际化再出发的政策，也都是有利于经济高质量发展的政策；另一方面，人民币国际化本身也能够支持高质量发展。人民币国际化必然会要求更大力度的金融开放，让国内政策制度与国际接轨，同时降低国际收支中的货币错配问题。当然，考虑人民币国际化再出发就应该首先总结前期政策的一些经

摘　要

验教训，特别是充分重视各方面金融政策相互配合的重要性。与此同时，也应该认识到，人民币与其他主要国际储备货币之间还存在相当大的距离。因此，人民币国际化再出发既需要有足够的耐心，又需要下功夫补短板。

本报告提出以下政策建议。

一、营造支持创新的政策、制度与法律环境，保护知识产权，落实竞争中性，完善破产、重组的法律体系，实现市场出清。

二、积极构建适合支持经济高质量增长的"最优金融结构"，发展多层次的资本市场，推动金融机构更好地为创新活动和中小企业服务。提供良好的金融环境与基础设施，包括落实竞争中性、推进利率市场化和建设良好的信用体系。

三、减少政府对资本市场的直接"管控"，降低政策的不确定性。加大系统性的市场开放，引进更多的机构投资者。提高资本的耐心，在明晰责任的前提下培育"容忍失败"的创新环境，为创新型企业提供更加丰富的金融工具、激励机制和制度安排。

四、进一步探索银行与资本市场的联动，推动服务模式向"商行＋投行"转型。利用软信息，深耕小微企业客户群。利用金融科技手段，创新风控手段，建设开放银行。设立支持科技创新企业与小微企业发展的政策性银行。

五、把握好整顿影子银行的节奏与力度，减少催生影子银行的政策扭曲，对各类资管产品的监管标准要统一，减少监管套利。加强私募股权净值型产品的销售，增加市场的长期资金。鼓励金融机构提升整体资产组合的风险监控与风险管理能力。

六、尽快实现监管全覆盖，规范数字金融业务模式与行为。积极平衡大数据收益与个人隐私以及大科技公司效率与垄断之间的关系，并推动智能手机、大数据与云计算在整个金融部门中的稳健运用，支持创新驱动的经济高质量发展。

七、将人民币国际化作为中国金融开放之锚，构建透明、稳健的货币政策框架与汇率体制，从正面清单管理向负面清单管理转变，构建合理的金融市场与金融机构体系。大力加强人民币的计价功能。

八、构建适应金融创新的监管体制，平衡创新与稳定之间的关系。适应金融创新跨行业、跨区域、新技术的业务特征，加强监管协调、功能监管与监管科技。在监管政策的执行中，要防止"一管就死、一放就乱"的现象一再发生。

01

以金融创新支持经济高质量发展①

① 《2019·径山报告》课题组有六个分课题组，分别由林毅夫、田轩、杨凯生、肖钢、黄卓与沈艳、郭凯负责，所有成员均以个人身份参与课题研究。综合报告执笔人为黄益平，主要综合了六个分报告的分析与结论，但综合报告中的一些观点并不代表每一位分报告作者的立场，任何错误均应由综合报告执笔人负责。2019年6月末，此课题在北京举行了中期评审，并于9月末在杭州举行了终期评审，课题组特别感谢评审人及所有参会嘉宾提供的中肯批评与有益建议。

经济发展新阶段呼唤金融创新

1997年，党的十五大报告首次提出"两个一百年"奋斗目标：到2021年中国共产党建党一百年时，使国民经济更加发展，各项制度更加完善；到2049年中华人民共和国成立一百年时，基本实现现代化，建成富强民主文明和谐美丽的社会主义现代化国家。在2012年再度重申了这两个目标，并具体地提出到2021年让中国的GDP（国内生产总值）及城乡居民收入在2010年的基础上翻一番。从目前看来，第一个百年目标应该完全可以实现，2018年人均GDP已经达到9 736美元，离世界银行规定的高收入水平的门槛12 600美元不远了，2010—2018年实际GDP的年均增长率为7.4%，中国即将在2020年如期实现全面脱贫。

实现第二个百年目标的任务可能要艰巨许多。虽然自1978年实行改革开放政策已40年，中国经济实现了年均9.2%的增速，金融体系也保持了基本稳定。但这样的成绩在未来30年能否持续，还有很大的不确定性。和过去的发展相比，未来中国经济将面临一系列新的挑战：第一，随着人均收入大幅提高，成本也水涨船高，增长模式必须从"要素投入型"转向"创新驱动型"；第二，人口红利消失，中国正在快速进入老龄化时代，未来30年劳动年龄人口可能会减少1.7亿人，抚养比也将从2010年的1/3上升到2049年的2/3；第三，新近的逆全球化趋势意味着未来中国很难再像过去一样依靠外部市场持续支持经济增长。除此之外，还需要应对其他一些重要的挑战，比如环境破坏、人均收入不平等和高杠杆率等。

未来中国经济能否实现可持续增长，在很大程度上取决于能否有效地应对上述的这些新挑战。最近，北京大学国家发展研究院与布鲁金斯学会组成联合课题组深入分析未来30年中国将面临的经济挑战。联合课题组的基本结论是：如果能够继续坚持改革开放的政策，中国经济完全有可能保持稳健的发展步伐。当然，到2049年，其经济增速可能放缓到2.7%~4.2%，但那时中国人均GDP将上升到美国的2/3。也就是说，从现在开始的30年，虽然增速会持续下降，但中国经济应该很快就能够迈过高收入国家的门槛。即使按市场价格计算，中国也将在不远的将来成为世界第一大经济体。

这样看来，实现第二个百年目标的可能性也很大，但还需要做出很多艰苦的努力才能达成这个目标。所谓的"中等收入陷阱"，刻画的就是大多数国家在达到今天中国这样的中等收入水平之后，再也无法继续进步。即便是经济发展十分成功的国家，比如日本，也一度经历过将近20年的停滞不前。中国经济如何才能实现持续不断的增长呢？出路只有一条，就是走向经济高质量发展。经济高质量发展的核心特征是高效率和高效益，目标是实现可持续的增长。生产要素包括资本、劳动、资源、能源和环境的投入要产生高效率。同时，市场主体要获得好的效益，即投资要有回报、企业要有利润、员工要有收入、政府要有税收，而且四者之间的分配要相对合理。可见，实现经济高质量发展是一项复杂的系统工程，不过最根本的决定因素是经济的创新能力。在低成本优势丧失之后，唯有通过创新，不断地推动产业升级换代，提高生产率，经济才有可能可持续、高质量地增长。

金融支持经济高质量发展，除了提高金融效率、维持金融稳定，关键还要有效满足实体经济的需求：一是创新企业融资的需求，二是家户对资产性收入的需求，三是政府筹集大量廉价资金的需求。近10年来，随着成本水平的不断提高与经济增速的持续放缓，"金融不支持实体经济"的抱怨也越来越多。从客观来说，对金融体系的抱怨一直存在，但似乎从来没有像现在这么突出。中国的金融体系从改革初期的单一机构演变到今天这样一个数量繁多、资产规模庞大的部门，几乎是发生了翻天覆地的变化。除了机构多、资产大外，中国的金融体系还有两个非常突出的特点：一是银行在金融总资产中的比例非常高，二是金融抑制即政府的干预程度非常高（见图1.1）。这样独特的金融体系引出两个疑问。第一，既然实行市场化改革，为何中国金融抑制的程度还如此高？第二，一个以国有商业银行为主的金融体系，是否在资源配置与风险控制方面存在明显的短板？

但过去40年的发展经历又表明，这样一个看起来并不完善的金融体系并没有妨碍中国实现经济高速增长与金融基本稳定。我们可以从三个方面来理解这种现象：首先，虽然在改革期间政府对金融体系的干预程度相对较高，但金融抑制指数却一直在稳步下降，也就是说市场化的步伐并没有停止；其次，虽然政府干

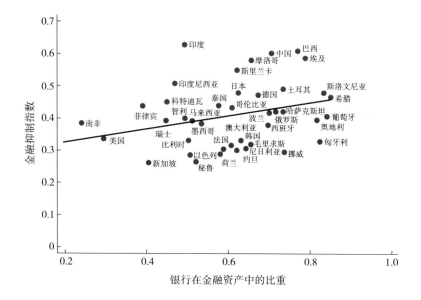

图 1.1　2015 年各国金融体系比较：金融抑制与银行占比

资料来源：《中国金融改革路线图》。

预会带来一些效率损失，但银行一直在快速地将储蓄转化为投资，对经济增长提供了有力的支持；最后，政府控股金融机构有效地提高了投资者的信心，保障金融稳定发展。这个分析与斯蒂格利茨的观察是一致的，即在金融市场机制不发达的经济体，适度的政府干预反而是有益的。实证研究也表明，假如从改革初期就彻底消除政府干预，中国经济在 20 世纪八九十年代的增长速度可能反而会明显降低。

　　那为什么过去行之有效的金融体系现在突然又不行了呢？一个重要的原因是中国经济的增长模式正在转变，但金融体系还没有转变过来，无法满足实体经济许多新的金融服务需求。一方面，随着人口老龄化和储蓄率下降，家户对资产性收入的需求稳步增加。多年来，他们积累了规模庞大的储蓄资金，却没有多少合适的可投资资产。中国资本市场发展经历了近30年的时间，但这个市场对投资者仍然缺乏足够的吸引力。过去家户习惯将储蓄资金存放在银行或者投资到房地产市场，现在银行存款利率经常跑不过通胀率，而房地产市场的风险也在明显上升。

另一方面，传统的商业银行习惯利用财务数据、抵押资产和政府担保做信用评估，因而它们擅长为大型企业、制造业以及粗放式扩张提供融资服务。而过去几十年中国经济发展的主线就是利用低成本优势粗放式地扩张劳动密集型的制造业，因此，中国的金融体系一直能够比较有效地支持实体经济的增长。但现在形势发生了变化。自2008年全球金融危机以来，劳动力市场出现短缺，低成本优势丧失，人均GDP从2007年的2 600美元增长到2018年的9 736美元，粗放式扩张模式难以为继。唯有依靠创新，实现持续的产业升级换代，才能支持可持续的增长。但问题是创新型企业中的绝大部分是民营企业、中小企业，它们通常既没有财务数据，又缺乏抵押资产，当然也很少能享受到政府担保，传统的商业银行无法有效地对这类新型企业做信用评估，当然也就无法很好地为它们提供融资服务。

区分好的金融创新与坏的金融创新

经济创新，包括技术、产品、业态和模式的创新，是中国经济面对的新挑战，也是保证经济可持续增长的重要支柱。经济创新呼唤金融创新，这是实现经济高质量发展的必要前提。经济创新的本质特征是周期长、不确定性大、失败率高，这与大多数金融投资要求短期化的低风险、高回报之间存在一定的矛盾。金融创新就需要尽可能地克服这个矛盾。

在中国经济中，各种金融创新已层出不穷地涌现，但效果却很不一样。如何判断是好的金融创新还是坏的金融创新，具体可以来看两个例子。

第一个例子是金融衍生品，包括远期合约、期货期权、资产证券化等。1972 年以后金融衍生品市场大规模发展，原因是布雷顿森林体系的解体，使世界各国逐步走向浮动汇率制。而金融衍生品作为应对市场波动的金融创新工具，其目的就是帮助避险。但这个金融工具究竟是好的金融创新，还是坏的金融创新，不能一概而论。比如资产证券化，小额贷款公司通过资产证券化开拓融资渠道，支持小微企业发展，是普惠金融发展的重要渠道，可以认为是一种正面的金融工具。但引发 2008 年美国金融危机的"次贷"，即次级住房抵押贷款，也是一种资产证券化产品。它使本不应该获得银行按揭贷款的高风险潜在客户拿到了按揭贷款，并且它也隐藏了其中存在的风险，这种金融工具有很大的风险和严重的后遗症。

第二个例子是数字金融，或者称互联网金融。数字金融的基本特征是用数字技术来支持金融决策与金融交易。数字技术包括有场景的移动终端和大数据分析。前者如淘宝、微信、京东，这些平台移动终端通过"场景"吸附客户的成本，比传统金融机构获客成本低很多。大数据分析可以帮助解决部分风控问题，因为金融交易最大的问题在于信息不对称带来的逆向选择或者道德风险，而基于人们行为的大数据风险评估可以帮助金融决策。数字金融可以解决很多传统金融模式解决不了的问题，但是它也有好和不好两个方面。从好的方面看，最典型的例子是移动支付，如支付宝、微信这样的移动支付工具已经进入了经济活动的各个领域，便利了生活、提高了效率。但从不好的方面看，数字金融也会带来各种风险，特别是如果风控缺失，金融监管不到位，就可能演变为非法集资或者庞氏骗局，比如 2018 年特别火的现金贷。

好的金融创新至少需要同时满足两个条件。第一个是能够满足实体经济的合理需求。这里特别强调了"合理需求"，即不是所有对金融服务的需求都是合理的。举例来说，"次贷"就不是好的金融创新，因为它刺激了不合理的贷款需求，风险迟早会暴露。同理，一些现金贷产品将钱贷给了没有偿还能力的个人，这些借款人无职业、无资产、无收入，这种金融需求就超出了合理的范围。第二个是风险可控。风险控制是金融交易的核心，如果不能有效控制风险就会很危险。比如上例中的"次贷"和现金贷，并不是说这样的产品一定不好，但是前提必须是风险可控。一些网络借贷平台没有风控的能力，不仅自身存在极大风险，也破坏了整个金融市场的秩序。这种行为如果泛滥，甚至会对整个金融体系造成冲击。

结合当前实现经济高质量发展的需要，金融创新应该考虑从以下三个方面入手。第一，资本要有足够的耐心。目前银行的信贷资金以一年期为主，很少有超过三年的，很多固定资产项目的融资都是分拆成几个阶段落实的。近二十年发展起来的各种投资基金如天使基金、创投基金、私募基金和产业引导基金等，使这方面有很大改善，但急功近利的问题依然十分严重。融资期限虽然只是一个时间问题，但期限太短，必然会牵扯企业家的很多精力，甚至造成生产经营风险。如果企业家整天被债权人、投资人追着要回报，如何还能安心从事创新活动呢？

第二，风险管理要适应创新的特点。金融交易最大的困难就是信息不对称，所以金融服务的基本门槛就是风险评估的能力，无论对银行、保险这样的间接融资渠道，还是对股票、债券这样的直接融资渠道，都是一样的。过去几十年，中国这个看上去比较"非典型"的金融体系能够有效地支持经济增长，就是因为其风控体系能够适应当时经济发展的方式，首先看财务数据，不行再要求抵押资产，再不行还有政府兜底。评估创新企业的风险存在两个层面的困难：第一个层面，大多数创新企业都是中小企业、民营企业，它们往往既没有财务数据，也缺乏抵押资产；第二个层面，创新活动天生具有很大的不确定性。因此，判断它们的风险需要新的评估方法，比如充分利用非财务数据即各种软信息，同时需要专业化的知识判断创新活动的机会与风险。

第三，要在明晰责任的前提下容忍失败。创新的不确定性大、失败率高，金融服务要接受这个现实。目前商业银行对不良贷款的容忍度很低，甚至实行终身负责制，这就很难支持创新活动。提高对失败的容忍度，可以考虑从以下三个层面入手。一是尽量冒有把握的风险。当然，"有把握"也只是相对于"盲目"而言，但起码要知道风险在哪、有什么后果。二是接受失败。对于商业银行，就意味着对不良贷款的容忍度需要提高，对于投资基金，也要接受不成功的项目。三是金融服务成本要覆盖风险。容忍失败的前提是责任要清晰、总回报要有保障。对于投资基金，只要大部分投资项目获得高回报，个别项目失败不是问题。对于商业银行，必须实行市场化的风险定价，行政性地强制要求银行压低对创新型企业的融资成本，实际上是违背金融规律的。

"最优金融结构"与有为政府的边界

　　金融创新需要努力提高资本的耐心、建立适合创新活动的风险管理模式并容忍失败，这才能有效地支持经济创新，实现经济高质量发展。由此可见，支持"要素投入型"增长和支持"创新驱动型"增长的恰当的金融服务大不一样，也不存在放之四海而皆准的最优金融体系，关键要看它能否有效支持实体经济增长，同时管住金融风险。新结构经济学关于"最优金融结构"的概念提供了一个非常重要的思路。[①] 一方面，一个经济体的要素禀赋结构决定其最具竞争力的产业与技术结构，进而决定其金融需求的特征。另一方面，不同的金融体系在安排资金动员规模、克服或缓解信息不对称、节约交易成本、分散风险等方面具有各自的优势和劣势。因此，经济体应当具有与其要素禀赋结构所决定的最优产业结构相适应的"最优金融结构"，即金融体系中各种金融制度安排的构成需要与该经济体的产业、技术结构和企业的特性相匹配，以支持具有比较优势的产业和具有自生能力的企业的建立和成长。从横向比较看，发达经济体与发展中经济体的最优金融结构将会不同。从纵向发展看，一个经济体的最优金融结构是动态的，随着最优产业技术结构的变迁，经济中的企业规模和

---

① 见本书第二章。

风险特性会发生变化，其最优金融结构也会相应改变。

从这个思路出发，新结构经济学进一步推论，在发达经济体，居于主导地位的是资金需求量大的资本密集型企业和具有很高风险的创新型企业。在这个经济体中，有效的金融体系应当以能够为大企业提供短期大规模资金服务的大银行和能够有效分散风险的资本市场为主，辅之以为劳动密集型中小企业服务的中小银行和其他中小金融机构。而在发展中经济体中，居于主导地位的是劳动密集型的中小企业，它们的产品市场和生产技术都相对比较成熟，其风险主要来自企业家。区域性的中小银行在为信息相对不透明的中小企业提供融资服务方面具有比较优势，其他非正规金融机构也可以通过人缘、地缘关系获得当地企业及企业家的信息，降低交易成本，提供重要补充。

"最优金融结构"的概念对思考中国需要什么样的金融创新有重要启示，即不同经济体在不同发展阶段的最优金融结构可能是不一样的。从大的方向上看，在中小企业主导经济的时候，对多数中小金融机构可能是有益的。而随着经济发展水平的不断提高，资本市场可以发挥更大作用。但在把这个思想转化为金融实践的时候，可能更多关注的是机构的功能而不是机构的形态。第一，金融机构的功能并非单一化的。比如大银行，相比较而言，更擅长为大企业提供融资服务，但像富国银行、摩根大通等，在服务中小企业方面也做得有声有色。第二，资本市场在金融中介中占多大比重，并不完全是由政策决定的，而是由政治、文化、法律环境起作用的。比如德国和日本，资本市场的比重就不太可能达到英国和美国的水平。第三，现在数字技术在金融服务中的应用越来越普遍，过去很多不同机构之间的劳动分工可能逐步淡化。比如，大银行完全可能利用开放平台为创新型企业、小微企业和低收入人群提供稳健的金融服务。因此，最优金融结构在关注金融机构组成结构的同时，更要关注金融机构的实际功能。

在讨论具体的金融创新之前，还需要回答一个问题：政府在金融创新中发挥什么作用？过去政府对金融体系的干预比较多，虽然这是历史演变的结果，但实际效果很不错。一方面，虽然政府干预扭曲了市场，但政策与市场的大目标是一致的，即支持中国经济高速增长。另一方面，在市场机制还不完善的情况下，政府干预发挥了一定的弥补市场失灵和支持金融稳定的作用。实证分析也发现，20世纪八九十年代，金融抑制对经济增长的影响是正面的。只有进入21世纪之后，这个影响才变为负面。因此，过去相对有效的政府干预，现在变成一种拖累。下一步的金融改革应该继续往市场化的方向走，包括实现市场化的风险定价、市场化的资金配置等。

但市场化改革并不意味着就不要政府了，在可预见的将来，市场化的金融改革仍然可能保持一个渐进的过程。政府在金融体系中的作用主要体现在三个方面：一是维持公平竞争的市场秩序，二是克服市场失灵，三是提供良好的金融基础设施。金融创新必须遵循市场规律，但也不能一味迷信市场。眼下维护公平竞争的主要抓手是真正实现"竞争中性"，这既包括不同产权的金融机构，也包括不同产权的企业之间的公平竞争。比如，金融机构更乐于给国企提供融资，这主要是基于对风险的考量。民营企业一旦发生问题，信贷资金就很难收回。而国有企业一旦出现问题，政府往往会想办法对其进行重组，最终偿还贷款的可能性很大。这就意味着国企、民企并没有站在同一条起跑线上。对民企融资不利，也就是对创新不利。因此，实现竞争中性，实际上是金融支持经济创新的关键一步。从金融的角度出发，竞争中性的核心是硬预算约束，国企、民企接受同样的融资条件、要求同样的投资回报。

克服市场失灵的维度更广一些。中国改革期间的经历表明，在改革初期，政府对经济增长与金融稳定的作用是正面的，这也是一个弥补市场不足的证据。这条原则，未来也还适用。金融改革永远不是对市场"一放了之"。另外还有两个典型的克服市场失灵的案例，一是产业政策，二是金融监管。产业政策是利用一些政策工具克服创新过程中的市场失灵，比如基础投入过大、投资回报不容易内生化等。新结构经济学主张，除了个别战略性行业，产业政策应该尊重市场规律。产业政策的主要功能应该是补充而不是替代市场，更不应该是违背市场规律、"不惜一切代价"。开放市场可以帮助提高效率，但往往也会放大风险，而金融监管的目的就是保证公平竞争、保护金融消费者权益、维持金融稳定，这些做法要克服的依然是自由市场机制的一些缺陷。

还有一项应该做的工作是建设金融基础设施。金融基础设施是指金融运行的硬件设施和制度安排，主要包括支付体系、法律环境、公司治理、会计准则、信用环境、反洗钱，以及由金融监管、中央银行最后贷款人职能、投资者保护制度组成的金融安全网等。通常来说，政府提供金融基础设施。对于支持经济创新来说，最重要的是如何建立一个与创新企业相关的信用体系，一些互联网公司利用网络上的"数字足迹"做大数据风控，取得了不错的效果。政府可以出面将线上、线下，特别是掌握在政府部门手中的数据整合起来，建立新型的信用数据系统，支持金融机构的决策。政府也应该加强对知识产权的保护，从而为知识产权估值营造一个良好的环境。

资本市场需要扩量，更需要提质

讨论金融支持经济创新，首先会想到直接融资即资本市场的作用，特别是中国的商业银行对风险的接受能力普遍比较低，并且存贷款利率也还没有完全实现市场化，它们支持创新的能力相对比较弱。事实上，过去10年，中国的影子银行、数字金融十分活跃，在一定程度上弥补了正规银行部门的一些服务上的不足，特别是在支持民营企业、支持创新活动上。更重要的是，各种投资基金特别是天使基金、创投基金、私募基金和产业引导基金非常活跃，为很多创业公司提供了融资服务。从经济发展的角度看，资本市场更能适应新兴技术革命，因而资本市场导向的金融体系成为技术领先国家的标配。而商业银行更能适应成熟技术的大规模推广与传播，因而商业银行导向的金融体系常常是技术后发国家赶超领先国家的秘诀。这与"最优金融结构"的理念是一致的。

跨国实证研究发现：一个国家的资本市场越发达，它的企业创新能力就越强；相反，一个国家的信贷市场越发达，对它的企业的创新产出的抑制作用就越强。资本市场的优势很多，主要体现在融资期限较长、投资者专业素养较高和容忍风险能力较强等方面，这些都是传统商业银行不具备的，但对于支持创新活动却至关重要。股权融资在这方面的优势尤其突出，因为它的风险和收益共享机制，不会给企业造成短期的财务困境。另外，股价的信息含量也能够及时地反馈投资者，引导资金流向更加优质的创新项目，改善资源配置效率。资本市场自由化的国际比较可以佐证上述判断，在资本市场实现自由化之后，各经济体的专利总数平均提高13%，专利的平均引用数提高16%。[①] 资本市场的开放可以通过融资、风险共享和公司治理三个渠道强化对技术创新的支持。第一，资本市场的发展与开放可以为企业提供更多的资金支持，缓解企业的资金约束。第二，海外投资的放开增强本国投资者与外国投资者的风险共享能力，因此促进企业进行更多高风险的技术创新尝试。第三，资本市场自由化会吸引外国投资者持股，更好地发挥监督职能，进而提升公司治理水平，减少机会主义行为，有利于促进创新活动。

不过一个十分严酷的事实是，中国的资本市场虽然经历了将近30年的发展，在支持经济创新方面的作用仍然十分有限。归纳起来无非两个方面的原因：一方面，资本市场的相对规模还比较小，股票和债券在非金融企业外部融资中的比重仍然只占到15%；另一方面，现有资本市场的质量还有待提高，市场机制的运行还有许多缺陷。

第二个方面的问题更为根本。中国的资本市场似乎没有充分发挥其应有的功能，这颇有点"橘生淮南则为橘，生于淮北则为枳"的意味。中国的资本市场究竟存在一些什么样的问题？《中国金融改革路线图》对此做过系统性的分析，认为主要有四个方

---

① 见本书第三章。

面的问题。第一，市场功能不健全，导致市场与监管博弈而不是自我博弈。监管部门对证券发行实行核准制，但仍保留合规性和适销性的实质性标准，而且对新股发行的数量、节奏甚至价格有很强的控制力，等等。第二，市场信用机制不发达，过度依赖国家信用，市场信用的约束不足。从上市公司到证券期货经营机构，均以国有产权为主，相关立法不可避免地以维护国有资产保值增值为出发点，忽略了所有者缺位与代理人风险，不能很好地承担完整的股东责任和社会责任。第三，监管机构与监管功能不到位，制约着资本市场监管效能。金融监管在两个关系上存在较大问题：一是金融监管与金融发展的关系，二是机构监管与功能兼顾的关系。其结果是增加了套利空间，助长了金融风险。第四，监管的行政化难以满足专业化的要求，行业自律不充分，制约了资本市场发展活力。监管部门过于行政化、官僚化，无法及时灵活地应对资本市场瞬息万变的复杂形势。①

　　这些问题显然都会限制资本市场支持创新的能力。除了证券发行审核偏好国有企业的同时，强调资产保值增值，单单对持续盈利条件的要求就可能把大多数创新企业拒之门外。散户投资者占很大比重，机构投资者相对较少，也会加剧市场的非理性行为和羊群效应，强化资本市场缺乏耐心、过度追求短期回报的特点。有学术研究发现，金融分析师的追踪会显著降低企业的创新数量与质量。一方面，金融分析师追踪越多，越容易吸引过多的短期

---

① 具体见《中国金融改革线路图》的第七章"推进资本市场改革"。

投资者与投机者，从而给企业造成较大的短期回报压力，可能会导致企业削减长期投资和研发支出，造成创新能力下降。另一方面，金融分析师跟踪越多，公司越可能暴露于被兼并收购的风险之中，使公司管理层不得不采取防御策略，牺牲企业创新，进行常规的短期投资来提高公司业绩表现。①

因此，要让资本市场更好地支持经济创新，首先需要提升市场的质量。可以从两个方面入手：一是尽量完善市场机制，减少过度的行政干预；二是尽可能地在创新周期长、失败率高的特点与投资回报短期性的要求之间求得一个平衡。具体的做法包括：减少政府的管制、提高市场的开放度；增加机构投资者特别是外国机构投资者的数量，减少不理性的市场行为，在明晰责任的同时培养"容忍失败"的政策与市场环境；大力发展企业风险投资基金与衍生品市场，让更多有耐心的养老基金和保险资金进入市场；等等。

除了大力提升市场的质量外，对于增加市场的规模，还要有一个客观的判断：中国能否大幅提高资本市场在金融交易中的比重，比如明显逼近美国和英国的水平？现在看来这样的想法可能不太现实。发展多层次的资本市场一直是中国政府的既定方针，也于 2013 年底被写入了党的十八届三中全会的《关于全面深化改革的决定》。但为什么这些年资本市场的发展一直不尽如人意呢？一个国家的金融体系及其结构，是由很多因素决定的，除了

---

① 见本书第三章。

政策外，政治、法制和文化环境同样发挥关键性的作用。否则我们就很难理解，为何德国和日本的金融体系由银行主导，而英国和美国的金融体系由市场主导。无论看经济发展水平还是看市场经济与民主政治，这两组国家都惊人地相似。但差异也很明显，德、日追求集体主义，接受垂直决策；而英、美保护个人权利，推崇分散决策。虽然中国资本市场占比比较低，但也并不明显地低于德、日的水平。按照这个标准看，中国大力发展资本市场的空间其实是相对有限的。

商业银行支持经济创新的短板、尝试与困难

既然在可预见的将来，资本市场在中国金融体系中占主导地位的可能性不太大。那么，将来服务于经济发展包括创新活动的金融体系恐怕还要更多地依赖间接融资渠道，特别是商业银行。经济增长从要素投入型转向创新驱动型，意味着在未来，高端制造业、战略性新型制造业和服务业会变得越来越重要。相比而言，商业银行在支持不确定性大、投资周期长而且缺乏财务数据、缺乏抵押资产的创新活动方面存在明显的短板，中国一些特殊的政策因素如利率管制和对不良贷款的低容忍，都会进一步放大这种缺点。另外，如果看一些金融结构与中国类似的高收入经济体，比如德国、日本、法国和意大利等，这些国家已经离国际经济技术前沿非常近，说明它们的金融结构同样成功地支持了创新与产业升级。

欧盟、美国和日本等发达经济体的商业银行在服务创新企业与小微企业方面积累了不少好的经验，值得我们认真学习、借鉴。具体的措施很多，归纳起来大概有三个方面。一是营造有利于为创投企业、中小企业提供金融服务的良好环境。很多企业不能很好地获得商业银行的融资服务，是因为它们无法达到商业银行信用评估与风险控制的基本门槛，政府可以采取一些措施弥补这些企业的不足，改善它们的融资环境。美国于 1953 年成立了专门

的政策性金融机构——小企业管理局，主要提供担保帮助小企业获得商业贷款。政府还出台了许多市场化的激励手段，引导银行加强对中小企业的金融支持。欧盟国家在法律基础上形成了对中小企业提供金融支持的完整体系，通过加强银政合作，为政府主导的中小企业融资计划提供金融支持。

二是银行与企业建立长期稳定的关系，注重加强信息的收集、处理与应用能力。日本"主办银行制"的核心是鼓励和倡导企业和一家主办银行保持合作，以便增加银行对企业的信任，减少信息不对称的问题，在放贷时不再拘泥于抵押和担保，有效降低融资成本。目前，日本大企业融资多元化，与主办银行关系弱化，但中小企业仍然倾向与当地的银行保持密切关系。日本一些大型银行也纷纷将目光转向初创期、有前景的中小企业。同样，美国商业银行针对中小企业的贷款也呈现明显的关系型融资特点，社区银行成为中小企业贷款的主要渠道。

三是以科技手段革新银行服务中小企业的专业能力。欧盟大力推进开放银行的实践，要求商业银行对第三方支付服务商开放用户账户信息权限，提供全部必要的API（应用程序接口）接口权限。美国商业银行更多地利用发达的信息技术、人与系统的配合，不断优化中小企业融资的业务开发与风控。如富国银行，在服务前端重视网银、手机银行等新兴服务渠道的建设，并建立专门面向中小企业的服务网站，推出"创业—经营—扩张—商业计划—信贷"的服务链条。在后台管理中建立了内部数据库，对长期积累的小企业客户信息进行大数据分析，为快速高效的授信决策提供支持。

中国的商业银行在支持经济高质量发展方面存在一些明显的短板。[1] 第一，银行体系的独特结构导致了金融供给与需求的关系严重不匹配，而且竞争激烈与服务不足并存。虽然中国银行业机构的数量庞大，物理网点更是多如繁星，但大银行无论在网点还是在资产方面的占比都非常高，而且银行业务的同质化倾向也非常明显，都想把规模做大，都是多元化业务，都想贷款至大户，也都紧盯公司大户和个人高端客户，而科技企业和小微企业融资难的问题始终无法得到有效解决。第二，银行信贷审批模式与新兴产业、小微企业特点不匹配。商业银行过于重视抵押物的作用，对于高新技术、服务型企业、小微和民营等经营主体而言，专利技术、知识产权等"软"无形资产价值较高，"硬"固定资产占比相对较少。无形资产的认定和估值难度较大，致使轻资产企业的融资需求与商业银行重实物的业务方式难以契合。另外，基层信贷员对普惠客户普遍存在"不愿贷、不能贷、不会贷"的思想，依靠大数据控制信贷风险的能力也不足。第三，银行的信贷供给能力跟不上实体经济的融资需求。我国商业银行资产质量压力不断增大，不良贷款新增维持高位，冲销过程十分缓慢，约束了商业银行支持实体经济的能力。最近，监管部门着力整治影子银行，迫使一部分表外业务"回表"，但很多商业银行缺乏持续有效的补充资本金的方式，信贷业务也无法扩张。

---

[1]　见本书第四章。

不过近几年来，随着实体经济的需求变化和政府政策的引导支持，商业银行不断改变经营理念、创新服务模式。2017年以来，国内主要商业银行都成立了普惠金融事业部，遵循商业可持续的原则，转变过去在"三农"和小微领域的经营理念和模式。一些银行设立了专门支持创新活动的组织架构，比如科技支行。还有一些银行提供包括在线会计和报税、在线进存销和订单管理、在线融资等一系列供应链金融服务。历来一直支持科创企业的投贷联动业务也发展出多种模式：一是商业银行与外部风投机构合作；二是商业银行参控股权投资子公司；三是商业银行与其他机构共同发起成立股权投资基金，再凭借股权投资基金平台对外进行股权类投资。

在信贷业务方面逐步形成了依靠业务团队的深耕模式、"信贷工厂"模式和基于大数据的数字金融模式。深耕模式的关键是服务网络下沉和充足的客户经理资源，贷前以"人海战术＋熟人网络"对小微企业深入了解和密切跟踪，贷中基于丰富信息和业务经验进行评估和决策，贷后管理仍由客户经理负责。深耕模式的代表是浙江台州的三家商业银行——泰隆、台州、民泰。"信贷工厂"模式起源于新加坡的淡马锡，通过构建专业化的组织架构，形成较为完整的流程体系和相对独立的业务考核单元，这样可以对小微企业实现精确风控和差异定价，模式化、标准化的审批流程提高了放款速度。"信贷工厂"模式的代表是民生银行。大数据模式则依靠现有大数据和客户源，实现数据采集、拓客、信用评价、放款和汇款流程全自动化。大数据模式的代表是浙商银行、网商银行和新网银行。

商业银行虽然做了不少创新，但在有效支持经济高质量发展方面依然存在许多障碍与困难。第一，利率市场化尚未完成最后一跃，难以通过创新实现风险与收益的匹配。虽然我国名义上存贷款利率已经进入市场化定价时代，但央行仍然在利率定价过程中发挥重要的影响。目前银行还无法实现对小微企业的自主浮动定价来对风险进行补偿，所以更愿意选择与大型企业、国有企业合作。第二，地方政府和国有企业的管理相对规范，信息相对透明，致使银行的风险偏好易形成惯性思维。很多中小企业产权单一、规模较小、业务领域较窄，经营行为往往比较短期化，抵制市场风险的能力弱。一旦发生风险，频繁发生逃避、悬空银行债务的情况。第三，信用体系不够完善，担保体系建设不到位。数据缺乏并且不规范，影响中小企业建立信用档案。截至 2017 年底，我国企业征信系统共收录 2 510 万户企业及其他组织信用信息，其中中小企业不足 300 万户。目前虽然已经形成了政策性、商业性和互助性等三类担保机构，但普遍存在筹措资金难度大、资金来源不稳定和银行认可度低等问题。第四，商业银行多元化融资的创新空间相对较小。比如与轻资产企业融资需求更相适应的股权投资领域，商业银行就很难进入。银行多采用银证信、银基合作和境外平台绕道等方式，但存在交易链条长、合作管理难度大、业务成本和合规压力大等问题。

影子银行以错误的方法做正确的事情

理解过去 10 年影子银行业务快速发展的一个重要背景（见图 1.2），就是转型中的实体经济的许多需求没有得到很好地满足。所以创投企业融资、家户投资理财和地方政府筹集建设资金，往往都需要依靠影子银行，这实际上是由正规金融部门特别是资本市场和商业银行金融服务功能不健全造成的。因此说，"影子银行是用错误的方法做了一件正确的事情"。①一方面，它实实在在地为实体经济提供了金融服务，弥补了正规金融部门服务的不足。另一方面，影子银行规避监管，一些交易人为地放大金融风险，确实给金融稳定造成较大的隐患。但分析中国的影子银行，要把两个方面放在一起看。

根据中国人民银行的定义，中国的影子银行是指从事金融中介活动，具有与传统银行类似的信用、期限或流动性转换功能，但未受合理监管的实体或准实体。影子银行的定义可以包含三个层次：第一个层次为狭义口径，按照是否接受监管为依据进行界定，主要包含非金融牌照业务下的小额贷款、融资担保、P2P（个体网络借贷平台）网络贷款、无备案私募股权基金、第三方理财及民间借贷；第二个层次为中等口径，既包含狭义口径下的产品，

---

① 见本书第五章。

又包含金融牌照业务下的信托、理财、货币市场基金、资产管理、资产证券化、股票融资、债券融资等；第三个层次为广义口径，既包含中等口径的产品，又包含银行表外非传统信贷业务（银行承兑汇票、信用证、应付代付款项、贷款承诺等）和银行表内非传统信贷业务（标准化及非标准化投资、同业、非生息资产、存放央行款项等）。

图 1.2 2011—2018 年影子银行发展情况

资料来源：本书第三章"中国影子银行的治理与创新"。

国外的影子银行主要以非银行金融机构为主，而我国的影子银行是由银行发挥主导作用，因此被称为"银行的影子"。第一，资金主要来源于银行，资金主体仍是储户的储蓄资金。过去储蓄都放在银行，但银行的存款利率非常低，经常跑不赢通胀。银行理财产品的吸引力很大，特别是在刚性兑付打破以前。因此，一部分银行资金通过银行理财产品、信托基金、民间借贷等方式进入影子银行。第二，资金主要投放于银行的客户。受制于监管部门的严格控制，包括行业管制、月度信贷额度监管、资本充足率监管甚至利率管制等，银行无法很好地服务实体经济。而银行表外业务的开展，既可扩展贷款规模，又可满足监管要求，实现了银行降低风险资产、提高资本充足率的目标，使具有一定瑕疵、不能完全满足商业银行信贷要求的企业也融到了资金。第三，银行发挥主导作用，券商、信托等公司仅发挥通道的功能。这主要是因为商业银行在我国的金融体系中一枝独大，在资金规模、分支机构、客户资源方面具有绝对的优势。

影子银行对实体经济的支持集中在两个方面：一是企业的融资需求，二是家户的投资需求。实体经济中的民营企业，尤其是中小微企业、产业政策限制投资的行业、地方基建项目等领域都有较大的融资需求，而传统的间接融资和直接融资市场均无法满足这些需求，影子银行资金通过各种渠道流入这些行业，满足了这些融资需求、支持了实体经济发展。与此同时，理财产品能提供比储蓄存款更高的收益水平，而且流动性好，投资者的资金可以在活期账户与投资理财账户之间频繁快速转换。这种居民存款"理财化"不但满足了居民的投资需求，也一定程度上推进了存款利率市场化的进程。

影子银行确实存在不少风险，包括资源错配风险、资金空转风险、期限错配风险和刚性兑付风险等。大量的资金流向了地方融资平台、房地产企业以及"两高一剩"（高污染、高消耗、过剩产能）行业，助长了盲目投资和产能过剩现象。为了规避监管，理财产品往往"多层嵌套""层层包装"，甚至"脱实向虚"，增加了系统性金融风险。理财产品多以资金池的方式运作，负债端一般以一年期以内的产品为主，资产端的期限往往在 3~4 年，这容易造成潜在风险。刚性兑付不仅助长投机心理，还抹杀不同项目之间的风险差异，最后放大了银行体系的风险。

为此，2017 年以来，资管新规及一系列的金融严监管政策陆续出台，其目的也是化解金融风险。目前，这些政策已经初见成效。2018 年末银行非保本理财产品的余额为 22.04 万亿元，与 2017 年末的 22.17 万亿元和 2016 年末的 23.11 万亿元相比，稳中有降。影子银行资金的回表，一方面规范了过去影子银行资金体外循环、脱实向虚、逃避监管等问题，另一方面也加大了正规金融渠道对实体经济的支持力度。同业理财资金规模从 2016 年末的 5.99 万亿元下降到 2018 年末的 1.1 万亿元，减少了"资金空转"现象的出现。2018 年共发行净值型理财产品 4 481 种，同比增长 278.8%，而保本理财产品持续萎缩。总体来看，影子银行正在经历一个重要的转型过程：一是产品转型，从预期收益型产品转向净值型产品，减少保本理财产品；二是风控转型，全面重塑资管业务的风险管理体系，六大国有银行理财子公司纷纷组建，股份制银行和城商行也陆续跟进；三是销售转型，加快合格投资者培育，夯实客户基础。

但影子银行的整治也造成了一些新的问题。关键是"一刀切"的做法，没有很好地将影子银行规避监管、诱发风险的属性

与服务实体经济、弥补正规融资渠道不足的属性区别开来。比如
2007—2018 年，影子银行交易减少了 6.5 万亿元，银行信贷增加
了 2.9 万亿元，两者一综合，实体经济的融资规模净减少了 3.6 万
亿元。由此造成了民营企业融资环境急剧恶化、固定资产投资增
速断崖式下跌，进而拖累了 GDP 增长。更重要的是企业融资成
本明显上升，2018 年金融机构贷款利率上浮的比例明显提高、维
持基准利率和下浮的比例明显下降。银行贷款和债券发行更加偏
好评级更高、风险更小的国有企业和政府平台，加剧了民营企业
融资难、融资贵的问题，同时也加剧了金融市场的不稳定性。在
债券市场上，民企债券违约增多，新债发行困难，信用危机显现。
在股票市场上，大量民企进行了股票质押，而股市持续下跌使质
押风险逐渐暴露。

中国的数字金融引领全球普惠实践

中国数字金融的发展始于 2004 年 12 月 29 日阿里巴巴的支付宝上线，但一般认为高速发展期是从 2013 年余额宝运行开始的。中国数字金融的快速成长在逻辑上与影子银行的扩张有许多相似之处。一方面，传统金融部门存在许多供给不足的问题，特别是在服务小微企业与低收入人群的普惠领域；另一方面，基于这些业务形态为实体经济提供了真实的金融服务，监管采取了相对容忍的态度。比较独特的因素是数字技术的快速发展，特别是智能手机的普及、大数据的形成以及云计算的运用。数字金融的高速发展期始于 2013 年而不是 2004 年，这也跟数字技术的进步直接相关。数字金融通常指的是利用数字技术为金融问题提供解决方案的产品、业务与平台，这个概念与互联网金融或金融科技有一定的重复度，但它更加全面地覆盖新型互联网公司支持金融服务和传统金融机构利用数字技术的两个方面的实践。常见的业务形态包括移动支付、网络贷款、数字保险、智能投顾、网络众筹和加密货币等。①

到目前为止，中国做得最成功的应该是移动支付和网络贷款，数字保险的规模也不小，智能投顾基本处于尝试阶段，网络众筹

---

① 见本书第六章。

没有做起来，加密货币的发行与交易平台被官方禁止了，虽然央行在紧锣密鼓地推出央行数字货币。两大支付工具支付宝和微信支付各自拥有数亿活跃用户，几乎覆盖了所有日常生活场景。三家网络银行虽然建立时间不长，但也做得风生水起，每家每年新发的贷款笔数都到了千万级。可以说，中国的数字金融已经成为全球的一面旗帜。根据北京大学数字普惠金融指数，2011 年各省级指数的中位值为 33.6，到 2015 年增长到 214.6，到 2018 年进一步增长到 294.3，2018 年省级指数的中位值是 2011 年的 8.8 倍，平均年增 36.4%。

不过数字金融更加突出的贡献在于其普惠性。2018 年数字普惠金融指数得分最高的上海市是得分最低的青海省的 1.4 倍。而传统普惠金融指数中，2013 年得分最高的上海市是得分最低的西藏自治区的 2.8 倍。同时，随着时间的推移，领先地区（东南沿海）与其他地区之间的差距在明显缩小，省级（市级）数字普惠金融指数的收敛系数从 2011 年的 0.44（0.34）下降到 2018 年的 0.09（0.10）。经济地理学家胡焕庸在 1934 年发现，如果在中国的地图上，画一条从黑龙江黑河到云南腾冲的线，线的右边只占到全国陆地面积的 40% 多，却养活了全国超过 90% 的人口。过去几十年这些数字可能有所变化，但大的格局并未改变。但数字普惠金融的地区分布图表明，2018 年数字普惠金融已经明显地突破了这条"胡焕庸线"。而且在过去七八年，"胡焕庸线"的左边地区数字普惠金融的发展速度远远超过线的右边地区。

数字金融的发展对于支持经济高质量发展已经发挥了实实在

在的作用。一方面，大数据风控使许多小微企业获得融资，支持业务发展，这在过去传统的商业银行是不可能做到的；另一方面，老百姓可以通过各种网络投资基金进行理财、投资，过去他们因为资金数量少，迈不进投资的门槛。因此，数字金融发展的好处，并非仅仅增加了生活的便利性，更重要的是带来了许多根本性的变化。比如，实证研究表明，数字金融的发展有利于实现包容性的增长：能够帮助提升家庭收入，使农村低收入人群的收益更加突出，更有助于帮助农村居民而不是城市居民创业，能够改善农村内部的收入分配结构。

微众、网商和新网等几家网络银行平台很好地展示了利用大数据做信用分析的突破性创新。根据许多小微企业和个人缺乏财务数据、缺乏抵押资产的现实，创造性地利用它们的"数字足迹"做信用评估，这些数据可能来自社交媒体、网络购物或者其他互联网平台。现在这几家网络银行每家每年几乎都能发放1 000万笔贷款，这些银行的员工很少，多的也就2 000人，绝大部分都是科技人员，不跟客户见面。网上银行形成了所谓的"310"模式：3分钟申请、1秒钟钱到账、零人工干预。有研究发现，利用机器学习和大数据分析的方法做信用评估，甚至比传统商业银行利用财务数据的方法还要可靠。原因可能在于前者看的是"行为"，而后者反映的是"历史"。而且几家银行的不良率都非常低，最高的也就1.5%。在如此大规模的基础上依靠大数据做风控，可以说是中国数字金融领域对普惠金融发展的世界性贡献。

当然，监管的宽容立场也造成了不小的风险，在相当长的时间内，一些领域的数字金融基本上是野蛮生长，P2P就是一个突出的例子。从2007年第一家P2P平台上线，陆续出现过近6 000家各式各样的平台。第一家P2P平台拍拍贷的模式是从国外引入的，主要是做信息中介，不做信用中介。但很快该平台就发现在中国这样一个信用体系不发达、信用文化不健全的国家，真正的P2P平台其实很难生存，因此就开始尝试各种"新"的做法，包括设资金池、做增信等。但个体借贷信息不对称的程度非常高，平台既无法防范逆向选择，也不可能消除道德风险。还形成了许多"黑产业"，对平台"薅羊毛"甚至恶性挤兑，最后绝大部分平台都出现了问题。反思P2P行业的发展历程，最大的教训是监管缺位，没有做到监管全覆盖。既没有设置行业的准入门槛，也没有规定业务的规范模式。最后弄成泥沙俱下的局面，而且劣币驱逐良币。

无论从哪个角度看，中国的数字金融业务都还处于幼稚产业的状态，远未成熟。第一，不少数字金融业务刚刚经历过野蛮生长的阶段，这些业务形态是不是真的有长期的生命力，还有待观察。在总体信用文化薄弱、征信体系不发达的环境里，大部分P2P平台应该做不到纯粹的信息中介。同样，智能投顾是一个具有重要潜力的行业，但业务模式远未成熟。第二，中国的数字金融尚未经历过完整的金融周期的考验。一些网络银行以机器学习和大数据分析的方法做风控，目前看效果不错。但将来一旦经济、金融环境发生大的动荡，这些风控模型是否依然可靠还有待时间的检验。数字保险行业也面临同样的问题。第三，数字金融对金融体系的影响还有待进一步分析与理解。比如网络贷款大多是无抵押的信用贷款，这就相当于取消了伯南克所称的"金融加速器"，可以增强金融稳定性。但数字金融的特点就是快速反应，而且传播人群和区域都非常广阔。

当前的中国数字金融正在从过去的野蛮生长逐渐走向新的2.0时代，而这个新时代的一个基本特征是监管全覆盖，但这需要有明确的进入门槛，设置具体的资质要求，同时规定稳健的运行规则。在这样一个新的发展时期，很可能会出现一个擅长做金融的专注做金融、擅长做技术的专注做技术的局面。未来也许传统的金融机构会在数字金融领域发挥更加重要的作用，而一些互联网公司可以专注为金融决策提供技术解决方案，但不一定要亲自提供金融产品或者服务。最近蚂蚁金服将自我定位从 Fintech（金融科技）转向 Techfin（科技金融），就是决心向金融机构开放技术平台。京东金融改名京东数科，也是出于同样的考虑。而建设银行、平安保险、广发证券以及其他很多传统或非传统的金融机构可以利用数字技术更好地解决金融决策中的难题，提供更好的金融产品与金融服务。

人民币国际化再出发

如果说前面讨论的几个话题都是国内不同金融部门的问题，那么人民币国际化则主要是对外金融关系，而且更加宏观。但人民币国际化对经济高质量发展至关重要。一方面，只要有利于人民币国际化再出发的政策也都是有利于经济高质量发展的政策；另一方面，人民币国际化本身也能够支持高质量发展。[①]人民币国际化可以推动金融服务质量的提升。一是人民币国际化要求更大力度的金融开放，包括金融服务业与金融市场的开放。[②]国际经验表明，引进外资银行可以增加竞争、引进先进技术，提升国内银行的效率。而开放资本市场可以通过引进国外的机构投资者，促进企业的创新活动。二是人民币国际化必然要求国内的一些经济政策与制度跟国际接轨，进一步市场化、进一步开放，比如透明和可预期的政策框架，有效的政策传导机制，以及完善的产权和知识产权保护和法治等，这也都有利于提升国内经济发展的质量。三是人民币国际化本身可以帮助降低国际收支中的货

---

① 见本书第七章。

② 《中国金融开放的下半场》集中探讨了中国的金融开放问题，不过当时没有专题分析人民币国际化问题。

币错配，走出新兴市场经济货币的"原罪"①，增加应对金融风险的手段和政策空间，同样有助于经济实现可持续增长。

既然讨论再出发，首先需要回顾并评价过去一段时间的人民币国际化的进程与措施。如果把 2009 年作为人民币加速国际化的起点，那么过去这 10 年来已经取得了许多了不起的成绩，人民币在国际市场上支付、储值和计价的功能都有了很大的拓展，人民币离岸市场也形成了一定的规模，2016 年底人民币加入国际货币基金组织的 SDR（特别提款权）货币篮子更是一个历史性的成就。但在过去 10 年的历程中起伏也很明显，尤其是在 2015 年之后出现了一定程度的回头（图 1.3）。当时的一个触发因素是央行对中间价定价机制进行市场化改革，但由于人民币本来就面临贬值压力，市场又在一定程度上误读了上述改革措施，最后形成了进一步贬值的预期，也强化了资本外流的压力。央行采取了一些举措稳定汇率，对之前支持人民币国际化的部分政策形成了抵消作用。

人民币国际化发展过程中暴露的缺陷和问题，值得深入总结。一是前期人民币国际化更多是需求拉动的追赶型国际化，重在顺应 2008 年国际金融危机之后蓬勃发展的市场需求。我国在金融市场发展开放、金融机构国际化、支付清算体系等金融基础设施建设、制度规则国际接轨等货币国际化的"家庭作业"准备并不到位，对人民币国际化的供给侧支持力度不足。二是人民币国际化需

---

① 新兴市场经济的货币原罪是指这些货币不是国际货币，无法用于国外借款甚至国内长期借款，导致国内投资出现货币错配（以美元融资）或期限错配（以短期资金为长期项目融资）。

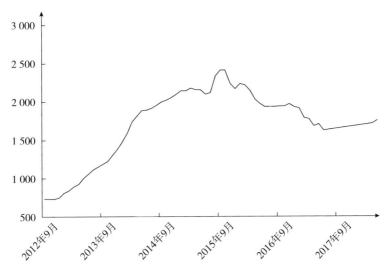

图 1.3　渣打银行人民币国际化指数

资料来源：Wind。

要与多项制度、政策和改革措施更紧密地统筹协调。深化金融改革开放是因，人民币国际化是果，人民币国际化很大程度上反映了相关改革和政策的结果。更好地统筹协调需要更精确地定位人民币国际化，而不是将其置于政策制定的从属地位。三是企业和居民在人民币国际化中的获得感有待提升。国际货币具有"国际化水平越高，收益越大"的特点，从当前的人民币国际化程度看，企业和居民有明显的福利改善，但总体看还是有限的。

既然人民币国际化是一个顺势而为的追赶过程，我们就应该充分地认识到，人民币与主要国际储备货币相比确实还存在相当大的距离。主要储备货币发行国通常有以下几个共同特点。一是不仅具备较强的硬实力，即人均收入、经济体量等，也具有较强的软实力，即政策和制度环境。二是通常具有稳定开放的宏观经济、开放发达的金融市场、具备国际竞争力的金融机构。三是在货币的计价、支付和储值三大职能上全面发展，没有明显的短板。四是货币均有大量的离岸使用和交易。这些其实也是将来人民币国际化能否最终成功的重要决定因素，当然也意味着人民币国际化可能会是一个漫长的过程。

人民币国际化再出发，既符合中国构建全面开放的新格局的大方向，也支持经济高质量发展。可以考虑把人民币国际化再出发当作推动实现经济高质量发展的一个重要手段。但在推进的过程中，需要量力而行，能走多远就走多远，切忌拔苗助长。其实应该把政策的重点放在为人民币国际化创造必要的条件上，可以参照主要储备货币发行国推进改革、创造条件。人民币汇率政策的改革应该尽快提上议事日程，汇率不灵活，将来说不定还会对人民币国际化造成掣肘。当然，不灵活的汇率体制也是跟国际货币的本义不符。与此同时，还应该采取适当的步骤防范风险、支持金融稳定。人民币国际化既有收益也有成本。一个潜在的问题是人民币国际化要求进一步的金融开放，如果国内的金融市场以及监管体系不够稳健，外部冲击很容易影响国内的金融稳定。确实有不少发展中国家因过早地开放金融市场与跨境资本流动而酿成了金融危机。但这可以通过有序推动金融改革开放、完善审慎管理框架以及更好的监管方式加以缓解。同时，也要防范在人民币国际化的过程中对储备货币地位的滥用，避免过度举债等不审慎的行为。

主要政策建议

在实行改革开放政策 40 年以后，中国经济迎来了一系列重大的转折。首先，中国人均国民总收入已达到中高水平，失去了持续多年的低成本优势。其次，人口老龄化已然到来，目前每年劳动年龄人口减少 800 万人、老龄人口增加 1 200 万人。最后，全球化趋势出现停顿甚至逆转，中国经济增长对外部市场、资本与技术的依赖度必然会降低。未来中国经济能不能实现高质量发展，完全取决于经济增长模式能否平稳地从要素投入型过渡到创新驱动型。高质量发展的主要特征是生产要素的高效率与经济活动参与者的高收益，其最终目标是实现可持续增长。

增长模式转型要求金融模式转型。中国的金融部门从改革初期的单一机构到形成今天机构繁多、资产庞大的体系，经历了翻天覆地的变化。与各国的金融体系相比，中国的金融体系有两个突出的特征。一是较高的金融抑制水平，即政府对金融体系的干预比较多。二是银行在金融体系中占绝对主导地位。这个金融体系在过去几十年并没有妨碍中国在改革开放期间实现经济高速增长与金融基本稳定，这是因为：第一，其实金融抑制的水平一直在缓慢下降；第二，在市场机制不健全的经济体中，适度的金融抑制反而是有益的；第三，这个金融体系比较适应当时的增长模式，受政府干预的商业银行擅长支持大型企业、制造业和粗放式扩张，因为它们的风控方式基本上就是看财务数据、看抵押资产、看政府担保。

可惜的是，这个曾行之有效的金融体系现在却无法再有效地"支持实体经济"。首先，很多轻资产、小规模的创新型企业和民营企业变成了经济创新的主力，它们却无法获得有效的融资服务，因为它们往往缺乏财务数据、没有抵押资产、也不享受政府担保。其次，人口老龄化和储蓄率下降，提高了家户对资产性收入的需求，但他们却找不到合适的投资渠道。最后，政府也缺乏恰当的市场与工具去筹集大量的资金支持公共服务。这些正是最近 10 年各种民间金融创新如影子银行、数字金融层出不穷的重要原因。

支持高质量经济发展，就要求有一个高质量的金融体系，一个最重要的挑战是如何支持经济创新、实现可持续增长。金融创新就是平衡创新活动周期长、不确定性高和投资要求短期回报之间的关系。金融的理念与实践都需要创新：一是增加资本的耐心，二是革新风险管理方法，是在明确责任的前提下容忍失败。高质量金融体系的基本条件是合理配置金融资源、有效管控金融风险，为企业、家户和政府提供良好的金融服务。

基于本报告的分析，提出如下八点政策建议。

第一，营造支持创新的政策、制度与法律环境，保护知识产权，落实竞争中性，完善破产、重组的法律体系，实现市场出清。

创新需要一个良好的法律与市场环境，一方面，旧的不能退出，新的很难形成。资源被大量的僵尸企业占有，这会影响创新企业的投入。另一方面，如果不能很好地保护知识产权，创新也会失去动力。支持创新的第一步就是要强化市场纪律，将有限的资源配置到最关键的创新活动中去。

第二，积极构建适合支持经济高质量增长的"最优金融结构"，发展多层次的资本市场，推动金融机构更好地为创新活动和中小企业服务。提供良好的金融环境与基础设施，包括落实竞争中性、推进利率市场化和建设良好的信用体系。

当前金融体系的一个基本问题是供给与需求错配。因此，金融改革的一个目标应该是打造适合新的经济增长模式的"最优金融结构"，不过关注点应该放在金融功能而不是机构组成。好的资本市场有利于支持新时期的增长，但间接融资渠道特别是银行支持创新企业与小微企业，也有很多成功的先例。同时，政府应该努力为金融创新提供良好的外部环境：一是实现公平竞争，消除对民营企业的体制性歧视；二是推进利率市场化，让金融机构实现市场化的风险定价；三是利用财务数据、数字足迹和官方信息构建新的信用体系，增强金融机构信用评估与风险控制的能力。

第三，减少政府对资本市场的直接"管控"，降低政策的不确定性。加大系统性的市场开放，引进更多的机构投资者。提高资本的耐心，在明晰责任的前提下培育"容忍失败"的创新环境，为创新型企业提供更加丰富的金融工具、激励机制和制度安排。

市场化的、开放的、机构投资者主导的资本市场有利于企业创新和家户投资，中国的资本市场改革首先要改变政府干预过多、散户当道、开放度低的现状，监管要维持好市场秩序，不要过多地关注资产价格，监管政策更不要朝令夕改。同时，采取更为系统性的开放策略，引进国外的战略投资者。鼓励设立母基金，支持企业风险投资，发展有利于风险管理的衍生品市场，引入保险与养老等资金规模大、投资期限长的基金，甚至减少创新企业的信息披露的频率，这些做法都有利于缓解创新型企业在业绩的短期性与创新的长期性之间的矛盾。

第四，进一步探索银行与资本市场的联动，推动服务模式向"商行＋投行"转型。利用软信息，深耕小微企业客户群。利用金融科技手段，创新风控手段，建设开放银行。设立支持科技创新企业与小微企业发展的政策性银行。

商业银行应该更主动地转型，支持经济高质量发展。客户战略上要加强客群细分与客户研究，实现对中小企业客户信用风险与内部操作风险的有效防范。在风险可控的前提下，鼓励银行对接多层次的资本市场，将商业银行的资金对接各类投资机构，或者利用核心企业的供应链开展金融服务，以"线下软数据＋线上大数据"提高商业银行的风险评估能力。监管部门应该出台开放银行政策和标准，建立行业规范，商业银行可在认真权衡的基础上选择适当的构建开放银行的模式。建议借鉴德国复兴银行和日本政策金融公库股份有限公司等的做法，探索设立适合中国小微企业的政策性银行，有针对性地满足民营、小微企业的金融需求。

第五，把握好整顿影子银行的节奏与力度，减少催生影子银行的政策扭曲，对各类资管产品的监管标准要统一，减少监管套利。加强私募股权净值型产品的销售，增加市场的长期资金。鼓励金融机构提升整体资产组合的风险监控与风险管理能力。

"资管新规"规定过渡期到 2020 年，但目前看来压力很大，商业银行缺乏足够的资本金，部分非标产品难以转标，还有一些宏观影响需要充分考虑。建议适当延长整改过渡期。监管机构对公募和私募的划分要统一标准，协调监管措施，理顺对理财子公司的监管。原本由银行通过理财资金错配和结构化配资流入私募股权市场的资金，因资管新规出现了断流，对股权投资、创业投资造成较大冲击，应考虑设计制度安排，让风险偏好较高、投资期限较长、具有较强风险承受能力的投资者通过净值型产品投资股权投资基金和创业投资基金，增加长期资金供给。管理资产的金融机构应加强流动性风险管理和信用风险管理，完善风险补偿机制，逐步提高风险拨备计提水平，并加强整体资产组合的风险监控。

第六，尽快实现监管全覆盖，规范数字金融的业务模式与行为。积极平衡大数据收益与个人隐私、大科技公司效率与垄断之间的关系，并推动智能手机、大数据和云计算在整个金融部门中的稳健运用，支持创新驱动的经济高质量发展。

虽然大科技平台和网络银行利用数字技术在提供普惠金融服务方面取得了举世瞩目的成就，但也引发了一系列新问题：大数据归谁所有？大科技平台会不会成为歧视金融消费者的新的垄断工具？野蛮生长的局面应该尽快终止，取而代之以一整套完整的准入门槛和行业规范。政府也应该积极推动所有的金融机构运用数字技术解决金融难题，支持创新，除了推动已有的一些商业模式如移动支付、网络贷款和数字保险等，也可以支持开放银行的实践，鼓励资本市场利用数字技术联结更多的市场参与者、提供更好的市场信息。

第七，将人民币国际化作为中国金融开放之锚，构建透明、稳健的货币政策框架与汇率体制，从正面清单管理向负面清单管理转变，构建合理的金融市场与金融机构体系。大力加强人民币的计价功能。

推动人民币国际化要有战略耐心，不设时间表。着力创造适合人民币国际化的政策环境、市场环境和制度环境，同时支持经济高质量发展。货币政策存在目标多、工具多的特点，既不利于公众理解，也会影响市场沟通的效率。人民币汇率体制既不是固定汇率，也不是完全的浮动汇率，影响投资者对汇率的预期。资本市场开放采取通道式的做法，影响了便利性与可预期性。金融开放实行负面清单，实现"非禁即入"，改变过去那种"管道式""碎片化""个案式"的开放方式，实行整体协调的对外开放。以大宗商品为突破口推动人民币计价功能的发展。

第八，构建适应金融创新的监管体制，平衡创新与稳定之间的关系，适应金融创新跨行业、跨区域、新技术的业务特征，加强监管协调、功能监管与监管科技。在监管政策的执行中，要防止"一管就死、一放就乱"的现象一再出现。

当前的金融创新具有许多新的特征，比如混业经营已经成为客观现实，利用数字技术的交易，风险传导的速度和范围已经彻底改变。传统的分业监管的做法已经很难有效控制甚至有效监测金融风险。因此，应该考虑混业监管的做法，起码应该进一步加强功能监管与监管科技的作用。也可以学习国外金融科技领域"监管沙盒"的做法，对金融创新实践发放有条件的牌照，密切观察。这样既能支持创新，又能防范风险。在监管政策的实施过程中，要尽量淡化行政性的特点，突出市场化、专业性，避免"一刀切"和"运动式"的做法，防止"一放就乱、一管就死"的现象一再出现。

02

金融创新如何推动高质量发展：
新结构经济学的视角

高质量发展要以人为本，最主要的是要满足人民日益增长的对美好生活的需要。如何才能够满足这个需要呢？总体而言，是要发展生产力，在发展生产力的过程中必须克服不平衡不充分的发展。供给侧结构性改革是克服不平衡不充分发展的主要举措。解决不平衡问题的主要方式是深化改革。补短板也需进一步发展。发展的过程应该按照"五大发展理念"来推进。创新是手段，协调、绿色、开放、共享是目标。那么，究竟如何创新，以及创新究竟需要什么样的产业政策？本研究报告首先在新结构经济学视角下分析这一基础问题，然后在此基础上分析制约高质量发展的金融结构性矛盾和短板，并提出化解这些矛盾和补短板的金融供给侧结构性改革举措，以及在尊重金融市场规律基础上的金融精准支持。

中国特色金融发展之路的"特色"的最关键之处，体现在我国发展阶段由禀赋结构所内生决定的产业结构对金融结构的需求特色，以及我国作为转型经济必然存在的金融结构扭曲与短板的改革特色。我国作为一个收入水平中等偏上的世界第二大经济体，既存在远离世界前沿的追赶型产业，也存在处于世界前沿的领先型产业，还有迅速接近世界前沿的"弯道超车"型产业，以及逐渐失去比较优势的转进型产业，并且也必须发展虽然目前不具备比较优势但对国防与经济安全重要的战略型产业。各种类型产业的创新方式又各不相同。相应地，需要的各种产业政策与因势利导方式也各不相同，这也是习近平总书记强调的产业政策要准。对应地，需要的金融支持也各不相同，要更加注意尊重金融市场规律，这也是习近平总书记强调的金融精准支持。追赶型产业的创新方式是以引进、模仿、改进为主，银行贷款或发债是其主要的融资来源。如果是大企业，追赶时首先由银行来支持，通过并购等手段引进学习已有成熟技术。如果是小企业，一些中小银行即可满足。对于必须以自主研发为主要创新方式的领先型、"弯道超车"型创新企业来说，资金的来源也不尽相同。领先型产业的企业通常相对成熟，资金需求主要通过自有资金或股票市场。对于转进型企业来说，开发新产品或者是渠道管理、质量管理，资金需求主要是以银行支持为主。"弯道超车"型需要自主创新，此类金融支持方式将更多依靠天使资本、风险资本等能够分散风险的金融方式，待技术、产品成熟后，可以通过上市来解决大规模生产的资金需求并给天使资本和风险资本退出的渠道，或是被对新技术、新产品感兴趣的大公司并购。对于国防安全的战略型新兴产业，由于此类产业还不具备比较优势，研发需要政府的资金支持，资金支持的方式主要是靠财政直接补贴，国家可以设立基金补贴研发或国家通过财政进行采购，提供金融支持。因此，除了战略型产业需要政策性金融支持外，其余前四类均需要市场化。

我国的金融业伴随经济发展取得了长足的发展，但现阶段我国的金融发展有供给错配之虑和脱实向虚之忧。其症结在于现在阶段我国金融体系存在三个层次的七个金融结构矛盾：第一个层次，直接融资与间接融资之间的结构矛盾；第二个层次，间接融资内部的结构矛盾和直接融资内部的结构矛盾；第三个层次，高质量发展与中小银行之间的结构矛盾、高质量发展与金融产品之间的结构矛盾、高质量发展与债券市场之间的结构矛盾和高质量发展与股票市场之间的结构矛盾。因此，需要通过金融供给侧结构性改革适时化解，关键改革举措在于：提高直接融资比重；支持服务中小微企业的中小银行转型，鼓励在监管条件下服务高质量发展的金融产品创新并采取市场化定价（如贷款利率市场化）；提高企业债券融资比重，提升资本市场层次性和连通性（如在与科创板对接的区域性股权市场设立科创板）。各地也应采取适宜自身产业结构的最优金融结构创新，不可"追风赶潮"。

新时代的高质量发展内涵

为实现中华民族伟大复兴的目标，党的十九大报告指出：从现在到 2020 年是全面建成小康社会的决胜期；从 2020 年到 2035年要建设具有中国特色的现代化社会主义国家；从 2035 年到 2050年要把中国建设成为富强民主文明和谐美丽的社会主义现代化强国。为实现这一宏伟蓝图，党的十九大确立了习近平新时代中国特色社会主义思想。习近平新时代中国特色社会主义思想，包含经济、政治、文化、社会、生态各个方面，主要体现在自党的十八大以来，习近平总书记所论述的"五位一体"的总体布局、"四个全面"的战略布局，以及"五大发展理念"。

首先，发展要以人为本，最主要的是要满足人民日益增长的美好生活需要。如何才能够满足这个需要呢？总体而言，是要发展生产力，在发展生产力的过程中必须克服不平衡不充分的发展。进行供给侧结构性改革是克服不平衡不充分发展的主要举措。供给侧结构性改革包含五个方面：去产能、去库存、去杠杆、降成本、补短板。去产能、去库存、去杠杆、降成本主要解决不平衡的问题。产能不平衡表现在各产业的供给能力与需求水平之间的不平衡，必须根据需求水平来调整供给侧的生产能力，这是去产能方面。去库存方面，主要表现在生产出来的产品跟市场的需求之间不平衡，产品生产过多，市场需求不足，就产生了库存，造成浪费，所以，要去库存。去杠杆主要表现在金融与实体经济之间的不平衡，造成杠杆率太高，积累了金融风险，所以，要去杠杆。降成本主要是企业经营与行政管理之间的不平衡，造成企业的经营费用太高，所以要降低行政管理造成的高成本。补短板要解决的是发展不充分，把短板补齐，以满足需求并提高生产力水平。

在供给侧结构性改革当中，解决不平衡问题的主要方式是深化改革，补短板需要进一步发展。发展的过程应该按照习近平新时代中国特色社会主义思想中的五大发展理念，即创新、协调、绿色、开放、共享五个方面来推进。这五个方面，创新是手段，协调、绿色、开放、共享是目标。创新之后要生产，供给和需求之间要协调，以避免过高的产能和库存，同时，必须符合绿色，才能够满足人们对美好生活的希望，也必须充分利用国内、国际两种市场和两种资源在开放经济下来实现，最后发展的成果需要让所有的国民共享。

支持高质量发展的产业政策与金融创新

2019 年 2 月 22 日，中共中央政治局第十三次集体学习拉开了深化金融供给侧结构性改革的序幕。习近平总书记曾经深刻指出："金融活，经济活；金融稳，经济稳。"这一次，习近平总书记又提出了"经济兴，金融兴；经济强，金融强"的重要论述。经济是肌体，金融是血脉，两者共生共荣。立足中国实际，走出中国特色金融发展之路。深化金融供给侧结构性改革必须贯彻落实新发展理念，强化金融服务功能，找准金融服务重点，以服务实体经济、服务人民生活为本。要以金融体系结构调整优化为重点，优化融资结构和金融机构体系、市场体系、产品体系，为实体经济发展提供更高质量、更有效率的金融服务。要构建多层次、广覆盖、有差异的银行体系，端正发展理念，坚持以市场需求为导向，积极开发个性化、差异化、定制化的金融产品，增加中小金融机构数量和业务比重，改进小微企业和"三农"金融服务。要建设一个规范、透明、开放、有活力、有韧性的资本市场，完善资本市场基础性制度，把好市场入口和市场出口两道关，加强对交易的全程监管。要围绕建设现代化经济的产业体系、市场体系、区域发展体系、绿色发展体系等提供精准金融服务，构建风险投资、银行信贷、债券市场、股票市场等全方位、多层次金融支持服务体系。要适应发展更多依靠创新、创造、创意的大趋势，推动金融服务结构和质量的转变。要更加注意尊重市场规律、坚持精准支持，选择符合国家产业发展方向、主业相对集中于实体经济、技术先进、产品有市场、暂时遇到困难的企业重点支持。

金融结构改革和金融精准支持是金融创新支持高质量发展的两个关键点，也是习近平总书记所强调的。习近平总书记在 2019年 2 月 22 日中共中央政治局第十三次集体学习时强调："立足中国实际，走出中国特色金融发展之路。深化金融供给侧结构性改革必须贯彻落实新发展理念，强化金融服务功能，找准金融服务重点，以服务实体经济、服务人民生活为本。要以金融体系结构调整优化为重点，优化融资结构和金融机构体系、市场体系、产品体系，为实体经济发展提供更高质量、更有效率的金融服务。推动金融服务结构和质量来一个转变。要更加注意尊重市场规律、坚持精准支持。"

我们认为，中国特色金融发展之路的"特色"的最关键之处，体现在我国作为发展经济体的发展阶段由禀赋结构所内生决定的产业结构对金融结构的需求特色，以及我国作为转型经济体也必然存在的金融结构扭曲与短板的改革特色。因此，我国金融创新的内涵也应该体现在需求特色和改革特色上，从需求特色来讲就是金融精准支持的金融产品创新，从改革特色来讲就是金融结构改革的制度创新。从这个角度而非发达国家的金融创新标准来讲，中国现阶段的金融创新有其独特之处，也唯有如此才能更好地服务实体经济，促进高质量发展。

我国作为一个收入水平中等偏上的第二大经济体，既存在远离世界前沿的追赶型产业，也存在处于世界前沿的领先型产业，还有迅速接近世界前沿的"弯道超车"型产业，以及逐渐失去比较优势的转进型产业，并且也必须发展虽然目前不具备比较优势但对国防与经济安全重要的战略型产业。追赶型产业在现阶段还是占主导地位的。例如，2018 年中国的人均 GDP 虽然达到 9 750 美元，但是依然只有美国的 15%、英国的 22%、德国的 20%、法国的 23%、意大利的 28%、加拿大的 20%、日本的 23%。这种人均 GDP 的差距反映的是劳动生产率水平的差距，代表中国现有产业的技术和附加值水平，比发达国家同类产业的水平低，仍处于追赶阶段。又比如，以"弯道超车"型的独角兽企业为例，有调查报告显示，2018 年虽然从数目上中国是美国的 1.4 倍、从估值上中国是美国的 1.7 倍，但估值也不到 9 600 亿美元。不同类型的产业需要有针对性的因势利导政策，以及对应的金融精准支持。

一、支持追赶型产业创新的因势利导政策

人均 GDP 的差距反映的是劳动生产率水平的差距，代表中国现有产业的技术和附加值水平，比发达国家同类产业的水平低，仍处于追赶阶段。中国的汽车业、高端装备业、高端材料业即属于这种类型。对于追赶型产业，中国各地政府和金融机构可以在资金融通和外汇获取上支持所在地的合适企业，像吉利汽车、三一重工那样，到海外并购同类产业中拥有先进技术的企业，作为技术创新、产业升级的来源。发达国家自 2008 年的国际金融危机以来，经济发展乏力，很多拥有先进技术的企业经营不好，

低价求售，出现了许多好的并购机会。在没有合适的并购机会时，各地政府也可以提供方便，支持所在地的企业像华为、中兴那样，到海外设立研发中心，直接利用国外的高端人才推动技术创新。另外，各地政府也可以筛选中国每年从发达国家大量进口的高端制造业产品，根据其地区比较优势，创造这些产业需要的基础设施，改善营商环境，到海外招商引资，把那些高端制造业产品的生产企业吸引到国内来设厂生产。中国现在的 GDP 规模约占世界的 16%，在新常态下，每年 6.5% 左右的增长意味着中国每年对世界贡献将近 1 个百分点的增长，现在世界每年的经济增长在 3~4 个百分点之间，也就是说，中国每年对世界市场容量扩张的贡献率在 30% 左右。如果地方政府能够根据这些高端制造业的需要提供合适的基础设施、人才培训、营商和法治环境，国外许多高端生产企业，会有很高的积极性到国内设厂生产，以满足中国不断扩大的市场需求，并以中国为基地生产供应世界各地的市场。江苏省太仓市的中德企业合作园区在 2012 年被工信部授予"中德中小企业合作示范区"，到 2014 年底吸引了 220 家德国企业入园，投资总额达 20 亿美元，这就是一个很好的案例。在中高端产业的招商引资上中国仍处于大有作为的机遇期。因此，追赶型产业发展战略依然是中国在国家层面以及各个地方目前最主要的战略选择。增长甄别与因势利导"两轨六步法"（GIFF）是追赶型产业可以操作化的政策工具，具体如下。

第一步，选择正确的目标经济体。政策制定者应该选择那些增长强劲、与本国或本地区具有相似禀赋结构的经济体或地区作为目标。例如，发展中国家或地方的政府可以确定一份可贸易的产品和服务的清单。这些商品和服务应满足如下条件：人均收入高于本地区约 100% 的高速增长国家中，这些产品和服务的生产已超过 10~20 年的成熟的商品和服务。这些产品和服务部类或许能成为符合本地潜在比较优势的新产业。对于发展中地区实现产业升级和多样化并利用后来者优势来说，这是最重要的原则。这是因为，在动态增长的经济中，工资率增长迅速，可能导致该经济生产多年的产业开始失去比较优势。因此，该产业就会在具有类似要素禀赋结构且工资较低的国家具有潜在比较优势。该原则还意味着，当一国的收入水平达到最发达国家收入水平的 50% 时，它将越来越难以甄别可能符合其潜在比较优势的产业。因此，发展战略转变为下文的领先型产业发展战略。

第二步，对于当地已经进入上述甄选出来的产品和服务的民营企业，政府可以协助解决提高产品质量和竞争力所遇到的瓶颈。分析本地的民营企业在哪些产业已经比较活跃，并检查可能阻碍它们提升产品质量与提高效率，或阻碍其他企业进入该行业的障碍。各国政府或各地政府可以实施相应的政策以去除此类，开展随机控制试验来检测这些政策在消除障碍上取得的效果，然后推广到本地或全国范围。

第三步，招商引资吸引外来投资者。对于本地企业尚未参与的新产业，鼓励上述作为参照系国家的相关企业来投资，这些企业可能希望把生产向更低收入水平的国家或地区转移，以降低劳动力成本。当地政府还可以实施孵化计划，鼓励此类产业的创业活动。

第四步，壮大本地优势产业。除了第一步通过参照目标经济体甄别潜在比较优势，政府还需要关注本地民营企业的自我发现。利用好本地区的特殊资源禀赋或全国以及全球范围的技术突破带来的出乎意料的特殊机遇。本地政府应该特别关注本地的民营企业对新商业机会的成功发现和参与，并帮助这些产业消除扩大规模的瓶颈障碍。

第五步，迅速搭建发展平台。在一个基础设施落后、商业环境不佳的地区或国家，设立经济特区或产业园区以及其他平台来克服企业进入和外国投资的障碍。大多数低收入地区的政府由于预算和能力的限制不能在本地所有范围内提供良好的基础设施和营商环境，设立特区可以集中政府有限的资源，创造有利的商业环境。设立特区或产业园区还能促进产业集群的形成，进一步降低交易费用。

第六步，为目标产业提供必要的激励。给予目标产业中的领先企业一定时限的税收优惠，在存在金融抑制时提供必要的信贷支持，在存在外汇管制时给予必要的外汇额度以进口机器设备原材料，以补偿市场领先者创造的外部性，并鼓励企业形成产业集群。由于通过鉴定的目标产业符合本地的比较优势，这样的激励措施在时间和财务成本上是有限的。为防止出现寻租和政治俘获，政府还须避免采取可能导致垄断租金、高关税或其他扭曲的激励措施。

需要特别说明的是，上述增长甄别与因势利导工具不是完全由政府主导的政策工具，其融合了经济结构转型升级的基本原则，即"有效的市场"和"有为的政府"。"两轨六步法"的第一步"产业甄别"最重要的作用不仅是挑选符合本地区潜在比较优势的产业，更重要的是防止本地政府采取不切实际的"跨越式"赶超战略，避免政府政策太冒进，这是过去绝大多数发展中国家产业政策失败的原因，同时也是为了避免企业以发展某种先进的产业为理由向政府寻租。第二步到第四步，是企业自己的选择，而不是政府指定的，政府只是有针对性地"顺水推舟"。

二、支持领先型产业创新的因势利导政策

对于像中国这样收入水平中等偏上的国家，有些产业，像中国的白色家电、高铁、造船等，其产品和技术已经处于国际领先地位或已接近国际最高水平。领先型产业必须依靠自主研发新产品、新技术，才能继续保持国际领先地位。自主研发包括两种不同性质的活动：新产品、新技术的"开发"和新产品、新技术开发需要的"基础科研的突破"。企业开发的新产品、新技术可以申请专利，这类活动理当由企业自己来进行。但是，基础科研不仅投入大、风险高，其产品是论文，属于社会公共知识，企业没有从事基础科研的积极性。没有基础科研的突破，新产品、新技术的开发就将成为无源之水。所以，政府必须在基础科研上承担主要责任。美国这样的发达国家的产业，绝大多数属于领先型产业，技术创新和产业升级所需的基础研究，绝大多数是由美国国家科学基金会资助高校，或是由美国国家健康研究院、国防

部、能源部等政府支持的科研机构来进行的。日本、欧盟等发达国家和地区也以政府的资金支持类似的机构来进行这方面的基础研究。在鼓励企业自主创新方面，美国能源部设立的小企业研发创新补贴项目（SBIR）就起到了很好的效果。通过研发补贴提高了企业（特别是中小企业和初创企业）获得风险投资的概率，促进了企业创新产出（表现为高质量专利的增加）和创新成果转化（表现为企业营业收入的增加）。研发补贴也有助于企业良好的运营和存续。研发补贴对企业创新的影响通过资助企业进行新技术可行性实验，为企业提供"试错"的机会，降低研发风险。其实，美国早在1982年就通过了执行至今的《小企业创新发展法案》，并推出了面向中小企业的创新计划。它要求美国联邦政府研发经费超过1亿美元的部委，都要拿出一定比例，来扶持中小企业的成果转化。

中国自然也可以采取同样的方式来支持领先型产业的新技术创新，以及新产品开发所需的基础科研。中央和地方政府可以用财政拨款设立科研基金，支持所在地领先型产业的企业与科研院校协作进行基础科研，支持企业开发新产品、新技术。中央和地方政府还可以以资金支持等方式，助力相关行业的企业组成共用技术研发平台，攻关突破共用技术瓶颈，在此突破的基础上再各自开发新产品、新技术。在企业新技术和新产品开发取得突破后，中央和地方政府也可以通过采购，帮助企业较快地形成规模化生产，以降低单位生产成本，提高产品的国际竞争力。领先型产业需要到世界各地建立销售、加工生产、售后服务等网络，以开发市场，中央和地方政府也需要在人才培训、资金、法律、领事保护上给予相关企业的海外拓展必要的支持。

三、支持转进型产业创新的因势利导政策

这类产业有两种类型，一类是丧失比较优势的产业，另一类是还有比较优势但是产能有富余的产业。对于中国而言，劳动力密集型的出口加工业是前者最典型的代表。这类产业最主要的成本是工资成本。目前，中国一线工人的月工资是 3 000~4 000 元人民币，相当于 500~600 美元。到 2020 年"十三五"结束，实现党的十八大提出的两个"翻一番"目标，加上人民币升值，普通工人的月工资至少会上升到 1 000 美元。这类产业在中国丧失比较优势是不可逆转的趋势。面对这种挑战，中国劳动力密集型出口加工产业中的一部分企业可以升级到品牌、研发、品管、市场渠道管理等高附加值的"微笑曲线"的两端。从事生产加工的多数企业只能像 20 世纪 60 年代以后日本和 80 年代以后亚洲"四小龙"的同类产业中的企业那样，利用其技术、管理、市场渠道的优势，转移到海外工资水平较低的地方去创造"第二春"，把中国的 GDP 变为 GNP（国民生产总值），否则必然会因竞争力丧失、海外订单流失而被淘汰掉。这些加工企业在海外的成功也将给中国相关产业中附加值比较高的中间部件和机器设备的生产企业提供海外市场，成为中国产业转型升级的拉动力。中国各种劳动力密集型出口加工产业，绝大多数在一些市县形成了产业集群，这些产业集群所在地的地方政府可以采取以下两种因势利导政策：

一是开展设计、营销方面的人才培训，搭建展销平台，鼓励一部分有能力的企业转向"微笑曲线"的两端，经营品牌的企业可以对其新产品的开发费用给予和高新企业研发费用一样的税前扣除待遇；二是协助所在地加工企业抱团出海，提供信息、海外经营人才培训、资金支持，以及和承接地政府合作设立加工出口园区等，帮助企业利用当地廉价劳动力资源优势来提高竞争力，创造企业的"第二春"。

随着中国国内工资水平的不断上涨，许多20世纪八九十年代转移到中国内地的台资、港资、韩资劳动力密集型加工出口企业已经转移出去，中国内地自己的劳动力密集型加工出口企业则因为不熟悉国外投资环境，缺乏海外经营管理人才仍滞留国内。劳动力密集型加工出口产业集群所在地的政府，可以给企业提供适合发展加工出口产业的国家信息，和承接地政府做好对接，帮助它们学习中国的招商引资经验，设立工业园区，营造良好的投资和经营环境，会同行业协会因势利导，协助中国的企业抱团投资。中国的商务部、外交部等中央部门和中国进出口银行、国家开发银行、中非基金等金融机构也要在投资保护、签证便利和金融支持上给"走出去"的企业以必要的支持。根据这一思路，中国劳动力密集型加工出口企业应向何处转移呢？由于中国是一个13亿人口的大国，第三次工业普查显示，整个制造业的从业人员高达1.25亿人。对人口规模相对较小的越南、柬埔寨、老挝、孟加拉国等国而言，中国的劳动力密集型加工企业稍微往这些国家转移，可能就会带动其工资和中国一样迅速上涨，实际上这正是近年来这些国家出现的情况。从人口和劳动力供给来看，非洲现在有 11 亿人口，有大量富余的农村劳动力，和中国 20 世纪 80 年代初的状况一样，目前的工资水平仅为中国的 1/10 到 1/4，是承接中国劳动力密集型出口加工企业最合适的地方。但一个地方要成为现代制造业加工出口基地，除了工资水平低外，当地的生产企业还必须具备比较现代化的管理和技术能力，以及国际买家对当地企业的产品质量和按时交货的信心。非洲国家现在遇到的发展瓶颈是：基础设施薄弱，国际买家对非洲企业的管理、技术、产品质量和按时交货的能力缺乏信心。中国中央政府和劳动力密集型加工企业所在地的地方政府，可以在"一带一路"倡议和"中非命运共同体"的合作框架下，帮助非洲国家学习和吸取中国在招商引资方面的经验，设立工业园区改善基础设施，提供"一站式"服务，以发展产业集群的方式将中国的劳动力密集型加工企业吸引过去，使非洲也能快速发展起来，同时提高我国企业"走出去"水平，促进过剩产能转移。

对于中国而言，退出型的第二类产业则包含钢筋、水泥、平板玻璃、电解铝等建材行业。这些产业近些年在中国发展得很快，机器设备很新，技术相当先进，生产能力是按满足过去高速增长所需投资的需要形成的。中国进入新常态以后，增长速度从过去 40 年年均 9.4% 的高速回落到现在 6.5% 左右的中高速，这些产业在国内也就出现了不少过剩产能。但是，这些产业的产品在非洲、南亚、中亚、拉丁美洲等地区的发展中国家还严重短缺，中国政府可以像支持劳动力密集型加工出口企业向非洲转移那样，以同样的方式支持这些富余产能产业中的企业以直接投资的方式将产能转移到"一带一路"倡议沿线和基建投资需求大的国家和地区。这样的投资既能使这些企业摆脱困境，也可以帮助发展中国家甚至发达国家发展，是双赢的选择。

四、支持"弯道超车"型产业创新的因势利导政策

此类产业的特征是人力资本需求高、研发周期短。相比于药品这一类研发周期可能历时 10 年以上，研发成本投入高达数十亿美元的产业，信息、通信产业的软件、手机等行业，其研发周期仅为几个月到一年，属于人力资本需求高、研发周期短的"弯道超车"型产业。这种产业又分成重资产和轻资产两类，前者需要大量资本投入，例如韩国的三星研发的 DRAM（动态随机存取存储器），华为研发的麒麟芯片以及程控交换机。后者的资本投入相对较少，例如互联网运用、游戏软件或者像以现有可用的硬件为基础开发新手机的小米那样。对于中国而言,在这类产业的发展上，中国的比较优势在于，拥有巨大的国内市场、大量的科技人才和完备的生产加工能力，能够把生产概念迅速变成产品，如阿里巴巴、腾讯、华为、小米等成功的企业。各地政府可以针对这类企业发展的需要，提供孵化基地、加强知识产权保护、鼓励风险投资、制定优惠的人才和税收政策，支持国内和国外的创新性人才创业，利用中国的优势，推动"弯道超车"型产业在当地的发展。

重资产的"弯道超车"型产业，为在该产业已经经营多年的成功企业赶超全球同行业领袖提供了机会。例如，三星对日本记

忆芯片企业的赶超，华为对诺基亚、西门子程控交换机的赶超。轻资产的"弯道超车"型则给新创业的企业提供了天地，中国以科技人才多、国内市场大、配套产业齐全为优势，在"弯道超车"的轻资产产业上表现尤为突出。当前，中国拥有数量最多的市场估值超过 10 亿美元的独角兽公司。相关研究报告指出，2018 年全球独角兽企业的地域分布：中国数量第一，共 205 家，占比 47.79%；美国第二，共 149 家，占比 34.73%；其他数量较多的国家包括英国、印度、德国、韩国，分别占比为 3.5%、3.03%、1.86%、1.40%。中国这 205 家独角兽企业的累计估值达到 9 573 亿美元，美国 149 家独角兽企业的累计估值为 5 548 亿美元，中美两国占全球比重为 88.83%。这些独角兽是典型的人力资本密集型创业企业。对中国独角兽调查报告显示，企业创始人理工科专业背景的人数最多，共 49 人，占比达到 54.4%。他们具备电子、计算机、通信等专业领域的知识和工作经验，对行业的发展和技术的革新有着较深的理解，这和独角兽企业中互联网和 IT 行业的比重较高十分吻合。 对中美独角兽的研究证实了前述中国在"弯道超车"的以人力资本投入为主的短周期产业，因国内人才多、市场大、硬件配套产业齐全而具有潜在比较优势的看法。这一现象背后恰好反映了过去 10 年中国要素禀赋结构的变迁，人力资本禀赋在结构变迁中的作用日益凸显。

五、支持战略型产业创新的因势利导政策

这类产业的特性和"弯道超车"型产业正好相反，通常不仅

资本非常密集，而且研发周期长、投入巨大，往往不符合比较优势，企业没有自生能力，但是其发展关系到一个国家的国防安全或经济安全，如大飞机、航天、超级计算机、核心芯片产业等即属于这种类型。战略型产业有一个特性，即它不能完全依靠市场，需要有政府的保护补贴才能发展起来。这类产业规模大、配套产业多。过去在发展早期，经济总体规模小，这类产业发展起来在经济中所占的比重会很多，政府的保护补贴只能通过对各种要素价格的扭曲和给予市场垄断的间接方式来实现。这是为何发展中国家普遍采取计划经济体制来发展这类产业，这也造成了诸多根深蒂固扭曲的原因。目前，中国作为一个收入水平中等偏上的经济大国，这类产业在国民经济中的占比并不大，今后应该像发达国家一样由财政直接拨款来补贴这类企业。对于国防安全产业，在美欧等发达国家和地区，不论美国的民营企业，还是欧洲的国有企业，都是由政府财政直接拨款支持的。除了和国防安全相关的军工企业之外，一些战略型新兴产业，其产业发展方向非常明确，国内又有很大的市场需求，例如一些核心芯片，如果没有国家的支持，中国的企业发展这样的产业是非常缺乏竞争力的。但是，没有这些核心技术就可能会出现"卡脖子"的问题从而影响到经济安全。因此，由国家财政支持来攻关，从长期动态的角度来看有其经济合理性。例如，2018 年中国进口了 4 176 亿个集成电路，数量上增长了 10.8%，总价值 20 584 亿元，价值上增长了 16.9%，超过原油进口价值的 15 882 亿元。这充分反映出中国作为中高等收入水平国家的现实处境——在高新技术商品上对发达国家的高度依赖（2018 年总的高新技术产品进口额达 44 340 亿元，增长 12.2%），存在很多"卡脖子"的技术清单。与此同时，这也意味着中国在这些战略新兴产业方面具有巨大的、方向明确的转型升级空间。这些战略型产业需要的支持力度较大，地方政府可能难以负担。因此，对战略型产业的扶持是国家行为，应该由中央而不是由地方财政来承担。但是，这类产业落户在哪个地方，都会间接地促进那个地方配套产业的技术进步和产业升级。所以，各地政府可以支持鼓励配套产业的发展，并改善基础设施、子女教育、生活环境等软硬条件，来争取战略型产业落户当地，以实现战略型产业和当地产业转型升级的双赢局面。

然而，需要注意的是，战略型产业并不是说不考虑一切代价都要发展的产业，而是权衡利弊得失之后，即便在一定程度上违背了现阶段要素禀赋结构的潜在比较优势也要发展的产业。与此同时，战略型产业的发展并不排斥市场环境，恰恰相反，需要在市场环境中提高其发展效率，这与过去的计划经济完全不同。正如 2019 年 2 月 20 日，习近平总书记在会见探月工程嫦娥四号任务参研参试人员代表时指出的："这次嫦娥四号任务，坚持自主创新、协同创新、开放创新，实现人类航天器首次在月球背面巡视探测，率先在月背刻上了中国足迹，是探索建立新型举国体制的又一生动实践。"这里的举国体制是指以国家利益为最高目标，动员和调配全国有关力量，包括精神意志和物质资源，攻克某一项世界尖端领域或国家级特别重大项目的工作体系和运行机制。这里的"新型"有重要的内涵，需要考虑市场作用。新型举国体制与传统举国体制相比主要有三大转变。

一是从以行政配置资源为主转变为以市场配置资源为主。传统举国体制主要由政府扭曲各种要素价格，由计划来直接配置资源到要发展的产业。新型举国体制是建立在市场起资源配置决定性作用的基础上，国家利用科技产业政策和财政手段相配合，在不扭曲要素价格的条件下引导市场的资源配置，企业成为科技创新主体，运用市场方式、经济手段解决国家科技创新工程立项、决策、预算投入、利益分配等问题。早在2015年3月13日，国防科工局明确表示，嫦娥四号工程将向社会资本开放，鼓励社会资本、企业参与嫦娥四号任务。探月工程三期总设计师胡浩表示，以嫦娥四号为试点，探索引入社会资本的新模式，对于打破航天工业壁垒、加速航天技术创新、有效降低工程成本、提高投资效益等，具有积极作用和深远影响。

二是从产品导向转变为商品导向。传统举国体制是在一穷二白的农业经济基础上，发展和发达国家直接竞争的先进产业，只能注重技术链，而忽视价值链；注重科技成果和工程的产出，忽视市场和价格表现及相关方的利益分配。新型举国体制是在中国已经成为世界工厂、第二大经济体、第一大贸易国之后，比较优势已经从资源密集的农业和劳动力密集的轻工业转向资本和技术密集的现代化产业。除了核心技术之外，许多配套的产业已经符合比较优势，核心技术攻关突破以后，也可以成为新的具有竞争优势的产业。因此，新型举国体制既看技术链也看价值链，既看产品也看市场表现，同时还要兼顾利益分配。

三是从注重目标实现转变为注重目标实现与注重效益并重。传统举国体制目标相对单一，只看重科技目标实现，不考虑经济效益。新型举国体制既要考虑实现目标，也要考虑投入产出效益。北斗三号基本系统建成及提供全球服务，是新型举国体制的生动实践。北斗高精度特色带动应用新突破，截至2018年底，北斗芯片、模块等基础产品销量突破7 000万片，北斗高精度产品出口90多个国家和地区，北斗地基增强技术和产品成体系输出海外。北斗带来大规模的市场效益。仅2017年，国内卫星导航产业产值就达2 550亿元。预计到2020年，中国卫星导航产业规模将超过4 000亿元，北斗将拉动2 400亿~3 200亿元规模的市场份额。

上述各种类型产业的创新方式又各不相同。相应地，所需的各种产业政策与因势利导方式也各不相同，这也是习近平总书记强调的产业政策要准。对应地，所需的金融支持也各不相同，要更加注意尊重金融市场规律，这也是习近平总书记强调的金融精准支持。追赶型产业的创新方式是以引进、模仿、改进为主，银行贷款或发债是其主要的融资来源。如果是大企业，追赶时首先由银行来支持，通过并购等手段引进学习已有成熟技术。如果是小企业，一些中小银行即可满足。对于必须以自主研发为主要创新方式的领先型、"弯道超车"型创新来说，资金的来源也不尽相同。领先型产业的企业通常相当成熟，资金需求主要通过自有资金或股票市场。对于转进型企业来说，开发新产品或者是渠道管理、质量管理，资金需求主要是银行支持为主。"弯道超车"型企业，需要自主创新，此类金融支持方式将更多依靠天使资本、风险资本等能够分散风险的金融方式，待技术、产品成熟后，可以通过上市来解决大规模生产的资金需求并给天使和风险资本退出的渠道，或是并购给对新技术、新产品感兴趣的大公司。对于国防安全与战略型新兴产业，由于此类产业还不具备比较优势，研发需要政府的资金支持，资金支持的方式主要是靠财政直接补贴，国家可以设立基金补贴研发或国家通过财政进行采购，提供金融支持。例如，2017 年，政策性银行包括国家开发银行，其总资产占银行业总资产比重已经达到 9.38%，是不小的数目了。因此，除了战略型产业需要政策性金融支持外，其余前四类均需要市场化。这就是为什么习近平总书记强调，金融要更加注意尊重市场规律、坚持精准支持。

我国金融脱实向虚之忧

我国的金融业伴随经济发展取得了长足的发展，但现阶段我国的金融发展有供给错配之虑和脱实向虚之忧。例如，我国2018年末金融业总资产达268.24万亿元，金融业增加值达6.91万亿元，占GDP比重达7.68%，高出2008年1.94个百分点。2018年的GDP是2008年的2.82倍，但2018年的金融业增加值是2008年的3.77倍。在2008年全球金融危机之后，中国金融业增加值占GDP比重甚至超过了美国、英国、日本等发达国家的水平。按照国际货币基金组织的标准，2016年中国的金融发展指数为0.6513，居第33位，远高于中国经济发展水平的位次（2015年中国的人均GDP在统计的232个国家和地区中居第81位）。如果按照IMF的标准，就不能说中国金融体系没有效率——恰恰相反，这种以传统金融发展理论视角下的"通过金融机构的盈利能力和资本市场的流动性来测定"的金融效率"太高"了。例如，根据国际货币基金组织的金融发展指数，2008—2017年，中国金融机构效率指数平均值高达0.8675，高于同期韩国的金融机构效率指数的平均值0.8056。2008—2017年，中国金融市场效率指数平均值高达1，等于同期韩国的金融市场效率指数的平均值1，但远高于与中国处于类似发展阶段时期的韩国。1980—1988年，韩国金融市场效率指数的平均值为0.6974。但为什么大家还普遍感觉金融服务实体经济能力不强，至少还有很大的改进空间？

我们认为这主要是结构性矛盾。例如，还是根据国际货币基金组织的金融发展指数，以"通过个人和企业获取金融服务的可能性衡量"的金融可及性太差了。2008—2017年，中国金融机构的可及性指数平均值只有0.2707，远低于韩国同期的平均值0.6987，也低于1980—1988年韩国的平均值0.3753。2008—2017年，中国金融市场的可及性指数平均值为0.2778，远低于韩国同期的平均值0.7557，只与1980—1988年韩国的平均值0.2003相当。利用中国投入产出表对各行业的金融直接消耗系数的测算可知，金融行业和地产行业是金融高消耗行业，如果金融脱实向虚的话，金融资源就只是在金融行业内部空转，以及被与其密切相关的房地产行业挤占，难以流入制造业和创新创业等实体经济，以及农业和民生等薄弱环节。正如徐忠指出的："根据林毅夫提出并论证的'最优金融结构理论'，只有金融体系的结构与实体经济的最优产业结构相互匹配，才能有效发挥金融体系功能，促进实体经济的发展。随着供给侧结构性改革的不断深化，我国金融体系结构是否与转型升级中的经济结构相匹配？在日趋丰富和复杂的金融体系中，钱都去哪了？资金是否流向了实体经济呢？'小微''三农'等社会薄弱环节和民营企业的融资需求是否得到有效满足呢？绿色信贷是否足够支持绿色经济发展？实体经济的直接融资比重是否有所提高？等等。在当前推进经济高质量增长的转型阶段，对于这些经济结构变化，以及金融体系与之适应的演进问题更值得关注。"针对如何发展金融，适时避免高质量发展过程中的金融脱实向虚问题。现代化的金融体系要以服务现代化经济体系为金融创新的根本原则，在此原则之下都应该鼓励在监管到位下的金融创新，包括金融科技和金融产品创新以及金融制度创新等。

我国金融结构的矛盾及其改革

目前中国金融体系的根本问题不在于总量不足和水平不高，而在于结构性矛盾，导致其服务实体经济的能力低下，跟不上高质量发展的需求，脱实向虚。从大的方向上来概括，其症结在于现阶段我国金融体系存在三个层次的七个金融结构矛盾（见图 2.1）：第一个层次的金融结构矛盾是直接融资与间接融资之间的结构矛盾；第二个层次的金融结构矛盾是直接融资内部的结构矛盾和间接融资内部的结构矛盾；第三个层次的金融结构矛盾是小微企业与银行业组成之间的结构矛盾、产业升级与金融产品之间的结构矛盾、产业升级与债券市场之间的结构矛盾，以及产业升级与股票市场之间的结构矛盾。这三个层次的七个金融结构矛盾是制约我国金融体系服务实体经济能力，以及诱发金融脱实向虚的根源。按照新结构金融学的基本原理，随着经济发展水平越来越高，金融结构的演进会逐步偏向直接融资而降低间接融资的比重。如果金融结构不随发展阶段而调整则会产生第一个层次的直接融资与间接融资之间的结构矛盾。当然，第一个层次的金融结构矛盾相对比较宏观，因此影响该金融结构演进的因素有很多，世界各个经济体在整体演进趋势之外还存在很多离散情况。在此基础上，第二个层次和第三个层次的金融结构矛盾则相对具体得多，因此也更多源于我国现阶段金融体系的具体问题，而非世界性的普遍矛盾。针对现阶段我国金融体系存在的三个层次的七个金融结构矛盾，需要深化金融供给侧结构性改革逐步化解。

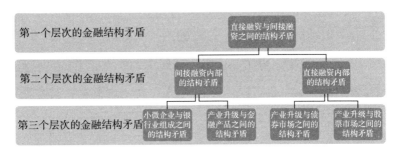

图 2.1　我国金融体系存在的三个层次的七个金融结构矛盾

一、直接融资与间接融资之间的结构矛盾

由于不考虑结构，学界围绕金融市场和金融中介对经济发展谁优谁劣争论了数十年而无定论。作为争论双方最著名的例子莫过于英美金融市场主导论和德日金融中介主导论。事实上，新结构金融学的最优金融结构理论为英美的金融结构以市场为主导，而德日的金融结构以银行为主导的争论提供了一个新的视角。英国从工业革命到 20 世纪初都是世界上最发达的国家，美国自 20 世纪初取代英国成为世界上最发达的国家，英国、美国的主导产业和技术先后处于世界产业技术的最前沿，适合其产业、技术的金融安排为能大量动员资金并分散风险的股市直接融资，所以，英国、美国的金融体系具有市场主导的特征。德国、日本的人均收入在 20 世纪 80 年代以后才达到美国的水平。在相当长的时间内，其主导产业处于世界产业、技术链的内部。

对于处在最前沿的国家，其企业的技术创新风险和产品创新风险较低，所以，企业的融资也相对侧重于银行融资。当然，随着德国、日本经济的发展，其产业和技术越来越接近甚至处在世界的前沿，因此股票市场的重要性越来越高，与最发达国家金融结构的差异会越来越小，与本国过去的金融结构的差异性会越来越大。单就美国而言，随着其产业结构不断升级，金融结构中的直接融资比例随之不断增大，而间接融资比例不断下降。日本也遵循类似的金融结构随产业结构变迁而变迁的规律。此外，其实日本的金融结构（上市公司的市场资本总额／银行部门提供的国内信贷）相对于美国而言，也展现了在追赶阶段随经济发展水平收敛而收敛的趋势。因此，尽管存在其他很多影响因素，但是随着经济发展水平越来越高，金融结构的演进会逐步偏向直接融资而降低间接融资的比重，这是一个世界性的结构变迁趋势。当然，最优产业结构的变迁是一个渐进的过程，相对应的最优金融结构的变迁也是循序渐进的过程，同时这也是一个多元化的过程。

中国过去40年正快速经历着产业结构和金融结构的变迁过程。从发展阶段上看，按照2010年不变价美元计算，中国2017年的人均GDP是1977年的26倍、是1987年的12倍、是1997年的5倍、是2007年的2倍。从经济结构上看，改革开放40年中的前20年中国完成了以劳动密集型的轻工业为主的结构转型，后20年中国正在进行以资本密集型重工业和知识技术密集型产业为主的结构转型。这一点从中国的出口商品结构变迁中可以一目了然。例如：工业制成品出口占比在 1980 年不到 50%，到 2016 年高达 95%；相对资本比较密集的机械及运输设备出口占比，1985 年只有 2.82%，1998 年上升到 27.33%，2016 年达到 46.92%。根据世界知识产权组织等机构发表的全球最新创新指数，在 129 个国家和经济体中，中国的创新指数从 2013 年的第 35 位上升到 2019 年的第 14 位。中国在专利数量、工业设计、商标数量、创意、高技术出口等方面位居世界前列。这意味着，随着中国经济的资本密度越来越大，创新水平越来越高，对投资和风险管理要求越来越高，进而对金融的需求也越来越多。与此同时，中国经济结构转型升级和创新的内容如前面五类产业所刻画的，也变得越来越多元化，同理金融需求也会随之越来越多元化。从中国社会融资增量结构中可以看出，人民币贷款占比从 2002 年的 91.86% 下降到 2017 年的 71.19%，15 年下降了 20 个百分点。但是，2010—2017 年非金融企业境内股票融资占比平均不足 4%。而且，从最近 16 个月的社会融资规模存量结构中也可以看到，社会融资规模存量总量虽然保持了两位数以上的增速，但是人民币贷款的增速更快。这其实是进一步通过间接融资满足经济体迫切的融资需求，强化了债务杠杆，弱化了直接融资。如果采取这种政策取向，可能只是缓解实体经济融资需求扩展的权宜之计，并非根本之策，甚至与宏观上去杠杆的供给侧结构性改革相冲突，会积累更多的金融风险。因此，要提高直接融资比重，需要优化间接融资结构，化解我国融资结构性矛盾。

二、间接融资内部的结构矛盾

2018 年我国的人均 GDP 虽然达到 9 750 美元，但是依然只是美国的 15%。因此，尽管存在直接融资与间接融资之间的结构矛盾，但是发展阶段尚未迈入需要美国那样的直接融资主导的金融结构阶段，在相当长的一段时期内间接融资主导的金融结构更适合我国。例如，美国的存量社会融资规模结构中直接融资占比在 2017 年超过 80%，而中国正好相反，间接融资超过 80%。尽管中国的间接融资比重过高，但不可能以美国的水平为参照。然而，纵使如此，我们现阶段间接融资内部依然存在结构矛盾。众所周知，我国在改革开放之前的金融体制完全是中央计划体制，改革开放之后的金融结构也由几家大型国有银行主导。在经历几十年的改革之后，我国银行业结构也出现了巨大的转型，间接融资结构变得多元化。例如，大型商业银行的总资产比重从 2005 年的 53.52% 下降到 2017 年的 36.29%，农村金融机构与城商银行的总资产比重从 2005 年的 17.74% 上升到 2017 年的 35.46%。但是，服务于中小企业的中小银行，以及服务于产业升级和技术创新相关的金融产品依然滞后。例如，截至 2017 年末，中小微企业的数量占全部企业数目的 90%，贡献了 50% 的税收、60% 的 GDP、70% 的专利、80% 的就业，然而小微企业贷款余额仅占金融机构各项贷款余额的 25% 左右。从本质上讲，这其实就是小微企业与银行业组成之间的结构矛盾。此外，随着中国经济结构的不断升级，产业结构越来越多元化，创新的方式也越来越多元化，投资需求和风险类型也随之多元化。与之相对应的是，金融产品也需要随之多元化，然而现阶段的金融体系提供的金融产品相对滞后，还存在产业升级与金融产品之间的结构矛盾。从本质上讲，这其实就是利率市场化与风险定价之间的矛盾。因此，要支持中小银行转型，鼓励金融产品创新，化解我国间接融资内部的结构矛盾。

小微企业与银行业组成之间的结构矛盾。除了在第一层次的直接融资与间接融资之间存在内生于要素禀赋结构所决定的最优融资结构之外，间接融资内部也存在对应的最优银行业结构。相对于规模较小的银行，大银行在甄别软信息（如企业家经营能力）方面不具有比较优势，大银行为了防范企业家风险，需要严格要求企业的抵押品数量并施行严格的违约清算。大银行的这种融资特性决定了其难以为中小企业提供有效的金融支持，但却能帮助大企业有效地节约信息成本、减少利息支出，大银行的融资特性与大企业的企业特性相互匹配。但要从根本上缓解中小企业的融资约束，关键在于改善银行业结构，满足中小企业对中小银行的金融需求，发挥中小银行善于甄别企业家经营能力的比较优势，而不是通过行政干预要求大银行服务中小企业。这便是新结构金融学关于最优银行业结构的基本理论和政策主张，从供给侧调整优化银行业结构，鼓励中小银行发展，满足中小企业的生产创新融资需求，降低大银行的政策性与行政干预负担。不同类型的银行各司其职，协同共促。这基本上符合目前中国的情况，发展中小银行有利于中国制造业产业增长。然而，如前所述，贡献了 50% 的税收、60% 的 GDP、70% 的专利、80% 的就业、占全部企业数目 90% 的中小微企业却只获得了 25% 左右的贷款。围绕这一长久的金融结构矛盾，国家和各级政府也做出了不懈的努力，形成了以货币、财税、监管等"几家抬"的比较完整的体系，实施稳健的货币政策，灵活运用定向降准等货币政策工具，建立了对中小银行实行较低存款准备金率的政策框架，并取得了一定的成效。例如，2018 年国务院进一步出台一系列缓解小微企业"融资难、融资贵"的问题以及降低税费的政策举措。2019 年的《政府工作报告》也明确提出，当年国有大型商业银行小微企业贷款要增长 30% 以上，小微企业综合融资成本必须有明显降低。要求商业银行对普惠小微企业贷款单列全年信贷计划，发挥大银行"头雁"作用，并带动其他金融机构降低小微企业贷款利率。推动国家融资担保基金加快发挥作用，督促金融机构疏通内部传导，引导建立商业可持续的长效机制。央行在 2019 年 5 月 15 日开始对县域的金融机构实行比较低的准备金框架，涉及一千多家农村商业银行，把其准备金从 11% 降到了 8%，能够放出 3 000 亿元，用三个月每次释放 1 000 亿元，这样能够使 1 000 多家县域的农商行均匀地运用到这批增量的钱，用于发放小微和民营企业的贷款。由于在未来相当长的一段时期内，中小企业依然是我国的主体，结构性降准的推动作用很大。根据最新的数据（截至 2019 年 5 月末的数据），上述政策框架取得了十分显著的成效。例如，普惠小微贷款余额 10.3 万亿元，同比增长 21%，不仅比 2018 年末的增速高 5.8 个百分点，也远远超过同期总贷款余额 13.4% 的增速。信贷支持的小微经营主体达到 2 365 万户，同比增长 35.4%。五家国有商业银行的普惠小微贷款余额比 2018 年底增长 23.7%，平均贷款利率为 4.79%，较 2018 年全年下降 0.65 个百分点。在小微企业贷款余额中，信用贷款占 11.3%，比 2018 年末提高 2.5 个百分点。这些数据确实给人一种欢欣鼓舞的感觉，但真实的政策效果还需要进行系统性分析。因此，虽然可以通过政策干预或科技金融增加对中小微企业的金融服务，但结构性问题是根本。例如，一项新结构金融学的实证研究利用全国县级层面 2006—2011 年的数据发现，国有大型商业银行贷款每增加 1 元，对中小企业的贷款会增加 0.0568 元，而股份制商业银行、城商行和农村金融机构贷款每增加 1 元，对中小企业的贷款分别会增加 0.1 元、0.199 元和 0.248 元。

三、高质量发展与金融产品之间的结构矛盾（利率市场化矛盾）

然而，现阶段在经济结构快速转型升级过程中，我国中小微企业面临的金融问题可能比过去更加复杂。过去符合中国比较优势的劳动密集型产业正在加速转型升级，企业规模和风险也随之增长。过去支持此类产业发展的大中型银行与地区中小银行等组成的间接融资金融体系是最优的，但现阶段却难以满足转型融资的需求，需要在规模和业务上进行转型，在加强监管的条件下推进金融创新，以满足更多元化的金融需求。在一项新结构金融学进行的调查研究中发现，处于转型升级阶段的劳动密集型中小企业，融资需求呈现出与常规经营阶段显著不同的特征。不同的转型升级路径对融资的额度、期限、条件等提出了不同的要求。如果劳动密集型中小企业转型面临的风险越大，那么转型融资的风险也会相应提高。因此，相比中小企业常态融资需求具有的"短、小、频、急"的典型特点，劳动密集型行业中小企业转型升级的融资需求具有"长、大、稳、综"的新特征。因此，转型融资需求与银行业组成，特别是地区中小银行的间接融资方式之间的矛盾进一步激化。例如，通过2017年中资大型银行和中小型银行人民币信贷收支表的比较，可以看到一些有趣的可能反映这种结构性矛盾的典型特征事实：在资金运用结构中，中小银行的股权及其他投资占比在16%~18%，高出大银行12~13个百分点；境内贷款结构中，中小银行的短期贷款占比在43%~46%，高出大银行19~21个百分点；在资金来源结构中，中小银行的银行业存款类金融机构往来额占比在10%~11%，高出大银行8~9个百分点。显然，中小银行的短期贷款只能满足中小企业的常规融资需求，而无法满足更大规模和更高风险的转型融资需求。中小银行的股权及其他投资在一定程度上满足了这种转型融资，但这种资金的股权式运用与通过银行同业拆借和存款等资金的债务式来源相互矛盾，会加剧中小型银行的信用风险。所以，中小企业的常规融资需求与转型融资需求有所不同，传统的中小银行的贷款方式难以满足此种需求，需要创新金融产品。事实上，上述劳动密集型产业的转型融资涉及前述五类产业中的转进型产业，除此之外人力资本密集、轻资产、短周期的"弯道超车"型产业也面临类似的金融结构矛盾。例如，前面提到的我国独角兽企业的市值已经超过美国。国家知识产权局统计数据显示，2017年，我国专利质押融资总额为720亿元，同比增长65%；专利质押项目总数为4 177项，同比增长 60%。因此，为了更好地服务高质量发展，我们认为中国中小型银行发展虽然过去有很大的进步，未来还需要继续发展，但发展方向不再是向大银行转型，而是扎根本地，根据它的禀赋特点、产业结构、金融需求特点做好服务当地的工作。例如，南京银行的小微金融创新：面向小企业的"鑫活力"，面向科技型企业的"鑫智力"，面向微型企业和个体工商户的"鑫微力"，面向文化企业的"鑫动文化"，面向农业的"鑫星农业"。南京银行也推动了鑫伙伴计划，其模式介绍为"南京银行一直将小微企业视为天然盟友和赖以生存的土壤，积极遵循创新、协调、绿色、开放、共享五大发展理念，持续支持地方经济转型升级，着力提升服务实体经济效率"。

四、直接融资内部的结构矛盾

虽然现阶段适合我国的最优金融结构在相当长的一段时期内依然会侧重于间接融资，但提高直接融资比重是必然的趋势，然而直接融资内部的结构矛盾也需要重视。债券融资和股票融资是直接融资的两种重要形式，但前者本质上是债务式融资，后者本质上是股权式融资。当产业结构处于世界前沿时，其所用的技术、所生产的产品、所销售的市场都较为成熟稳定。如果行业符合比较优势则其景气度较高、增长前景稳定、资本投资回报率较高，此时此类产业中的企业会倾向通过举债的形式加杠杆。如果银行间接融资成本相对较高的话，具有一定融资规模的企业也会倾向采取发行债券的形式直接融资。与之相反，随着产业结构向世界前沿转型升级时，使用的技术、生产的产品、销售的市场都面临较高的不确定性，风险也随之增加，此时此类产业中的企业会倾向采取股权融资的方式以分散风险和降低利息费用，尤其是杠杆率比较高的这类企业可以借此去杠杆。例如，美国的产业结构目前大多处于世界前沿，其直接融资中股票融资比重很大，因此非金融企业的杠杆率相对较低。而中国的产业结构不少处于世界前沿内部（追赶型产业），杠杆率会较高。根据国际清算银行的可比数据，截至 2019 年第三季度，中国非金融企业部门杠杆率为 152.9%，而美国为 73.9%。当然，我国与美国的发展阶段不同，不能全部以美国作为参照系，但是随着我国发展水平不断提高，杠杆率理应逐步下降，但在 2008 年全球金融危机的 10 年后，中国的非金融企业杠杆率不降反升。

五、高质量发展与债权融资之间的结构矛盾

作为直接融资的债券融资内部也存在结构矛盾，例如，企业债券和政府债券（国债和地方政府债）之间的比例关系。在经济结构转型升级过程中，政府需要协调或者直接提供软硬基础设施来克服产业结构升级的瓶颈。因此，政府需要为软硬基础设施建设融资，除了财政和信贷渠道之外，发行政府债券融资是重要的融资方式。随着基础设施建设的逐步完善，债券融资结构中的政府债比重应该逐步下降，企业债比重应该逐步上升。然而，过去十多年我国新发债券规模类型的构成比例中，虽然国债的比重下降较快，但是地方债却上升得很快，企业债占比很小并且还有萎缩之势。例如，2018 年国债和地方政府债券分别占据了 37.7% 和

42.8% 的新发债券规模，以非金融企业为主体的债务融资规模仅占据不到 20%。此外，基础设施项目的特点，除了外部性特征之外，还具有规模大、周期长、资本密集和沉没成本高的特点，需要很长时间才能建成并产生收益，是典型的"耐心资本"。因此，这与目前的政府债务可能存在期限错配的结构性矛盾。例如，一项基于 2009—2015 年 886 家地方政府融资平台面板数据的实证研究，发现地方政府融资平台的新增投资显著依赖于短期借款，期限错配现象明显。因此，可以考虑开发性金融在提供中长期贷款中的作用来化解基础设施融资的期限错配问题。开发性金融以政府信用为依托，以市场化运作为手段。一方面，可以有效降低融资成本；另一方面，通常融资期限比较长。以开发性金融支持具有正外部性的政府投资项目，来降低政府债务带来的风险。因此，宏观政策一方面要防范"高杠杆"可能带来的风险，另一方面又不能一味地强调"去杠杆"，特别是不能刚性快速"去杠杆"。同时，也要考虑全面客观地评价基建投资的商业模式，适度放松地方政府的债务约束，发挥基建投资"补短板"、稳增长的关键作用。

六、高质量发展与股权融资之间的结构矛盾

以股票市场、风险投资等为代表的股权融资是现代金融体系中直接金融安排的主要形式。以上市发行股票为例，企业作为资金需求者发行股票直接向资金供给者募集资金，资金供给者成为企业的股东，按其股权的比例分享企业的利润，其投资回报是不固定的。当企业破产时，企业只有在偿还完各种债务后才能向股

东分配剩余的资产。从这个意义上来讲，资金供给者投资股票需要承担相当大的风险。因此，资金供给者只有在预期投资回报率足够高时，才愿意进行股权投资。但是，企业的每笔融资可以划分成许多小额的股票，从而可以将风险分散于众多的投资者。同时，资金供给者可以选择多样化的投资组合，以降低其投资风险。企业公开发行股票进行融资的一个好处是，允许资金供给者对于企业投资项目有不同的信息和看法。VC（风险投资）、PE（私募股权投资）与股票市场的运作机制类似，但是它们的入场时间更早。在企业还处于初创期或成长期时，此时企业的硬信息（固定资产、成熟规范的财务制度、稳定的现金流）较少，人力资本以及研发成果等无形资产是企业的主要资产类型。由于缺乏硬信息，这一时期的企业很难利用间接融资获取研发所需的资金，VC与PE等直接融资方式却可以解决这个问题，满足初创型与成长期企业的融资需求。风险较高的新技术项目更容易通过金融市场获得需要的资金。另外，股权投资者获得的回报不是固定的，短期内股票回报率的降低不会导致企业面临被投资者要求破产的危险。

因此，股权融资是有利于接近世界前沿的新兴产业和新技术项目的融资方式。以美国百年市值最大的10家公司的产业类型分布为例（数据来自HowMuch.Net），美国的产业经历了由传统工业到电子工业再到信息工业的发展过程。产业逐渐从传统的粗放型（比如钢铁厂、橡胶厂）到精细化工业（比如自动化机器厂商、电影行业、零售行业）再到服务型工业中的科技公司、金融公司。每个时代产业变化的背后是技术的变迁。1917 年的美国工业仍然是受益于第二次工业革命，尚处于电气化社会的发展完善阶段，对于橡胶、石油等原材料的需求旺盛。到 1967 年，美国已经基本完成了电气化革命，进入了工业产业精细化，贴近消费者日常需求的产品更受欢迎，比如电影、汽车、零售行业的发展。发展至 2017 年，在 20 世纪末到 21 世纪初的互联网技术的进步和突破下，科技公司和金融公司等服务产业占据了主流。另外一个非常重要的现象是，快速的结构变迁会加速企业成长。从上述资料中可以看到，与以前的顶级公司相比，2017 年中占据前四的科技公司成立时间都很短，无论是苹果还是谷歌都没有超过 40 年，脸书甚至连 20 年都不到。因此，可以说美国的股市和新兴产业升级以及新技术之间相互成就。对比近 20 年，美国纽约股市与中国沪深股市的市值结构的行业分布（数据来自彭博社），可以看到中国沪深股市是金融、工业和原材料行业上市公司市值占比偏高，分别高出美国纽约股市的 10.8%、9.2%、6.2%，而美国纽约股市的通信服务、信息技术两大行业上市公司市值占比偏高，分别高出中国沪深股市的 9.0% 和 4.6%。虽然中国的产业结构和技术水平相对于美国而言更远离世界前沿，但是就股市应服务的新兴产业和新技术目标而言，目前中国股市服务相对成熟的传统产业。换言之，从这个角度讲，中国股市实际发挥的功能与银行并无二致。这可能与中国的证券行业监管部门制定了对拟上市企业较为严格的盈利要求有关，新兴产业和新技术项目往往难以满足上市要求，也可能与中国缺乏多层次的资本市场体系有关。这一点学术界已有一些共识，如李海涛指出的，美国已经形成了高度成熟的多层次资本市场体系，较为成熟的大型企业可以通过纽交所和纳斯达克等交易所进行融资，中小型企业可以选择小型的区域交易所进行融资，此外还有场外柜台交易系统、粉单市场等可供选择。相较而言，中国的多层次资本市场建设较为缓慢：2004年设立中小板，开始尝试放松企业上市制度以实现资本市场扩容；2009年设立创业板，定位于面向科技行业企业的场内交易市场，正式拉开了中国多层次资本市场建设的序幕。但截至目前，这一探索没有取得良好成效，创业板并没有在定位上和主板体现出差异性。例如，从创业板上市公司的市值结构看，制造业企业占据了创业板62%的市值和约70%的上市公司数，并没有体现出明显的科技企业融资市场定位。所以，就股市所应服务的新兴产业和新技术目标而言，目前中国股市服务了相对成熟的传统产业。换言之，从这个角度讲，中国股市实际发挥的功能与银行并无二致，这是我们用管银行的办法管理股市的结果。

因此，要增加企业债券融资，丰富资本市场层次，化解我国直接融资内部的结构矛盾。除了要化解第一层次的直接融资与间接融资之间的结构矛盾，以及第二层次的间接融资内部的结构矛盾，直接融资内部的结构矛盾也需要适时化解，尤其是要解决债券融资中企业债过低的问题，以及资本市场缺乏层次性而不能有效服务新兴产业和新技术项目的问题。对于第一个问题，过去我国软硬基础设施建设资金缺口大，国债和地方债为其融资做出了突出贡献，但是随着基础设施的不断完善，国债和地方债在债券市场中的比重应该逐步下降，企业债的比重应该逐步上升，而且企业债券定价应该市场化，形成更加市场化的债券收益率曲线，以及解决地方政府债务的期限错配问题。对于第二个问题，现阶段需要进一步提升我国资本市场的层次性和连通性，以覆盖不同成长性和风险性的企业项目，以增强资本沿着创新链的纵向流动性。沪深股市并没有充分反映中国经济结构转型升级的趋势，并且由于较为严苛的盈利要求和核准制度导致创业板（二板市场）在服务新兴产业和新技术融资效果上也没有与主板市场有实质性差异。为弥补这一资本市场的断层，2019 年 1 月 23 日，中央全面深化改革委员会第六次会议审议通过了《在上海证券交易所设立科创板并试点注册制总体实施方案》《关于在上海证券交易所设立科创板并试点注册制的实施意见》，6 月 13 日科创板正式开板。除了全国性的科创板外，区域性的科创板也有待完善，从而推动地区新兴产业和新技术项目融资。例如，安徽省为抢抓上交所科创板并试点注册制的战略机遇，在省区域性股权市场设立科创板，作为全省科创企业对接上交所科创板上市的"孵化器"，首批 787 家科创企业集体挂牌。即便是在区域市场内部，也可以进一步提高资本市场的层次性。例如，还是以上面的区域性股权市场设立科创板为例，其对标上交所科创板，聚焦新一代信息技术、高端装备制造和新材料、新能源及节能环保、生物医药、技术服务等五大产业领域，突出研发投入、拥有自主知识产权、掌握核心技术、研发体系和研发团队实力等"硬科技"指标，推动符合条件的新技术、新产业、新业态、新模式等"四新企业"挂牌发展，通过挂牌培育、孵化，为上交所科创板输送上市资源。为满足不同发展阶段和培育成熟程度挂牌公司需要，省区域性股权市场科创板设精选层、培育层和基础层，省股交中心将根据相应层级标准以及企业挂牌期间经营变动、股改和合规守法等情况适时调整挂牌公司所属层级。

我国各地区的金融结构矛盾
与因地制宜的金融创新

与世界其他经济体相比，巨大的地域差异是中国经济结构的一个显著特征。中国的 30 余个省市自治区、300 余个地市、近 3 000 个区县之间的禀赋结构水平差距非常大，对应的生产结构也千差万别，适宜的金融结构也不同。并且，不同地区相同的产业在前述五类产业中的归类，以及具体的转型升级方向和因势利导作用需求和方式可能差别极大。例如，2017 年相对于北京人均地区生产总值 13 万元（现价人民币）而言，只有上海市、天津市、江苏省、浙江省与其相当，分别为其 98.17%、92.21%、83.07%、71.37%，相对发达的福建省、广东省、山东省，也只有其 64.09%、62.74%、56.44%，宁夏回族自治区、湖南省、海南省、河南省、河北省、新疆维吾尔自治区、四川省、青海省、江西省、安徽省、山西省、黑龙江省、西藏自治区则不足其 40%，内蒙古自治区、重庆市、湖北省、陕西省、吉林省、辽宁省也不足其 50%，广西壮族自治区、贵州省、云南省、甘肃省则不足其 30%。各省的工业化进程也不同。在最细分区域——近 3 000 个区县层面，这种禀赋结构和产业结构的差异还会进一步被放大。这意味着不同地区相同的产业在前述五类产业中的归类，以及具体的转型升级方向、因势利导作用需求和方式可能差别极大。例如，同样是纺织服装行业，在东部沿海的发达地区是转进型产业，而在西部内陆人口多的欠发达地区是追赶型产业。前述"弯道超车"的独角兽企业也大多分布在北上广深和一些省会城市，因为这些地区的人力资本相当充足。根据世界知识产权组织等机构发表的最新全球创新指数（2019年），中国（18个）在世界最大的科学技术集群数目位居全球第二，仅次于美国（26个），其中中国的深圳—香港集群位居全球科学技术集群第二，仅次于日本的东京—横滨集群，中国的北京集群位居全球第四，集群次于韩国首尔，高于美国加州—旧金山集群。虽然目前中国整体的第三产业占比超过了一半，但是第二产业尤其是工业和制造业依然是一些地区的主导产业。因此，中国各地的经济结构转型升级的路径，以及高质量发展的具体表现形式千差万别，各地需要采取因地制宜的产业政策。

因此，各地应该结合自身禀赋结构特征因地制宜地采取因势利导的金融创新，以更精准地定位满足本地实际的金融需求，而不是采取"一刀切"式的做法来落实国家的金融规划与金融政策或模仿其他地区的金融创新，更不可"追风赶潮"。例如，北京目前人均GDP水平在全国省级区域中最高，产业结构水平也最高，第三产业比重超过80%，而且是首都，因此北京市在"十三五"规划提出要建成国际金融中心城市，在吸引聚集国际金融组织、巩固提升总部金融机构的同时，壮大发展地方金融机构。实际上，金融产业目前已经是北京的第一大产业了，2018年金融业增加值高达5 084.6亿元，占GDP的16.8%，远高于第二大产业信息传输、软件和信息技术服务业的 3 859 亿元。在全国各省中，只有同样为全球金融中心的上海与北京人均 GDP 水平相当，产业结构水平相当，第三产业比较达到 70%，金融业发展水平略高于北京，2018 年金融业增加值高达 5 781.63 亿元，占 GDP 的 17.64%。北京和上海的金融发展可谓一马当先，其他省市难以望其项背，也无法效仿。整体上，中国各地随着经济发展，金融发展水平也得到提高。然而，也存在一些处于类似发展阶段省市的金融发展依然差异很大。例如，重庆市和吉林省在 2010—2017 年的人均 GDP 平均值相当，但是重庆的金融业增加值占 GDP 的比重达 8.24%，高出吉林省 5 个百分点。同样，海南省和湖南省的人均 GDP 也相当，但海南省的金融业占 GDP 的比重达 5.61%，高出湖南省 2.2 个百分点。另外，一些经济发展水平相对较低的省市金融发展水平相对更高。例如，2010—2017 年，浙江省的人均 GDP 是重庆市的 1.56 倍，但是重庆市的金融业占 GDP 的比重却是浙江省的 1.11 倍。这一方面反映出一些地方金融相对滞后，另一方面也反映出一些地区金融过度发展。因此，全国各地不应该追求金融业的绝对发展，应以实体经济的金融需求为准，否则很容易造成金融抑制或者金融泡沫。各地最优的金融结构安排，必须与特定发展阶段的要素禀赋结构及其内生决定的产业结构相适应。因此，前述三个层次的七个金融结构矛盾在一些地区依然存在，甚至更加严重。

在具体思路上，依然可以采取新结构金融学的基本思路，以及五类产业因势利导的操作方式来因地制宜地落实国家的金融支持实体经济发展的大政方针。例如，全国首个支持产业转型升级的国家级金融改革试验区，江苏泰州金融改革试点就按此思路展开。为深入贯彻落实党中央、国务院决策部署，根据《国务院关于加快发展生产性服务业促进产业结构调整升级的指导意见》（国发〔2014〕26号）、《国务院关于印发〈中国制造2025〉的通知》（国发〔2015〕28号）、《国务院办公厅关于金融支持经济结构调整和转型升级的指导意见》（国办发〔2013〕67号）等文件要求和国务院有关会议精神，2016年经国务院同意，中国人民银行联合有关部门印发《江苏省泰州市建设金融支持产业转型升级改革创新试验区总体方案》。该方案以金融支持产业转型升级和提高金融服务实体经济效率为主线，通过局部地区先行先试，深化金融体制机制改革，构建新兴领域融资培育机制，优化产业融资结构，持续加强对重点领域和薄弱环节的金融支持，探索金融支持经济结构优化调整和产业转型升级的有效途径。该方案的主要内容主要集中在以下几个方面。一是加强机构建设，构建与产业转型升级相匹配的多元化金融组织体系，包括完善银行业组织体系、增强证券业和保险业实力、规范发展互联网金融。二是加快金融产品和服务方式创新，满足产业转型升级的多元化金融需求，包括促进现代农业建设、推动传统优势产业转型升级、支持战略新兴产业发展壮大、支持现代服务业做大做强、加快产能富余行业企业去产能。三是积极拓宽直接融资渠道，充分发挥金融市场助推产业转型升级的重要作用，包括支持企业上市融资、加快发展债务融资工具、积极推进资产证券化。四是加强金融基础设施建设，提升金融服务实体经济的保障水平，包括培育和推动征信市场规范发展、加强智慧金融建设、完善综合性金融服务。五是防范和化解金融风险，营造良好的金融生态环境，包括稳妥有序地推进"去杠杆"、建立高效的金融风险预警和处置机制、深化金融生态县创建工作。

又比如，另一个金融服务实体经济综合改革试验区，泉州国家级的金融综合改革试验区。虽然它目前的发展阶段与泰州相当，但是具体的主导产业结构不同，因此具体的最优金融结构也应该有所不同。例如，泉州 2018 年规模以上工业增加值为 3 911.97 亿元，其中传统产业、重化产业和高新技术产业三大板块占比分别为 67%、28.5%、4.5%，其中纺织服装和鞋业这一类传统产业就占 1/3，而生物医药和新一代信息技术只占 0.32% 和 2.3%。相对而言，泰州的生物医药及高性能医疗器械、高端装备制造及高技术船舶、节能与新能源、新一代信息技术、化工及新材料五大主导产业是工业经济发展的支柱性产业。泉州的纺织服装和鞋业是劳动密集型产业，重化产业是产能富余型产业，都是前述五类产业中典型的转进型产业，而生物医药、新能源、新一代信息技术与装备制造则不同，是追赶型产业与战略新兴产业。因此，二者主要的金融需求会有较大的差别，适宜的金融结构也有所不同。按照前面讨论的，转进型产业的融资需求来讲，银行的间接融资即可满足。泰州和泉州的这种产业结构的差异在贷款结构上也能够反映。泰州 2018 年末金融机构人民币存款余额为 6 119.38 亿元，与泉州（6 867.04 亿元）体量上相当。但是泰州的金融机构人民币贷款余额只有 4 784.04 亿元，远低于泉州（6 393.05 亿元）。并且，泰州的中长期贷款余额是短期贷款余额的 1.5 倍。

通过前面的分析，我们认为通过金融创新推动高质量发展的关键在于深化金融供给侧结构性改革，适时避免金融脱实向虚、适时化解金融结构矛盾、适时注意尊重市场规律并坚持精准支持，各地要因地制宜地予以落实而非追风赶潮。各级政府不但在采取产业政策时要遵循有效市场和有为政府的基本原则，而且在采取金融政策时也要遵循有效市场和有为政府的基本原则，做到"市场有效以政府有为为前提，政府有为以市场有效为依归"。

结　语

总之，如习近平总书记在 2017 年召开的全国金融工作会议上强调的，做好金融工作要把握好以下几项重要原则。第一，回归本源，服从服务于经济社会发展。金融要把为实体经济服务作为出发点和落脚点，全面提升服务效率和水平，把更多金融资源配置到经济社会发展的重点领域和薄弱环节，更好地满足人民群众和实体经济多样化的金融需求。第二，优化结构，完善金融市场、金融机构、金融产品体系。要坚持质量优先，引导金融业发展同经济社会发展相协调，促进融资便利化、降低实体经济成本、提高资源配置效率、保障风险可控。第三，强化监管，提高防范化解金融风险的能力。要以强化金融监管为重点，以防范系统性金融风险为底线，加快相关法律法规建设，完善金融机构法人治理结构，加强宏观审慎管理制度建设，加强功能监管，更加重视行为监管。坚持社会主义市场经济改革方向，处理好政府和市场的关系，完善市场约束机制，提高金融资源配置效率。进入党的十九大提出的中国新时代，为了实现中华民族的伟大复兴，也为了让中国强大起来，并且满足人们对美好生活的需要，必须进行各种方式的创新。在创新过程中，必须根据不同类型产业的特性来进行不同方式的创新。金融要服务实体经济，也必须根据不同产业的发展和创新的方式，以合适的金融安排，予以支持，并在创新过程中关注协调、绿色、开放、共享，才能实现高质量发展。与此同时，金融供给侧结构性改革需要有效化解高质量发展过程中的金融结构矛盾。在经济和金融领域都需要采取有效市场和有为政府的辩证关系。若能如此，我们一定可以在 2035 年把中国建设成社会主义现代化国家，在 2050 年把中国建设成为富强民主文明和谐美丽的社会主义现代化强国，最终实现中华民族伟大复兴的梦想。

03

金融创新支持实体经济创新

改革开放 40 年来经济的快速增长使我国一跃成为世界第二大经济体。随着经济增长速度逐步放缓，我国经济增长模式正逐步从追求增长速度转变为追求高质量的经济发展。其中，"创新"是经济高质量发展的核心驱动力，决定我国高质量增长转型的成败。技术创新是创新的最重要部分，对实现高质量经济发展具有重要意义。但同时，技术创新本身具有周期长、不确定性大以及失败率高等特点。因此，为了促进技术创新，需要配以金融市场的制度创新以及引导资本要素进入创新技术领域的先进激励制度。

现阶段，我国金融业在国民经济中所占的比重约为 8%，高于与我国经济结构类似的其他发展中国家。虽然我国有较高的金融规模占比，但是我国金融业在如何支持创新，尤其是技术创新型中小企业方面与发达国家还有较大的差距。该问题与我国的金融市场特点和资本市场较为短期的发展历史有关。我国的金融体系需要在宏观、中观和微观层面进行相应的创新，才能符合未来高质量经济发展的内在要求。

当前，我国金融体系仍存在较多不利于技术创新的因素。从宏观的角度来看，首先，国际经验显示开放的资本市场可以推动企业提升技术创新能力。虽然过去几十年我国在金融市场对外开放方面取得了重大进展，但当前我国金融体系仍存在开放水平不足的问题，外资金融机构在我国的投资份额仍处于较低水平，金融市场的开发程度与我国的国际影响力不匹配。其次，我国的金融体系是以间接融资为主导的。虽然在过去 10 年内，直接融资占比逐年上升，但是银行信贷仍然是社会融资中绝对的主体，股权市场的功能仍未得到充分的发挥，而股权市场的风险与收益共享机制更加适用于有较高失败风险的创新型企业。最后，虽然我国的区域协同发展在多地呈现良好的发展态势，但各个区域在产业渐次辐射及推进、人才流动、政策跨区域一致等方面存在着区域内的巨大落差，并在整体规模和发展水平上与硅谷等国外创新集群存在着较大的差距。

从中观的角度来看，在初创企业需要外部资本介入时，由于企业与投资者之间的信息不对称，以及传统商业银行为代表的间接融资金融机构的业务特征和风险偏好，所以外部资本对初创企业的扶持力度较为有限。与此同时，商业银行在信贷资金配置中存在严重的所有制歧视问题，更倾向于将贷款发放给创新效率未必最好的国有企业，而创新能力更高和激励更强的民营企业、中小企业普遍存在"融资难、融资贵"的问题。信贷配置效率的低下阻碍了企业更高效地实现技术创新。

从微观的角度来看，金融衍生品能够在一定程度上规避债权人面临的债务违约风险，能够有效提高公司的风险承受能力，使公司能够接受更高风险的创新活动。然而，与美国等发达国家相比，我国金融衍生品的品种较为单一、创新程度不足，对企业创新环境的改善作用较为有限。此外，上市公司特别是科技型上市公司较高的信息披露频率以及短期盈利压力会增加创业企业的短视行为，不利于企业进行创新活动。

为了应对上述这些阻碍我国企业通过技术创新实现高质量经济增长的问题，我国的金融体系需要在各个层面进行相应的变革与创新。

在宏观方面，首先，诸多证据表明资本市场开发程度的提高、提升境外机构投资者投资占比对于企业创新具有正面影响。因此，在供给侧结构性改革及向高质量发展转型的关键时期，我国应当不断提升金融业开放程度，提升我国资本市场的国际化程度。其次，在进一步发挥股权融资作用的过程中，科创板的设立以及区域性股权市场的建设能够有效补充多层次资本市场的发展，利用直接融资市场匹配风险承担能力较高的投资者与风险较高的创新型初创企业。最后，在区域协同发展方面，应当不断完善相应的配套设施，加大制度支持力度，以核心城市的连接形成区域内资源高流动性的发展带，从而辐射带动整个区域的创新发展，利用区域金融市场支持下的整体技术升级提升该区域的经济发展质量。此外，政府有关部门应当继续维护稳定的政策环境，以释放企业长期创新潜力和投资热情。

在中观方面，首先，政府应当通过完善相关体制机制，培育"宽容失败"的创新环境，例如建立破产法庭，面对技术创新这类具有一定独特性的企业投资活动，政府应当在市场起决定性作用的前提下有所作为。其次，针对创新型企业的银行信贷供给不足的情况，应当鼓励创业投资行业的发展，提供例如税收优惠、融资支持、亏损补贴等方式的扶持。再次，部分区域型银行也可以更新自身业态，使用"投贷联动"等方式支持创新型企业发展，并利用大数据、云计算等技术使自身的风险管理不像过去一样趋于保守，而是更加有的放矢。最后，天使投资、影子银行等融资手段也应当被充分、合理应用，促使整个金融体系的效率得以提升。

在微观方面，一方面，政府应当通过税收优惠等方式大力发展CVC（Corporate Venture Capital，企业风险投资）；另一方面，应当不断完善我国的衍生品市场，更好地发挥衍生品在风险分配与转移方面的作用。同时，政府有关部门应当减少科技创新企业的信息披露频次以及短期盈利要求，优化管理层股权激励模式，逐步引入并扩大在科技创新企业中实施双层股权结构等，缓解创新型企业面临的短期与长期之间的矛盾，促进企业进行创新。

总体而言，我国现行金融体系与实现实体经济高质量发展之间的矛盾在于资本对于收益要求的短期性与能够提高经济发展质量的创新活动周期长、失败率高的长期性之间的冲突。本报告探索的金融创新思路希望在两者之间找到平衡，完成有效的匹配，使资本能够高效长期地支持企业的创新活动。结合中国实际，本报告做出以下政策建议。

在宏观金融制度层面，我国需要对外进一步推进资本市场与金融市场对外开放程度，对内增强政策的连贯性、稳定性、一致性，降低政策的不确定性，从而促进企业开展长期的技术创新。此外，还应当进一步提升直接融资比重，加快建设"进退有序"的多层次资本市场，为创新企业和投资人提供全生命周期的融资退出支持。

在中观金融市场方面，我国需要培育"宽容失败"的创新环境，例如建立破产法院。深化银行业改革创新，利用大数据人工智能的快速发展促进传统银行支持企业创新。发展多元投融资手段，提升金融体系整体效率。

在微观金融工具方面，我国需要通过税收优惠等政策，大力促进CVC。为创新型企业和投资者提供更加丰富的金融衍生工具，以及激励机制和更加灵活的股权激励制度安排。

引 言

中国共产党第十九次全国代表大会报告提出，创新是引领发展的第一动力，是建设现代化经济体系的战略支撑。中国经济正在走上以创新驱动和创新发展为主导的创新强国之路，对加快建设创新型国家提出明确要求。总结过去 40 年中国市场经济，企业已经历了"管理与市场""资本与规模"两段发展历史，而当下核心的命题主要围绕"创新与技术"。作为世界第二大经济体，中国经济已经告别过去动辄 10% 的 GDP 增长率的高速增长模式，正逐步转变为追求高质量的经济发展，而"创新性"是经济高质量发展的重要内涵。

首先定义何为创新。根据国家号召创新体系的建设，其包括以新技术、新产品、新业态、新模式为代表的"四新经济"，而其中以创新技术最为核心。据统计估算，一个国家平均 85% 经济增长来源于技术创新。技术创新本身具有工作周期长、不确定性大、失败率高的特点。因此，对创新激励的路径与机制与常规性的激励机制有所不同，需要以资本要素作为重要的资源配置手段，匹配相应激励制度，助力底层创新。

从现阶段可以看到，作为我国国民经济运行的血液系统，金融业在整个国民经济体中所占的比重一直维持在 8% 左右[①]，高于美英等金融强国约 1 个百分点，更高于日德等金融结构相似的经济体。虽然表面上我们有着与英美一样的金融规模占比，但很明显我们在金融如何支持创新，尤其在支持技术创新型中小企业发展方面，离发达国家还有很大的差距。问题出在我们的金融结构本身，中国的金融体系本身需要创新，才能符合未来高质量经济发展的内在要求。

创新驱动型经济区别于传统要素驱动型经济的重要特征，在于经济发展到一定阶段，创新力本身将作为实体经济发展中最重要的组成部分，需要金融市场的发展激励引导资本要素（包括人力资本、实物资本、金融资本等）助力底层技术创新，而企业创新水平的提高又反过来促进经济高质量增长，从而可以调整扭曲的要素配置结构，提升全要素生产效率，共同推动创新型经济的发展壮大。

因此，无论是宏观经济发展模型还是微观企业发展模型，都会涉及各个"要素"发挥其作用的根本性问题。本章的论述就可以较为直接或简洁地呈现如下的结构（见表 3.1）。

表 3.1　各要素在金融创新中的作用

要素	功能 / 作用	需求	金融创新的方向
企业家精神	企业发展的"原力" 稳健壮大的基石	创始阶段的扶持 控制权保护 拓展或调整企业边界时的机制	创新银行模式 类别股份 CVC 机制 种子基金 / 天使投资

---

① 资料来源：国家统计局网站。

续表

要素	功能/作用	需求	金融创新的方向
创新力	企业发展的动力 应对竞争的方式 企业组织边界演进	知识产权评估及资本化	知识产权"银行" 知识产权交易平台 可抵押
人力资本	团队竞争力的基础	激励制度 合理流动	资本市场期权制度的完善 人力资本的信用体系
实物资本	各要素的承载体	既保持资产可用性、可获得性，又具备较高的流动性	融资租赁机制的创新 供应链金融模式创新
金融资本	血液	债权融资和股权融资在企业发展各个阶段的合适配比 获得金融资本的渠道	直接财政支持 提升直接融资规模 股权投资基金 夹层模式

以此为基础，本报告的核心思路是：将金融与创新的前沿理论与实践相结合，以美国等全球范围内具有代表性的市场情况为参考依托，以3~5年的中长期创新表现为周期，分析外部宏观金融制度、中观金融市场以及微观金融工具每一维度下特定要素对创新表现的影响力，结合中国现阶段的实际情况进一步分析如何更好地利用金融手段激励创新，并不断优化创新所需的融资安排。其思路简单用函数表现如下：

$$\text{Innovation}=F\left(X_{Finance,}\ \overline{X}_{Fundamentals}\right)+\varepsilon$$

$$X_{Finance}=\{X_{System,}\ X_{Markets,}\ X_{Tools}\}$$

$$=\{\left(x_{Law,}\ x_{Policy,\ldots}\right),\ \left(x_{Equity,}\ x_{Debt,}\ x_{Intermediary,\ldots}\right),\ \left(x_{Derivatives,}\ x_{CVC,\ldots}\right)\}$$

该函数较为简单地列举了创新型经济发展的内涵要素与金融创新领域的传导关系，通过其功能作用与实际需求的逻辑对应，我们可以较为清晰地梳理金融创新的方向。

但更重要的是，金融市场本身具备较高延展性的广度，以及各个细分领域的深度，如何将金融深化、金融创新、产融结合的思路运用于我国现阶段的实际情况与方案设计，从而更有效地促进创新型经济的发展，是本章的目标。

宏观金融制度创新

一、以金融市场化和金融自由化推动创新

（一）资本市场自由化推动企业技术创新的国际证据

资本市场自由化指的是一国扩大资本市场开放，减少对国外投资者和跨国资本流动的各类限制，允许更多国外投资者参与到本国经济发展中。从 19 世纪末到 20 世纪初的 30 多年内，各国资本市场，特别是股票市场的自由化对全球经济产生了深远影响。据研究统计，资本市场自由化每年为各经济体贡献了 1% 的 GDP 增长，开放促进了金融效率和竞争力的提升。

已有研究利用全球 20 个发达与发展中经济体金融自由化的数据，发现资本市场自由化通过推动技术创新促进经济增长（Moshirian F., Tian X., Zhang B., Zhang W., 2019）。具体而言，在资本市场自由化之后，经济体的专利总数平均提升 13%，专利的引用数量平均提升 16%，这说明开放资本市场有助于企业提升技术创新能力。文章认为融资渠道、风险共享渠道和公司治理渠道是可能的三条影响机制。首先，资本市场开放之后，资本市场为企业提供了更加充足的资金支持，减少了企业的资金约束，更大程度地释放了企业的创新能力。其次，创新是一项具有高风险的活动，海外投资的放开增强了本国投资者与外国投资者之间的风险共享能力，因此促进了企业进行更多高风险的技术创新尝试。

最后，资本市场自由化会吸引外国投资者持股，更好地发挥监督职能，进而提升本国企业的公司治理水平，减低企业在创新投资方面的机会主义行为，有助于促进企业的创新投入与产出。

在过去几十年，我国金融市场自由化也取得了很大的成功。证券市场通过 QFII（合格的境外机构投资者）、QDII（合格的境内机构投资者）、沪港通、深港通等方式打通资本双向流通的渠道，逐步提升金融市场开放程度。在资本与金融账户相关方面，不断提升人民币国际化程度，持续推进资本项目可兑换程度，进一步完善人民币汇率形成机制。但是我国目前金融业仍存在开放水平不足的问题，金融业开放程度与我国的国际影响力不匹配。作为全世界第二大经济体和第一大出口国，我国金融业开放程度远低于主要发达经济体，外资金融机构在我国的投资份额总体处于较低水平。一方面，资本市场金融创新机制不够灵活，市场化金融工具的研发能力需要进一步提高；另一方面，人民币国际化和资本项目可兑换程度持续推进，仍与国际水平存在差距。

我国经济正处于供给侧结构性改革、向高质量发展转型的关键时期，应不断提升金融业开放程度，提升大国的经济影响力，完善金融风险监管机制。积极吸取国际市场金融开放的经验，一方面需要强化宏观审慎监管，防止系统性金融风险；另一方面需要调整我国金融市场的结构性问题，深化金融改革，在对外开放的过程中保持经济平稳健康发展。

（二）境外机构投资者对企业技术创新的影响机制

开放金融市场的重要举措之一就是放宽境外银行、证券、保险等机构投资者的股权限制比例，境外机构投资者对于本国经济发展有重要的作用。根据 FactSet 的数据统计，在美国以外的全球市场中，国外机构投资者所有权占比超过 50%。

相关研究通过对美国以外的 26 个经济体在 2000—2010 年创新活动的研究，验证了国外机构投资者在促进企业创新发面发挥的关键作用（Luong H., Moshirian F., Nguyen L., Tian X., Zhang B., 2017）。当公司的国外机构投资者持股量从 25% 的区间上升到 75% 的区间时，其专利数提高 5.6%，每个专利的被引用量提高 7.8%。他们进一步认为监督渠道、保险渠道和知识溢出渠道是三种作用机制。

1. 监督渠道

相对于分散的个人投资者，机构投资者作为具有专业背景的投资人，有专业能力和信息优势对公司管理者进行监督，缓解企业的代理问题。同时，机构投资者作为股东，通常以长期持有股权为目的，因此更有动机去履行监督的职能。国外机构投资者不仅具有上述本土机构投资者的诸多特征，在独立性和组合分散度等方面更具优势，因此被认为是更加积极的监督者。

2. 保险渠道

因为创新通常是一件长期性且高风险的活动，需要对失败的高度容忍，对短期绩效的过分重视反倒不利于创新活动的开展。机构投资者能够降低管理层对于自身职业发展和声誉的担忧，鼓励他们将更多的资源投入短期可能失败但却长期有益的创新性项目中。研究发现国外机构投资者更注重降低更换管理者和管理者的薪酬对于业绩的敏感度，这说明国外机构投资者对公司管理者起到了一定的保障作用，减少了他们由于可能的创新失败所遭受的惩罚。

3. 知识溢出渠道

机构投资者拥有强大的信息收集能力，不仅能够获取公开信息，还可以通过调研等渠道获得隐含信息。同时专业背景又赋予了机构投资者出色的信息处理能力和对各类信息的解释优势。机构投资者能够产生广泛的知识溢出效应，在完善市场定价机制、提高市场定价效率方面发挥重要的作用。与本土机构投资者相比，国外机构投资者的组合覆盖范围更广，跨国进行资产配置，通过庞大的商业网络对知识、信息乃至专业技能进行传播，使其在本国和外国、企业和投资人之间发挥着信息传递的桥梁作用，由此产生的正外部性更加明显。

（三）借力科技创新，全方位金融行业穿透式监管，打造良性的国际化金融环境

在提升金融开放深度与广度的同时，金融监管部门还应该加强全面风险监管体系，防止风险跨行业传染，因此有必要充分吸取国际经验和教训。以 20 世纪 80 年代的日本为例，当时的日本是全球第二大经济体，出现了持续的经常账户盈余。在经历了两次石油危机的背景下，日本政府采用了伴随放松监管的金融业自由化策略，并实施外汇自由化的计划。然而，放松资本项目管制导致日本本国的金融机构对外投资不受任何限制，资本账户快速开放，大量企业为逃避金融监管，开始转向资本市场融资，例如

通过欧洲日元市场融资，日本企业开始大量配置金融资产。此外金融快速脱媒使国内金融机构风险偏好提升，叠加宽松的货币政策、国外投机资本，大量资金涌入股市、房市，最终形成泡沫经济。

我国正加速开放金融服务业，进一步推进资本账户开放。我国金融服务业已形成国有、民营和外资等多元化股权结构。其中，外资银行和外资保险公司在华资产占比分别为 1.64% 和 6.36%。2019 年 4 月，上海自贸区率先试点取消证券、基金、期货、寿险公司外资持股比例上限，逐步放开外资对中国金融持牌企业进行股权并购和股权交易的限制。金融开放给监管部门带来了更大的挑战，对于严重违法违规、不审慎经营的机构，应依法予以严惩直至市场退出。政府加快法规修订和配套制度建设，推动金融开放措施落地实施，协调好资本账户开放、汇率制度改革及利率市场化推进的节奏，谨防部分领域开放过快而相关配套机制没有跟上，维护好金融体系安全稳定。

当前科技技术创新推动监管科技（RegTech）进一步发展，借力于人工智能、大数据等构建创新拓扑结构的金融技术监管框架，能够对跨市场、跨行业相互关联渗透的复杂业务进行数据跟踪和进一步对复杂隐形风险识别，实现全方位穿透式监管，提升监管效率、降低金融机构合规成本，打造安全良性的国际化金融环境。

二、以提升直接融资比重为抓手，发展多层次资本市场

（一）金融市场发展对企业技术创新的影响

金融市场作为资金融通的场所，对于改善经济运行中资源配

置效率发挥了重要的作用，因此发展金融市场是助力经济转型的重要手段。纵观世界经济发展的历史，强大的金融市场是大国经济崛起背后的重要力量，促成了美国经济从以制造业为主的工业经济转向以高科技公司为代表的创新型经济。这些创新型企业革命性地引领了行业发展、推动了社会变革与经济持久增长。

金融市场中主要的融资渠道包括权益融资和债务融资，资本市场与债务市场的发展程度对于企业创新有不同的影响。已有文献利用 32 个发达和发展中国家的跨国数据，实证发现一个国家的资本市场越发达，它的企业创新能力越强。然而，一个国家的信贷市场越发达，对它的企业创新产出越有抑制作用（Hsu P., Tian X., Xu Y., 2014）。具体而言，资本市场的发展对于高科技企业和依赖外部融资企业的创新水平有显著正向的影响，然而信贷市场的发展对具有上述特点的企业的创新有负向的影响。这种差异化的影响有如下原因。

股权融资存在风险和收益共享机制，不会增加企业的财务困境。同时，股价的信息含量能够及时反馈给投资者，引导投资者将资金流向更加优质的创新项目，改善资源配置的效率。然而，债务融资不存在类似的价格反馈机制，并且债务融资一般需要有担保品和抵押物。通常而言，创新型企业具有较高的失败风险，对于偏好低风险、有形资产抵押的银行来说，很难满足债务融资的条件，因此创新型企业很难从债务市场获取低成本的资金。

我国金融体系是以间接融资为主导，银行信贷是社会融资的主体，股权市场的融资功能没有得到充分的发挥。我国 A 股市场的股票发行主要采用核准制，受行政干预的影响较大，较高的业绩要求和较长的审核流程阻碍了大量高科技企业通过 A 股上市获得融资。A 股历史上出现过 9 次 IPO（首次公开募股）暂停，增加了企业家预判 IPO 趋势的难度，融资的不确定性不利于创业企业进行长期的研发投资。另外，现有资本市场的退市机制亦不完善。自 2001 年起，中国 A 股市场退市公司数量占整个 A 股全体公司的 2% 左右，远低于纳斯达克 8%、纽交所 6% 的退市率。我国对于上市公司违规违法行为的打击力度也远远不够，使上市公司违规违法成本过低，从而间接"鼓励"了这类行为。监管部门应严厉惩罚上市公司违法行为，加强退市制度建设，提升上市公司质量。如果要想发展创新，必须提升金融市场中直接融资比重，释放资本市场的资源配置潜能，推动实体经济由要素驱动向创新驱动转型。

（二）设立科创板以及注册制试点，补充多层次资本市场的功能缺失

随着人工智能、5G 等新兴技术的发展，知识、技术密集型产业将成为驱动经济持续增长的新动力。中小型初创企业是科技创新最为活跃的群体，在国家创新活动和经济运行中起到极为重要的作用。技术创新具有周期长、风险大和不确定性高等特点，导致创新活动存在严重的信息不对称，很难从资本市场获得资金支持。一方面银行信贷的定期还本付息要求与企业创新的回报不确定性之间难以匹配，另一方面初创企业的财务业绩指标难以达到 IPO 核准制的门槛。设立科创板，即以信息披露为核心的注册

制，有助于科技创新型企业直接从资本市场获取资金，使社会资本更多流向优质的技术创新企业，对现有的资本市场结构予以补充。同时设立科创板可以疏通风险投资的退出通道，进一步促进风险投资机构积极培育企业的创新能力，增加企业的价值创造，实现向高质量经济转型的目标。

借鉴美国注册制的经验，在启动注册制的同时需要配套完备的法律制度，用以严惩虚假陈述、内幕交易等欺诈行为，增强监管部门的执法力度。企业一旦出现欺诈行为，严格启动退市程序。同时，充分保护投资者权益是注册制的保障，设立集体诉讼、公平基金等民事赔偿机制以补偿投资者的损失，提升企业、发行方的违法成本。另外，应该调动上海、深圳两个交易所充分的市场竞争，证监会应减少对上市公司标的选择的干预，使交易所能够吸引最优质的上市公司，提高资源配置效率。

（三）继续推动区域性股权市场的建设，强化监管、提升市场活跃度

按照国家对区域性股权市场在我国多层次资本市场体系中的定位功能，其主要面向服务处于成长发展早期、创新创业型的各类中小微企业，致力于打造形成各个地方中小微企业培育和规范的园地、融资服务中心、地方政府扶持中小微企业发展的综合政策运用平台和资本市场中介服务的延伸。同时要做好对不规范市场的清理整顿。近年来，这一市场平台已经聚集各类金融机构、合格投资者群体的资源，具备了"小额公开发行证券"的基础条件。这对于中小微企业的早期投资来源是有着重要意义的。因此，

以《证券法》修订为契机，放开在区域性股权市场试点"小额公开发行证券"及支持中小微企业股权众筹融资，既能有效应对中小微企业实际融资需求，也符合区域性股权市场现有的规范监管基础和市场功能发挥作用的环境。考虑确保风险可控和监管可控的前提，可选择成立时间较早、运行安全规范、具有较强风险管理能力的区域性股权市场试点和先行先试。

三、维护稳定的政策环境，释放企业长期创新潜力和投资热情

（一）政策不确定性与企业技术创新

创业创新投资的长期性需要稳定的政策支持，政出多门、朝令夕改，政策模糊、矛盾等影响投资者的长期投资意愿，不利于形成稳定预期，企业和投资者更偏好短期收益。因此，政策稳定预期对于创新生态系统来说是至关重要的。美国在 2011—2012 年的政策不确定性高企，导致超过 1% 的 GDP 的经济损失和 100 万个就业岗位缩减。

已有研究通过分析全球 43 个经济体的跨国数据发现国家的政策对于企业创新影响不大，但是政策的不确定性会很大程度抑制企业创新（Bhattacharya U., Hsu P., Tian X., Xu Y., 2017）。研究发现，政策不确定性对创新的负向影响可能通过如下的影响机制。

1. 创新人才流动

政策不确定性会通过影响创新人才流动影响一个国家的创新活动。在"二战"期间，由于战争因素给德国经济政治环境带来

很大的不确定性，一些著名的犹太裔科学家为了免遭纳粹迫害，以及追求更加稳定的工作环境和更加优越的工作待遇，纷纷移民至较晚参战也较少受到战争影响的美国进行创新活动。这种创新人才流动加剧了德国创新实力的衰落和战后美国科技实力和综合国力的崛起。研究发现，选举带来的政策不确定性能够通过抑制发明家的创造动力从而减少创新活动的数量，降低创新活动的质量（Bhattacharya U., Hsu P., Tian X., Xu Y., 2017）。

2. 行业受政策影响敞口

投资决策不是完全可逆的，政策不确定性的提高会增加企业决策者推迟投资这一选择期权的价值，企业投资会变得越发谨慎，进而抑制技术创新产出。其中创新密集型行业或者科技行业需要持续地进行资本投入，政策不确定性对于企业投资的负外部性都会对科技企业的经营决策产生更加显著的冲击。行业受政策影响敞口具有差异也得到了实证结果的验证（Bhattacharya U., Hsu P., Tian X., Xu Y., 2017）。

因此，想要激励创新密集型行业以及科技行业的创新活动，政府需要营造稳定的政策环境，使企业对未来形成长期稳定的预期以及更加长远的投资视野，有助于提升技术创新的数量与质量。

（二）股权分置改革与国有企业技术创新

国有经济在我国国民经济命脉中的重要行业和关键领域占据着重要地位。在科技创新方面，北斗系统、蛟龙号、高速列车等军工、民用领域重大创新不断证实国有经济的领导地位。然而，国有企业产权不明、责权不清、效率低下、多重代理问题严重等在一定程度上制约了国有企业效能的发挥。唯有深化国有企业改革，发展混合所有制经济，才能充分激发国有企业的创新能力，实现科技兴国的创新战略。

股权分置改革启动了国有股的市场流通自由化过程，消除非流通股和流通股的流通制度差异，加强利益协同、信息充分流动、致力于长期价值的实现。已有研究利用 2005 年中国资本市场的股权分置改革来揭示股权结构改革与创新之间的因果关系（Tan Y., Tian X., Zhang X., Zhao H., 2017）。研究发现，股权分置改革成为国有企业和民营企业创新增长的分水岭，股权分置改革后，国有上市公司平均每年多产出 11.5% 的发明专利，影响机制主要有以下两个方面。

1. 控股股东和少数股东利益趋同

股改前，国有企业控股股东和少数股东之间存在利益冲突。具体而言，国有企业的控股股东或非流通股东，无法获取股价升值收益，因此，缺乏投资短期低收益然而有长期价值的技术创新项目的热情。同时，国有企业承担更多的行政负担，如提高就业水平和促进地方经济增长等，投资创新活动与少数股东利益并不一致。股改后，非流通股东在支付兑价后获得流通权，可以在锁定期结束后出售股票，从而获得股票升值收益。因此，控股股东和少数股东利益趋于一致，控股股东通过创新投资而提高公司价值的激励增加，企业创新数量和质量显著增加。

2. 提升股价信息效率

股改促进企业创新的第二种机制为股价信息效率的提高。一方面，资本市场不成熟时，市场价值发现功能受限，投资者无法获取公司价值相关信息。因而，创新研发的价值得不到市场的充分认可和发现，创新公司面临严重的价值低估问题。另一方面，股改前，大部分股票为非流通股（约占 2/3），非流通股的流动性几乎为零。资本市场无法从这些非流通股中得到有效的信息。对于非流通股比例更高的国有企业而言，流通股的股东无法判断管理层能力和公司业绩，不能对管理层实施有效的监督。股改后，国有企业股价信息效率显著提高，导致创新数量和质量明显增加，实证研究发现，股价信息效率的提高是股权分置改革促进国有上市公司创新的内在机制之一（Tan Y., Tian X., Zhang X., Zhao H., 2017）。

综上，股权分置改革的实践说明民营化创造了更加公平的竞争环境，引导国有企业和民营企业的合作交流，实现社会主义各种所有制结构的紧密结合，促进金融市场良性发展、提升微观企业的创新能力。除体制改革外，我国宏观财政政策也对企业创新行为有显著的影响。国家通过财政补贴为科技企业提供更多的融资渠道，例如成立科技型中小企业技术创新基金。同时出台的企业研发费用税前加计扣除、高新企业所得税减免等税收优惠政策，在很大程度上缓解了中小企业创新投资的融资约束问题，提升了企业自主研发能力。这些都是我国实现创新战略的制度基础。

四、加强创新生态体系建设，发挥区域协同效应

（一）国家高新技术产业开发区与地区创新发展

设立国家高新技术产业开发区是政府调整产业结构和实现创

新驱动战略的重大战略部署。国家高新区是创新驱动发展的示范区和高质量发展先行区，通过聚集技术人才和金融资源，营造良好的创新生态，有助于发展先进的生产力、培育有突破性的技术创新，推动地区产业结构调整，实现经济向高质量增长方式转变。据统计，2017 年国家高新区生产总值占国内生产总值的 11.5%，高新区企业的研发投入总额占全国研发经费的 45.1%，企业研发投入占收入的比例高达 2.02%，与同时期我国上市公司平均研发占收入的 2.2% 数量相当。在技术产出方面，2017 年高新区企业获得专利数量占全国专利数量的 46.3%。有研究利用中国 473 座城市设立高新技术产业开发区的制度背景，实证研究发现高新技术产业开发区的设立显著提升了当地企业的技术创新数量和质量。他们认为有以下三条可能的影响机制（Tan Y., Tian X., Zhang X., Zhao H., 2017）。

首先，高新技术产业开发区的设立有助于企业更好地获得融资支持，促进研发投资的增加，进而创造更多的专利产出。文章实证结果显示高新技术产业开发区的企业能够享受更优惠的所得税待遇、得到更多的早期风险投资、获取更高的土地价格减免。其次，高新技术产业开发区的企业承受更少的行政负担，管理费用支出更低。最后，高新技术产业开发区的人才培养体系是其创新成功的重要影响因素，当地政府会扩大政府支出以提升当地的教育水平，同时制订优厚的人才薪资计划以吸引优质的科研工作者。实证研究发现，高新技术产业开发区的所在地区拥有更多的接受过高等教育的大学生。

（二）打造创新共同体，整合区域资源：以京津冀为例

《北京行动纲要》紧扣制造业创新和京津冀协同发展主题，突出坚持构建高精尖产业结构，拉动京津冀地区协同发展，形成经济增长新动力。中关村科技园作为具有全球影响力的自主创新主阵地，已形成了政、产、学、研、金协同创新的机制，集聚了大量高端创新要素和支持科技创新的金融资源，是我国创业投资最活跃的区域。中关村科技园以高科技企业的技术创新为动力，以科研机构的技术创新为基础，以政府机构和生态环境建设为支撑，整合区域资源实现各类经济主体的协同创新，在京津冀创新共同体的产业结构构建中发挥了至关重要的作用。亟须加快推进中关村建设国家科技金融创新中心，示范引领和辐射带动全国科技金融创新体系的形成，为抢占全球科技创新和高技术产业发展新的战略制高点提供强有力的支撑。

然而，中关村科技园在整体规模和发展水平上仍与硅谷等国外创新集群存在较大差距，如园区内政府与市场之间的关系不平衡。另外，科技企业与科研院所之间的互动机制、科技成果转化机制仍未形成良性互动与对接。京津冀三地在基础研究、科技成果转化、科技服务与产品生产方面各有所长，北京是技术研发创新的起源地，天津在科技成果转化方面有一定的优势，河北的制造业成熟、技术承接潜力显著。因此，需要推动京津冀各区域内部以及跨区域的产学研用深度合作，加快科技创新成果产业化与转化应用。同时，北京生态环境污染恶化、房价高企等问题在一定程度上阻碍了科技人力的流入与流通。地区要实现高质量的经

济发展目的,需要配套相应的户籍制度、税收政策、人才引进制度、房价调控等政策作为制度支持。最后,中关村的独特定位、区位优势和政策优惠,可能会产生一定的虹吸效应,阻碍了周边地区企业的创新发展。因此,要通过产业链布局和跨区域合作,促进中关村科技园向其他区域输出优质创新成果,积极发挥示范作用和辐射带动作用,实现技术创新对实体经济的溢出作用,推动京津冀地区构建高精尖经济结构。

从全国区域来看,我国创新型经济发展较好的区域集中于粤港澳、长三角、京津冀等传统的经济发展成熟度较高的地区,同时,以武汉为中心的中部崛起带、西部成渝发展带也在创新领域呈现较好的发展态势。但也应该看到,虽然区域经济一体化的口号喊得响,但在产业渐次辐射及推进、人才充分流动、政策的跨区域一致性等方面存在着区域内的巨大落差。因此,如何以核心城市的连接形成区域内的资源高流动性的发展带从而辐射带动整个概念区域的创新发展,是统筹协调的大问题,同时也孕育着巨大的潜能。

中观金融市场创新

一、完善相关体制机制，培育"宽容失败"的创新环境

创新能力是企业长期经营的核心竞争力，但对绝大多数企业来说，激励和培育创新是极具挑战性的。不同于常规的经营活动，技术创新周期较长、失败概率较大，传统的基于业绩的薪酬合约并不足以激励创新。有效激励企业创新需要对创新活动给予足够的失败容忍。宽容失败能够激励创新者敢于走别人不敢走的路，从失败中积累经验教训，进而激励企业创新。

（一）失败容忍度对企业创新的影响

已有研究利用 Thomson Venture Economics（汤姆森风险投资经济）数据库的 1980—2006 年的美国创业投资数据，首次提出了以创业投资在最终失败的项目上持续的时间作为指标，度量创业投资失败容忍度，并实证检验了其对企业创新的影响（Tian X.,Wang T. Y.,2014）。研究发现，领投机构失败容忍度和辛迪加失败容忍度均与被投上市公司的创新产出数量和质量显著正相关。同时，研究结果表明由于除失败容忍度之外，其余影响项目投资时间的特征并不能对被投企业的创新活动产生显著影响，因此可以认为对失败更容忍的创业投资激励了被投企业的创新活动。通过这一研究还发现，对于那些面临高失败风险（处于经济衰退时期、运营初级阶段，以及所属行业为制药行业等创新难度

和成本较高行业）的企业，失败容忍对企业创新的边际激励效果更强。

（二）创业投资失败容忍度的影响因素

上述研究表明，在美国资本市场中，对创业投资失败的宽容态度能够促进企业创新，这是一种行之有效的技术创新激励机制。那么，一个值得探究的问题就是：为什么并非所有的创业投资都选择容忍失败？研究发现，创投机构失败容忍度的影响因素主要有以下两个方面。

1. 资本约束

绝大多数创业投资基金有一定的存续期。在美国，一只创业投资基金的存续期为10年，并且有两次延期1年的机会。因此，创业投资机构经常面临资金受约束的问题，需要定期向有限合伙人寻求后期资金支持。已有研究表明，创业投资机构的资金约束会扭曲其投资决策，影响被投项目的上市决策。资本约束同样会影响到创业投资的失败容忍度，容忍失败需要投资者对暂时表现不尽如人意的初创企业持续注资，而资金受到约束的创业投资机构一般没有足够的流动性和能力完成注资。因此，资本约束的存在会降低创业投资的失败容忍度。在检验了创业投资获得大规模注资前后的失败容忍度变化以及新老创业投资机构失败容忍度差异的基础上，已有实证研究支持了上述结论（Tian X.,Wang T. Y.,2014）。

2. 对职业生涯的考虑

出于对职业生涯的考虑，创业投资会希望拥有成功的投资记录，从而可以提高声誉并获得更好的发展。针对这一问题，现有研究尚未得出一致结论。一方面，终止投资项目一般被视为创业投资的监督管理能力较差的象征，因此出于对职业生涯的考虑，创业投资可能不愿意终止项目。另一方面，创业投资需要将有限的资源分配到不同的投资项目中，因此当投资项目表现令人不满意时，重视职业生涯的创业投资会更快地终止投资，将资源中心分配到有前景的项目中。尽管现有研究还存在一定争议，但已经证明对职业生涯的考虑会扭曲创业投资的失败容忍度。研究发现，项目获得成功之后创业投资显著提高了失败容忍度，并且这种效果仅出现在新成立的机构和缺乏经验的机构样本中（Tian X.,Wang T. Y.,2014）。

（三）政府在培育高质量创新环境中的作用

宽容失败的创业投资能够有效支持创业和技术创新，进而为社会创造就业和税源，成为创新型经济高质量发展的强大引擎和必不可少的资本力量。但是，创业投资的业务特征决定了单纯靠市场配置的风投资本必然面临一定的市场失灵：一方面，创业投资很难将自身创造的社会效益（"外部性"）内化为自身的资本增值，同时投资周期较长，必将导致其相对较难获得金融资源，从而面临一定的资本约束；另一方面，创业投资出于自身声誉和职业生涯的考虑可能会竞相追逐那些相对热门的行业，造成资本大量冗余，项目估值虚高，金融资源浪费。这两点都限制了创业投资对失败的宽容性，也削弱了其对实体经济技术创新的支持力度。因此，政府在培育"宽容失败"的高质量创新环境、扶植创业投资行业发展中的作用不可或缺。

从国际上看，各发达经济体政府均在创业投资的扶持中扮演了重要角色，具体而言，有以下四个方面：第一，通过对创投机构和创业企业的税收减免，直接或间接地扶持创业投资；第二，给予创投企业一定的融资支持，如美国允许创投公司发行 10 年期债券，并由美国小型企业管理局提供担保和付息；第三，设立不高于 50% 的投资亏损补偿，如新加坡政府设立了针对创业投资的风险补偿基金，给予那些投资亏损的创投机构亏损额一定的补偿，并设定了 50% 的补偿比例上限，以避免逆向选择和道德风险的问题；第四，政府引导基金参股，引导社会资本投资方向，既能避免与民争利，也可以通过在子基金董事会设置否决权来防止投资项目超出创新创业的范畴。以上政策均有利于克服创投资本配置失灵的问题，并能有效扶植创业投资行业发展，培育高质量的创新环境。

此外，破产制度的完善也是培育高质量创新环境的必要环节。学者基于美国各州不同的个人破产豁免情况的研究发现，美国法律中针对创业者的"Fresh Start"条款允许创业者豁免于用未来的收入和资产去支付创业失败带来的负债，这实质上为创业者未来的资产提供了保障，从而在这样的环境下人们更愿意进行创业活动（Fan W., White M. J., 2003）；此外还有研究在分析了欧洲和北美从 1990—2005 年的个人破产制度和相关就业数据的基础上也发现了类似结论，即相对"宽容"的个人破产法律制度可以带来更多的潜在创业者（Armour J., Cumming D., 2008）。事实上，创新创业往往需要较大的初期资本投入，并面临较大的失败概率，同时许多小型初创企业和创投基金采用有限合伙制的组织形式，如果破产制度不完善，相关法律法规不健全，则显然不利于保护创业者和创业投资机构的正当权益，实质上间接抑制了创业创新活动。因此，应当建立健全与创新创业活动相适应的企业破产和个人破产制度。

目前，北京、深圳、上海等地已经相继设立了专业的破产法庭，不仅有利于处理"僵尸企业"，更有利于提升破产案件审理的专业化，从而优化营商环境。企业的破产并不是机械地适用法律进行裁决的过程，它具有一定的特殊性。很多时候经营不善的企业是可以挽救、重整的，这种情况下破产和解（而非直接破产清算）对于债权人和企业才是更优的选择，但是对于破产企业的诊断与破产和解的达成都需要企业、债权人、法院三方的共同努力。专业化的破产法庭乃至破产法院的设立，一方面有利于进行更专业化的破产审理，另一方面也不会出现由于不同案件限期审结规定的差异导致的法院难以集中的情况。因此，破产制度的完善也是培育"宽容失败"创新环境的重要环节。

总之，政府应当在市场起决定性作用的前提下有所作为，着力提高创投机构对于失败的宽容度，培育"宽容失败"的创新氛围和高质量的创新环境。具体而言，一方面应当建立健全相关法律体系、完善相关体制机制，使之适应新时代企业创业创新的需要，另一方面应当整饬市场经济秩序，建立健全信用体系，从而保护创业活动和创业投资的正当收益。

二、发展创业投资行业，助力企业创业创新

以人工智能、大数据为代表的新一轮技术革命在世界范围内

迅速蔓延，科技创新成为推动国家经济可持续增长的动力。中小型初创企业是科技创新最活跃的群体，在国家创新活动和经济运行中起到极为重要的作用。

然而，初创企业的自有资金往往不足以支撑公司运行，需要有外部融资的介入。与此同时，初创企业的发展前景并不明朗，企业与投资者之间存在较大的信息不对称（尤其是道德风险）问题。因此，传统金融机构对初创企业会望而却步，初创企业几乎不可能获得银行贷款或其他债务融资。而且，一些私人投资者和机构投资者会寻求在其投资组合中加入流动性较差、风险较高的长期投资，以获取较高的收益，但这些投资者却没有足够的专业技能来进行长期股权投资。在这种情况下，创业投资行业应运而生。

创业投资行业在对初创企业及其创新活动的投资方面有着传统银行贷款业务和其他融资方式不能替代的作用，其原因在于以下两个方面。一方面，企业的创业和创新是一个大概率失败、小概率成功的长周期活动，这显然不同于传统贷款业务面临的大概率还款、小概率违约的风险结构。因此，对于以银行业为代表的传统金融机构而言，很难以既有的依靠大数定律分散风险的业务模式来兼容企业创业创新活动的融资。另一方面，对于企业创业创新活动的投资面临着较高的道德风险问题，这需要了解底层业务的专业化机构与被投企业一同积极地进行公司治理和业务管理，这样的一种投后管理模式也是传统金融机构难以实现的。上述两点表明，发展创业投资行业，是有效激励企业创业创新活动、缓解中小高新企业"融资难"问题的必由之路。

（一）创业投资影响企业创新的作用机制

经验研究表明，创业投资对企业创新通常有正向影响。如前所述，初创企业难以获得融资主要是两方面原因：一是技术创新具有高风险、长周期的特点；二是初创企业管理经验不足，缺乏有效的监督激励机制，并且初创企业在行业内的资源有限，风险承受能力较弱。这些特征均阻碍了初创企业的技术创新，而创业投资正是通过缓解这些问题来促进企业发展的，具体来说有以下四点。

第一，创业投资为企业创新提供资金支持。初创企业一般具有高风险、高收益的特征，这与创业投资的投资模式相契合。而且创业投资相较于其他传统金融风险机构，具有较强的专业性，能够筛选出优质的投资项目。因此创业投资可以为企业创新提供资金支持，在一定意义上成为企业与投资者之间的信息中介，有效解决信息不对称问题。此外，创业投资可以企业提高声誉，也可以为企业提供后续的融资安排，从而提高企业的资金融通能力，解决企业创新的资金问题。

第二，创业投资积极参与企业经营管理，培育企业的创新能力，并为企业提供关系网络等增值服务。创业投资的最终目的是价值创造，而这是需要通过积极参与企业经营管理来实现的。创业投资不仅能够为企业提供货币资本，还可以为企业的经营管理带来珍贵的"知识资本"。在投资后，创业投资会对创新项目进行监督和管理，帮助企业建立管理团队、确定市场定位。创业投资还可以获得董事会席位，通过行使投票权来加强对企业的约束。同时，创业投资能够帮助企业完善创新激励机制，通过利益一致激励、奖金支付和股权激励等方式提高雇员的主人翁意识，促进创新。除此之外，创业投资还可以利用其广泛的关系网络为被投资企业提供增值服务，实现技术成果的商业化，提高企业创新绩效。创业投资广泛的关系网也能够为企业牵线搭桥，帮助公司寻找到合适的投资者、上下游厂商、管理人才甚至买家。

第三，创业投资常采用分阶段投资对被投企业实行监督管理。创业投资一般会分阶段注资，被投企业能否拿到下一轮融资的关键在于能否达到创业投资已经提出的发展目标，而且创业投资保有停止投资的权利。因此，被投企业必须提高自身的研发能力和经营能力，以达到创业投资每一阶段预设的要求，从而分阶段投资能够缓解代理问题，使得企业管理者专注于价值创造，起到有效的监督作用。

第四，创业投资常采用辛迪加模式，为企业带来更多资源，从而促进创新活动。在创业投资行业发展早期，创业投资机构规模相对较小，因此出现了多个创业投资机构联合投资同一家公司的现象，即创业投资的辛迪加模式。现在，创业投资的辛迪加模式已经非常普遍，在美国，成立于1980—2018年有记录的近5万家初创企业中，有73.1%的公司得到过两个或更多的创业投资，更有约90%的创业投资支持的上市公司从创业投资辛迪加中融到资金。创业投资的辛迪加模式有诸多优势：一方面，这种模式可以将不同的创业投资机构聚集在一起，这些机构具有不同的专业技能、信息来源、关系网络，能够为初创企业提供更加丰富的资源和指导，因此比单独投资能够更好地提高公司产品的市场价值；另一方面，由于辛迪加模式中的创业投资具有多样的专业技能、关系网络和信息来源，因此在筛选和管理能力上的优势使它们敢于投资风险更大的创新型公司，这在一定程度上激励和培育了公司技术创新。此外，创业投资的辛迪加模式在金融市场中还具有特殊的价值，例如能够向市场传递出关于被投企业的正向信号、提升市场估值等。

（二）全面扶持创投行业高质量发展，助力企业创业创新

除了前述通过税收优惠、融资支持、亏损补偿、引导基金以及健全法律体系等方式直接或间接扶持创业投资行业的政策外，发展创业投资行业还应当侧重于以下两个方面。

1. 培育进退有序的多层次资本市场

资本市场不仅是企业直接融资的主要来源，也是创业投资机构退出获利的最终渠道和价格参照来源。一方面，创投机构可以通过创业企业 IPO 上市实现退出，获得投资收益；另一方面，作为创投退出更主要的渠道，股权转让和兼并收购也需要依赖多层次资本市场的有效定价提供价格参照。因此，培育多层次资本市场应当首先为投资人提供合理的退出机制，完善创投基金的差异化减持政策。

培育进退有序的多层次资本市场，还应当明确各板块市场的定位，避免重复建设和过度竞争。我国已有主板、中小板、创业板、新三板四个层次的股票交易市场，分别定位于成熟大型蓝筹

股企业、成熟中小型企业、已经展现成长性的创业企业和早期创业企业，层次已经相对比较丰富。在 2019 年内推出的科创板是明确定位、聚焦"科创"，在成长性基础上强调特色，在专业化背景下体现灵活。科创板作为面向世界科技前沿、面向经济主战场、面向国际重大需求而设立的具有战略性地位的股票市场板块，应当以最高效地发挥为科技创新型企业融资功能、最有效地支持企业进行技术前沿创新为目标，在市场准入、信息披露和监管规则设置上更具有灵活性和针对性。

培育进退有序的多层次资本市场，还应当完善退市制度和转板制度。我国股票市场对于企业成长性和规模都有较明确的规定和较强的针对性，为了明晰各层次板块的定位，应当允许和支持已经符合转板条件的企业进行转板，同时对于那些符合退市条件的企业，应当完善相关退市制度，最终实现企业进退有序、进退有度。

2. 促进创业投资组织化和基金化

在美国，组织化的创投基金之所以蓬勃发展，得益于 1958 年美国政府推出的小型企业投资公司计划（SBIC）。而在其他一些创投发展较为成熟的经济体，例如以色列、新加坡以及中国台湾等，也通过相应的制度安排不断促进创投行业的组织化、基金化。创投机构的组织化有利于形成创业投资的有形市场，从而有利于降低资本和企业之间的搜索匹配成本，提升金融资源利用效率。而创投机构的基金化有利于其完善企业运作及公司治理体制，提升正规化和专业化水平，扩大创投机构的资金来源，缓解融资约束。此外还应当明确创业投资机构的定位，培育专业化的投资主体，有明确定位的专业化的投资主体也有利于更好地为被投企业进行价值增值服务，提升创新创业质量。最后，应当适度放开外国投资者的准入限制，既有利于引进发达经济体先进的创业投资理念和管理模式，也有利于充分利用国际资本，助力我国企业的创新创业活动。

三、深化银行业改革创新，促进新技术深度融合

（一）银行业发展与企业创新

资本市场发展水平是影响企业创新水平的重要因素。在发展良好的资本市场中，金融中介能够以更低的成本获取信息、聚拢资金，并通过对项目进行筛选、监督，使资金流向预期净收益最大的项目中。而银行作为重要的金融中介，在促进企业创新活动的过程中必然要扮演重要的角色。特别是在我国目前以间接融资为主导的金融体系中，银行更应当为科技创新型企业提供全面、优质的信贷等金融服务，肩负起推动科技发展的历史使命。

在美国，以硅谷银行为典型代表，银行为科技企业提供股权投资、知识产权质押贷款、认股权证等金融服务。同时，银行联合 500 余家创业投资机构建立投贷联盟，由投资收益弥补信贷风险，实现科技企业信贷风险与收益的匹配。在德国，自 1975 年起，政府与 29 家银行共同发起成立德国创业投资公司，银行成为企业的重要股东或合伙人。而日本通过建立健全中央和地方担保体系，降低了中小科技企业的信贷成本和融资门槛。其中地方设立

的信用保证协会为中小科技企业贷款提供背书，中央设立的中小企业信用保险公库为贷款进行再担保。这些举措有效解决了中小企业融资约束问题。可以发现，银行业的发展在全球范围内对企业创新都有着重要影响。

（二）银行竞争与企业创新

作为资本市场中重要的金融中介，银行的信贷供给在很大程度上决定了企业融资约束，进而对企业的创新活动产生影响。然而这种影响是具有两面性的：一方面，银行信贷定期还本付息的要求与企业长周期、高不确定性的创新业务特征难以匹配，企业在面临短期债务偿还压力下，会减少对不确定回报的创新活动的投资；另一方面，银行能够获取企业创新项目的信息，由此可以降低由信息不对称带来的外部融资成本，同时还可以避免企业股权融资强制披露资金流向导致的重要研发计划的泄露，从而保护商业机密，有利于企业创新。

大量基于美国 1994 年出台的《放松银行跨州经营监管法案》（Interstate Banking and Branching Efficiency Act）的研究发现，银行业的管制放松及竞争加剧会提升区域内企业的信贷可得性，降低贷款利率，使得信贷供给的均衡数量上升，进而缓解企业融资约束（但是小规模企业未受此影响）。

学者利用了这一法案的推出研究了企业的创新水平并进一步发现，银行竞争会促进私营企业的创新水平（尤其是那些外部融资依赖性较高以及银企关系较为紧密的中小企业），但是会减弱上市公司的创新水平（Cornaggia J., Mao Y., Tian X., Wolfe B., 2015）。

这主要是规模较小的私营企业主要依赖自主研发进行创新，而上市公司更多靠外部并购获得专利，银行竞争的加剧有助于私营企业以更低的成本获得资金，从而使其信贷约束得到缓解，这导致并购市场中创新能力强的目标企业供给数量下降，最终上市公司可并购标的减少显示为创新水平的下降。

不同于西方国家企业融资主要依赖较完善的股票市场和债券市场，我国的金融体系以间接融资为主导，银行信贷是社会融资的主体。截至 2018 年末，银行体系对实体经济发放的人民币贷款余额为 134.7 万亿元，占同期社会融资规模存量的 67.1%。随着我国经济体制改革的推进，银行体系的市场化进程加快，一系列关于放松银行体系异地设立分支机构市场准入的监管政策相继出台，银行业的竞争程度不断上升，对科技产业发展的推动作用也不断加强。但与此同时，卢峰和姚洋、苟琴等学者的研究发现，我国银行信贷资金配置中存在严重的所有制歧视问题，即银行更倾向于将贷款发放给国有企业，这导致依赖银行融资的中小企业普遍存在"融资难、融资贵"的问题，信贷配置效率的低下也阻碍了企业创新水平的提升。国内学者的研究还发现，银行竞争水平的提升以及股份制银行和城商行的发展有利于银行充分了解被投企业的经营模式和创新业务、保护中小企业的知识产权信息并降低融资成本，从而促进中小高新企业的创新活动。由此可见，银行业竞争水平的提升以及股份制银行和城商行的蓬勃发展，对于缓解我国中小企业"融资难、融资贵"问题以及促进企业创新具有重要意义。

（三）新银行业态与企业创新

如前文所述，传统的银行业务和企业的创业创新活动之间存在风险结构、周期结构不匹配的问题，因而催生了创业投资行业的发展。而与此同时，随着银行对于传统业务的自我创新以及信息技术的不断发展，更多新的银行业态已经可以有效发挥支持企业创业创新活动的作用。

1."投贷联动"模式支持创新型企业发展

所谓"投贷联动"，是指银行采用与创投公司进行合作或借助子公司成立类似风险投资公司或基金的方式，对创新企业给予资金支持，实现银行业的资本性资金早期介入。与此同时，在创业投资机构评估和投资的基础上，进行配套的信贷配给，并且实施"防火墙"制度，保证股权和贷款风险的严格隔离。实质上，"投贷联动"业务一定程度上借鉴了美国硅谷银行的业务模式。硅谷银行于1983年在美国设立，通过专业化贷款的方式支持了大量的创新创业企业。这一业务最终发展成为"（利率较高的）贷款＋少量认股权证"的风险贷款（Venture Lending）模式，在为创业企业提供全周期资金支持的同时，很好地弥补了纯粹的股权风险投资造成的对创始团队控制权大量稀释的弊端。

"投贷联动"的业务模式具有三个方面的优势：一是解决了传统的银行信贷业务与企业创业创新活动特点之间的不匹配问题，从而使银行能够在更好地发挥支持实体经济创新的作用的同时，有效控制风险，防止在银行体系内爆发系统性金融风险；二是缓解了创投机构的融资约束问题，对于一些金额较大的投资项目，创投机构在投资过程中往往面临融资约束，而银行的配套信贷在一定程度上解决了这一问题；三是银行和创投双方在全周期内的信息共享有效避免了信息不对称带来的道德风险和逆向选择问题，同时银行的信贷支持进一步保障了被投企业的持续运营和快速成长。总的来说，这样一种业务模式的安排，既可以充分依托大体量的银行资金，又可以充分适应企业创业创新活动的业务特点和融资需求，是一种相对适应我国金融市场特点的、合理有效的机制设计。

目前，利用这一业务模式的成功案例在我国已有多个，例如：北京银行联合其子公司北银丰业为北京赛佰特科技有限公司量身定制的投贷联动方案。这个方案在债权端完全采用风险隔离方式，为企业增加一笔纯信用 500 万元授信支持，无须实物资产抵押。而在股权端，由北银丰业与企业达成认股权合作，北银丰业以人民币 1.8 亿元对企业进行估值，并在两年行权期限内，按照行权条件出资 500 万元人民币，通过直投方式持有企业增资后的股份。除北京外，投贷联动的模式在我国多地也已成规模的试点落地。根据上海市银监局的数据：截至 2017 年末，其辖内投贷联动项下贷款存量户数 315 家，年增长率为 72.13%；贷款余额合计 60.9 亿元，增长率为 133.06%。银行与企业实现互惠共赢，风险与收益基本均衡。

2. 大数据、网络银行与供应链金融

除了基于银行传统信贷业务的适应性创新，银行在机构组织形式和风险管理上也出现了一系列金融创新。一方面，网络银行的出现标志着银行与互联网企业的结合，除了表面上"非实体"的存在特点及其带来的低成本、低利率优势之外，网络银行更大的特点和优势是可以依托互联网企业独有的大数据进行信用风险评估，从而更有效地进行贷款业务。事实上，早在 1995 年美国就出现了第一家网络银行——美国安全第一网络银行（Security First Network Bank，SFNB）——并且成功运营。网络银行的模式在发达经济体内已经相对普及，配套监管政策和相关法律法规也比较完善。而在我国，随着近几年大数据技术和互联网金融的快速发展，深圳前海微众银行、浙江网商银行的先后成立，网络银行的发展也呈现良好的态势。以深圳前海微众银行为例，根据该企业 2018 年报：资产总额达 2 200 亿元，全年营收超过百亿元，净利润 24.7 亿元，同比增长 71%；年末有效客户超过 1 亿人，覆盖了 31 个省、自治区、直辖市；管理贷款余额超过 3 000 亿元，表内各项贷款余额 1 198 亿元，各项存款余额 1 545 亿元，并实现了 0.51% 的不良贷款率，同比下降 0.13%；贷款拨备率 4.30%，拨备覆盖率高达 848.01%；流动性比例为 61.61%，资本充足率为 12.82%；主体信用评级由 AA+ 级调升为 AAA 级。可以说发展势头迅猛，同时经营质量和业务平衡性均较好。当然，总体而言，依据发达经济体网络银行的发展经验，网络银行主要还是集中于解决小额信贷和普惠金融的问题，与传统商业银行的核心业务重合度不大，其存贷款量、业务规模等均较小。此外纯粹的网络银行模式也并不多见，在网络银行市场中总体占比也一直未超过 5%，网络银行贷款在总贷款量中的占比也长期不足 10%，并未构成对传统银行的实质性冲击，甚至逐步成为对传统银行业务的补充和完善。

另一方面，大数据和云计算技术的发展也会使银行传统的风险管理模式发生变化，在时时掌握企业和个人客户大数据的基础之上，银行的风险管理可以不再像过去一样趋于保守，而是更加有的放矢，呈现更强的个性化，甚至变被动管理为主动管理，从而在一定程度上具有了以往股权投资所独有的优势。基于全行业大数据，银行还可以更好地从事供应链金融，管理和适配上下游企业的资金流，从而把单一企业的不可控风险转变为供应链层面的整体可控风险。诸如此类的基于金融科技发展的金融创新，势必将为传统银行业注入新的活力，最终更好地支持企业技术创新和实体经济高质量发展。

四、发展多元融资手段，提高金融体系效率

为了更好地服务实体经济，金融体系作为资源配置方式始终应当不断创新，提升金融市场产品和融资方式的多样性和完备性，以匹配不同风险结构和不同业务特点的融资需求。随着社会主义市场经济和信息社会的飞速发展，我国也已经出现了对应不同融资需求的多元融资手段。

（一）培育天使投资人群体，完善多层次创业投资体系

天使投资作为创业投资的一种特殊形式，本质上是一种非组织化、非纯粹商业动机、带有情怀性的个人对陌生人的企业的创业投资行为。天使投资在其投资特点上对机构化的创业投资有较

强的补充性。一方面，天使投资作为一种带有情怀性的投资，投资人往往为了体验天使情怀，或是对相关业务浸淫多年，出于一定感情因素进行投资，因此其投资周期相比一般的创投机构而言更长，对于投资退出也相对没有严格的要求。这就使天使投资人能够投资于那些周期更长、失败的可能性更大、更难获得创投机构注资的企业，从而缓解了这部分企业的融资约束。另一方面，天使投资作为一种个人投资行为，避免了机构化的创投基金面临的代理问题和由此导致的代理成本。这两点共同构成了天使投资对于创业投资市场的补充性和必要性。特别是在当前高度信息化、共享化的社会，天使投资人群体已经开始呈现半组织化，既保留了自主决策带来的优势，又实现了信息的快速共享和项目的高效匹配。

在我国，天使投资的发展历史并不长，但发展势头非常强劲。Wind 数据库的创业投资相关数据显示，截至 2018 年我国天使投资案例个数已经从 2010 年的 57 个增长为 1 374 个，而天使投资的总金额虽然有较大起伏，但也已经从 2010 年的 1.6 亿元，增长到近 5 年平均约 80 亿元的水平，并于 2018 年达到 121.4 亿元。

当然，由于发展时间较短，我国目前尚未出现成熟的天使投资人群体。且对于我国而言，当前发展天使投资面临的一个问题是市场对于天使投资的理解不甚清晰。许多以"天使"命名或分类的投资者事实上只是投资于种子期的创业投资基金，而非真正意义上的天使投资人，这实际上既不利于天使投资的发展也不利于发挥天使投资因为基于个人投资而具有的一系列优势。但是随着创业投资行业的继续发展，天使投资作为创业投资的重要补充环节，必定会成为我国创业投资领域未来新的增长点，在发挥金融支持实体经济创新的作用中担当重要角色。

（二）规范行业发展，合理发挥影子银行功能

在传统银行业领域之外，影子银行也是金融创新的一种重要呈现形式。影子银行也称平行银行系统，包括投资银行、对冲基金、货币市场基金、结构性投资工具等非银行金融机构和相关业务。通常这些机构不仅涉及贷款、抵押等业务，还可以通过杠杆以较少的自有资金持有大量证券、债券和衍生金额工具。近十年来，影子银行的规模在全球范围内持续扩大。Wind 数据库相关数据显示，截至 2017 年，其总资产从 2002 年的 28.19 万亿美元增长为 116.65 万亿美元，在全球金融中介机构总资产中的占比也从 21.77% 提升至 30.51%。在我国，根据李文喆的测算，影子银行的总资产从 2002 年的 1.5 万亿元提升至 2015 年的 42.6 万亿元。然而，影子银行的业务特点决定了其作为金融创新具有两面性：一方面，影子银行的发展作为一种市场行为，体现了相关市场主体对于特定金融产品的需求可能无法被传统金融体系满足，从而影子银行在业务实质上完善了金融市场上金融工具的多样性；另一方面，由于影子银行暂时没有被纳入监管体系，它可能采用过高杠杆而累积可外溢的系统性金融风险，为整个金融体系带来脆弱性。

从金融创新支持技术创新的角度来讲，影子银行实质上为许多创业企业缓解了融资约束，这有利于支持企业的创业创新活动。特别是在我国银行贷款存在所有制歧视的背景下，许多中小民营

企业不得不转向影子银行系统寻求融资，影子银行在这一领域实质上是弥补了传统银行业的缺位。因此，面对影子银行的发展，监管当局应当抓住高杠杆导致的风险外溢性这一核心，着力识别具体业务的出现和发展是对传统银行业务缺位的补充，还是对高杠杆、高风险的盲目追求。对于前者应当适当给予其一定的发展空间，并试图在银行体系现有业务的基础上进行金融创新，补足缺位；对于后者则应当从严监管，防止金融体系爆发系统性风险。把两者结合，最终有目的性和灵活性地逐步将影子银行纳入监管，在保证风险合理可控的同时，发展和完善银行业务，提高金融市场中融资手段的多样性和完备性。

总之，企业技术创新和经济高质量发展，要求金融体系提供适应创新创业活动风险结构和业务特点的融资环境和融资手段。越是处于技术前沿的创新，其周期长、失败概率大的特点越是突出，这就要求我们整个社会为创新者、创业者提供一个相对"宽容失败"的良好环境。创业投资和创投基金作为相对更能适应技术创新特点的融资方式，其在政府扶持下的良好发展对于创新型经济高质量发展而言至关重要。同时，更具竞争性的银行业，以及银行与新技术结合的一系列业务创新也有利于企业借助在我国占据主导地位的银行体系完成创新创业融资。最后，随着金融体系的不断改革和发展，天使投资、影子银行等金融创新应当被有目的性和灵活性地纳入监管，在保障相关市场主体合法权益的同时，合理发挥多元化融资手段对金融市场的补充性、完善性作用，最终提高金融体系效率，更好地支持创新型经济的高质量发展。

微观金融工具创新

随着中国经济不断转型升级，将有越来越多的优质科技创新企业涌现出来，而金融如何服务实体经济、激发创新潜力，将决定我国实体经济发展的质量。相对于传统企业，高科技企业具有高不确定性和长周期性的特点，传统金融工具很难满足企业创新的需要。因此，资本市场要提升对科技创新的服务能力，必须在金融工具上进行创新。在这一部分内容里，我们选取金融市场的两类创新工具——企业风险投资和金融衍生品，分别讨论其对公司创新的影响。

一、大力发展 CVC

CVC 是指直接投资于外部创业企业的企业基金，不包括企业内部投资或者第三方投资，其投资目标是服务于基金所属企业的战略发展规划。CVC 最早于 20 世纪 60 年代出现在美国，此后规模迅速扩大，逐步成为资本市场中不可或缺的重要组成部分。CVC 在设立动机、组织结构、投资决策及投资效果上与传统意义的 IVC（Independent Venture Capital，独立风险投资）存在较大差异，在促进企业创新方面也表现出不同的特征。

（一）CVC 发展现状

CVC 起源于 20 世纪 60 年代的美国。近年来，CVC 投资金额不断增长。根据 CB insights 的数据，2017 年 CVC 投资金额达到 312 亿美元，占全部风险投资交易金额的 20%，2017 年新成立 186 家 CVC 机构，相较 2016 年的 112 家提高了 66%。2017 年全球最活跃的前五家 CVC 机构为谷歌风投、英特尔投资、Salesforce、高通风险投资和通用风险投资。

中国的 CVC 起步相对较晚。1998 年 6 月，实达集团投资成立仅半年的北京铭泰科技发展公司 1 200 万元，这是我国第一个大规模的 CVC 投资。根据《2018 中国 CVC 行业发展报告》，经过 20 余年的发展，目前我国 CVC 已成为我国资本市场中不可或缺的中坚力量，CVC 在风险投资行业所占投资份额已与 IVC 不相上下，投资数量占 IVC 投资的 1/4，联想、腾讯、阿里巴巴、百度、海尔等知名公司都已逐步建立了自己的企业投资部门或投资子公司。根据 IT 桔子的统计，2013—2017 年，中国投资项目数量最多的前 5 家 CVC 机构为腾讯、阿里巴巴、京东、小米科技和复星集团，其中腾讯在这 5 年内的投资项目总数为 463 起，远超阿里巴巴的 225 起。

（二）CVC 与 IVC 对比分析

CVC 与 IVC 在投资领域及投资模式上存在较多相同之处，但在组织架构和运行模式上存在较多不同。

首先，CVC 隶属非金融企业下属的投资部门，资金来源于母公司，并以母公司名义从事风险投资活动，投资资金不受合同期限限制。而 IVC 通常采用有限合伙制，由普通合伙人（General Partner，简称 GP）和有限合伙人（Limited Partner，简称 LP）组成。普通合伙人出资额较少，主要负责基金的运营与管理，承担无限责任。有限合伙人是主要的出资人，不参与基金具体运营，以出资额为限承担有限责任。IVC 的存续期通常为 10 年。因此，相较于 IVC，CVC 的投资期限更长、资金来源更充足。

其次，CVC 与 IVC 采用不同的薪酬激励机制（Dushnitsky G. Z., Shapira Z., 2010）。CVC 基金经理的薪酬不以其自身业绩为基础，而是按照传统的"固定薪资 + 年终奖"的模式，与母公司当年业绩挂钩，同时较少的 CVC 会要求员工跟投。而 IVC 采用有限合伙制，基金管理团队可从有限合伙人处收取 2% 的管理费，同时在投资退出后，所获收益的 20% 往往会分配给管理团队作为奖励。除此之外，IVC 一般要求其管理者共同参与创业公司的投资。

最后，在运营目标方面，CVC 的第一要务是为母公司带来新的技术或增长点，从战略层面上提高母公司的竞争优势（McMillan I., Roberts E., Livada V., Wang A., 2008)，并兼顾财务回报。而 IVC 通常以获取最大财务回报为首要目标。因此，相较于 IVC，CVC 更看重投资的战略目标，同时 CVC 的存在使母公司与创业公司能够共享与创新项目相关的信息。

（三）CVC 对企业创新的影响及作用机制

已有研究利用 VentureXpert 与 Global New Issues 数据库，识别出了 1980—2004 年，接受 IVC 投资的创业企业与接受 CVC 投资的创业企业。通过对比这两类创业企业的创新活动等特征，发现接受 CVC 投资的创业企业的创新表现优于接受 IVC 投资的创业企业。并且相较于 IVC 支持的创业企业，CVC 支持的创业企业所处的发展阶段更早、投资资金需求更大、未来不确定性更高（Chemmanur T. J., Loutskina E., Tian X., 2014）。因此，CVC 比 IVC 在培育所投企业创新方面会更胜一筹。其作用机制主要有以下两个方面。

1. 技术纽带

企业风险投资能够帮助所投企业与母公司甚至其他被投资的公司在技术上建立纽带，这些技术纽带能够帮助公司更好地开展创新活动（Robinson D. T., 2008；Fulghieri P., Sevilir M., 2009）。一方面，初创企业可以与 CVC 的母公司建立技术联盟，从而提高自身的创新效率。另一方面，CVC 的投资团队受母公司的业务熏陶，对某一行业的经验非常丰富，对相关技术的理解也比 IVC 更深刻，因此也就能够更加专业地指导所投企业在这一领域开展创新活动。

2. 失败容忍

CVC 的属性使其失败容忍度更高，这主要体现在三个方面：其一，企业风险投资较长的基金周期能够满足创业企业进行漫长的创新研发；其二，投资团队薪酬对创业企业的业绩和创新成果并不敏感；其三，企业风险投资不以投资的财务回报为第一目标。因此，相较于 IVC，CVC 能够对被投企业给予更多的耐心与容忍，从而对被投企业的创新研发有正向的促进作用。

二、金融衍生品的应用（风险容忍）

金融衍生品是指其价值依赖于标的资产价值变动的合约。根据产品形态的不同，金融衍生品可以分为远期、期货、期权和互换四大类。根据交易方法的不同，可以分为场内交易和场外交易。

金融衍生品的交易者可以分为两类，套期保值者和投机者，两者的交易行为使金融衍生品发挥着对冲资产风险和价格发现的作用。以期货市场为例，套期保值者在现货市场买进（或卖出）商品的同时，在期货市场卖出（或买进）相同数量的同种商品，进而无论现货供应市场价格怎么波动，最终都能取得在一个市场亏损的同时在另一个市场盈利的结果，并且亏损额与盈利额大致相等，从而达到规避风险的目的。与套期保值者不同，投机者是以获取价差为最终目的，其收益直接来源于价差。投机者根据自己对期货价格走势的判断，做出买进或卖出的决定。如果这种判断与市场价格走势相同，则投机者平仓出局后可获取投机利润。如果判断与价格走势相反，则投机者平仓出局后承担投机损失。正是由于投机者愿意主动承担风险，从而促进了市场的流动性，保障了价格发现功能的实现，也缓解了市场价格的过大波动。

但是，合约交易的零和性以及衍生品交易的保证金制度所带来的高杠杆性，使衍生品实际上大幅度放大了风险的倍数，并将放大后的风险转移给了其他人。以美国为例，正是由于依托次贷产品的金融衍生品的过度复杂化与泛滥化，所以次贷危机最终演变为席卷全球的 2008 年金融危机。

（一）金融衍生品发展历程

金融衍生品自布雷顿森林体系解体后开始盛行。1972 年，美国芝加哥商业交易所推出首个金融衍生品品种——外汇期货，这标志着现代金融衍生品的开始。20世纪60年代，金融衍生品主要用以规避税收和政府法规。20世纪的七八十年代，金融衍生品是以管理风险需要为主要目的。从20世纪90年代开始，金融衍生品进入产品创新的全面发展时期，衍生品结构设计越发复杂化。2008年金融危机的爆发使金融衍生品的发展经历了一段时间的低谷，但危机之后，金融衍生品市场得到了更完善的发展，市场规范程度逐步提高、交易规模快速增长。

在这40余年的发展历程中，金融衍生品不断推陈出新，利率、汇率和信用类等品种相继出现，各类机构不断加入其中，金融衍生品市场在全球范围内不断扩大。目前，美国是世界规模最大、创新最为活跃的金融衍生品市场，除美国外，欧洲（法国、德国、英国等）及新加坡、印度、日本、韩国、澳大利亚等国也已形成了发达的金融衍生品交易市场，金融衍生品已成为金融市场不可或缺的一部分。

中国从1987年底开始推进期货市场试点。20世纪90年代初，伴随着改革开放的推进，国内建立了郑州粮食批发市场、深圳有色金属交易所、苏州商品交易所、上海金属交易所、上海粮油商品交易所等一批有代表性的市场。但由于早期监管法规不完善，期货市场出现过快发展，根据《中国期货市场年鉴》（1995年）统计，1994年初，全国冠以"商品交易所"或"期货交易所"字样的期货市场有50多家，接近全球期货交易所的总和，各交易所上市品种重复情况严重[①]，一些不符合期货特点的商品也被列为期货交易品。同时，境外期货交易盲目发展，在各地登记注册的近300家期货经纪公司，有超过2/3开展了境外期货交易业务，造成国家外汇流失。地下交易、欺诈行为也屡有发生。针对期货市场的投机炒作和恶性竞争，1993年国务院推动实施了第一次清理整顿，建立了统一的期货监管机构，确立试点阶段期货交易所的数量为15家，减少期货品种数量至35个。1998年第二次清理整顿后，仅保留了上海、郑州、大连3家期货交易所，并再次减少期货品种至12个。此后，伴随相关法律和配套管理办法的颁布实施，我国衍生品市场体系逐渐得到完善，金融衍生品、期权品种的开发上市使服务实体经济的工具和领域得到实质性拓展。到2019年10月，我国上市交易的期货和期权品种增加到70个。2018年上海期货交易所、大连商品交易所和郑州商品交易所在全球按照成交量排名分别为第10位、第12位和第13位。但与美国等发达国家相比，我国衍生品品种比较单一，创新程度不足，信用类衍生品等复杂度较高的衍生品发展步伐比较缓慢。

（二）金融衍生品对公司创新的影响及作用机制

已有文献研究了CDS（Credit Default Swap，信用违约互换）对公司创新行为的影响（Chang X., Chen Y., Wang S. Q., Zhang K., Zhang W., 2019）。在CDS交易中，购买者将定期向出售者支付一定费用（称为信用违约互换点差），而一旦出现债券主体无法偿

---

① 例如，1994年初全国共有15家交易所上市钢材品种、7家上市白糖品种、9家上市铜铝等有色金属品种、8家上市石油品种。

付等信用类事件，CDS 购买者将有权利将债券以面值向出售者求偿，从而有效规避信用风险。

从这篇文章我们可以发现，以 CDS 对冲债务违约风险能够显著提高公司的科技创新产出和质量。其作用机制如下，由于公司债权人享受固定收益，却需要承担可能债务违约的巨大风险，这种收益与风险的不对称性使公司债权人不愿意承担风险，并且通过持续监督、设定严格的债务条款等方式降低自己面临的公司债务违约风险。由于创新活动所具备的高不确定性和信息不透明性，对创新活动进行有效监督的成本和难度较高，所以降低了债权人进行创新的动机。通过购买 CDS，债权人有效对冲了债务违约风险，从而提高了债权人的风险承受能力，进而使公司的创新活动加强。文章指出，CDS 对公司创新的促进作用，在更多依赖债务融资的公司、债务议价能力较弱的公司表现更强。同时，在进行 CDS 交易后，公司的创新策略发生了改变，专利的原创性和创新性得到了增强。从而表明，CDS 有效提高了公司的风险承受能力，使公司能够接受更高风险的创新活动。

三、金融市场参与者与公司创新

有效激励创新必须要对创新活动给予足够的耐心与风险容忍，在机制设计上也要引导管理层聚焦公司长期价值的提升，而非着眼于短期利益。因此，一个包容、高效的金融市场环境对于激励公司创新是非常重要的。在这一部分，我们着眼于金融市场参与者和金融市场特征这两个角度，分别分析了机构投资者和金融分析师这两类市场参与者，以及股票流动性和信息披露频率这两个金融市场特征对公司创新的影响。

（一）机构投资者的正面影响

在证券市场上，凡是出资购买股票、债券等有价证券的个人或机构，统称为证券投资者。机构投资者从广义上讲是指用自有资金或者从分散的公众手中筹集的资金专门进行有价证券投资活动的法人机构。主要的机构投资者包括共同基金、对冲基金、商业银行、投资银行、保险公司、养老基金等。根据投资方式，机构投资者可以大致分为股权投资者和债权投资者两种。

一般而言，机构投资者资金规模更大、投资技能更专业、自身回报及风险要求更苛刻。鉴于以上诸特点，机构投资者对企业的股票价格或偿债能力等会更为关注，并在与企业的博弈中拥有更强话语权，继而对企业的经营、投资、财务等诸多方面施加影响。

1. 机构投资者影响企业经营的途径

常见的股权机构投资者在市场中有共同基金、对冲基金、保险公司、养老基金等。股权机构投资者对企业常见的影响途径主要包括以下两种：其一，通过在二级市场上买卖股票产生价格压力，以"用脚投票"的方式影响企业经营；其二，股权机构投资者可以采取股东积极主义，主动参与企业治理，改变企业基本面，提升企业价值。

常见的债权机构投资者有商业银行、投资银行财团、共同基金、养老基金等。常见的债权资产有银行贷款、公司债券等。相对拥有所有权的股权机构投资者而言，债权机构投资者一般不拥有对于企业经营、投资的决策权，对企业的介入能力相对较小。一般而言，债权机构投资者有两种介入方式：一种是在缔结债权契约时，债权机构投资者可以在契约中事先制定一系列规范措施，约束企业在债务存续期间的经营、投资、融资行为；另一种是当企业出现债务违约时，债权机构投资者可以接管企业控制权，在极端情况下，债权机构投资者可以对企业进行破产清算。

2. 机构投资者对企业创新的影响及作用机制

在股权机构投资者方面，已有研究就对冲基金积极主义对企业创新的影响进行了研究，发现对冲基金积极主义介入会减少上市公司的研发支出，但却显著提升了创新产出的数量和质量（Brav A., Jiang W., Ma S., Tian X., 2018）。从而证明，对冲基金积极主义介入后，上市公司的创新效率得以大幅度提升。

在作用机制方面，首先，对冲基金积极主义介入后，公司创新成果的增加主要集中于自身的关键技术领域，非核心领域的创新没有显著变化，这说明对冲基金积极主义会使公司把内部资源集中于关键领域，进而提高创新效率。其次，对冲基金积极主义会通过出售非关键领域的专利成果对创新产出进行再次配置，使这些专利成果流动到主营业务与该专利所在领域更加匹配的公司手中，进一步优化配置了专利资产。最后，对冲基金积极主义介入后，会对企业科技人员重新部署和安排，科技人员的流动会使人力资本在整个行业中重新优化配置，进而提高创新效率。

在债权机构投资者方面，已有文献研究了企业债务违约后，银行介入对企业创新的影响（Gu Y., Mao C. X., Tian X., 2017）。发现银行介入后，企业创新产出数量出现显著下降，但创新产出质量却没有明显变化，管理层"代理人问题"越严重的企业，在银行介入后，其企业创新数量下降的幅度就越大。

在作用机制方面，一方面，减少的专利集中于企业的非核心领域的创新项目，而与企业核心领域紧密相关的创新项目并未受到显著影响，因此与对冲基金类似，银行的介入使企业的创新更加聚焦于核心业务领域；另一方面，银行的介入也会对企业的科技人员重新配置，会裁撤创新能力不足和非核心领域的研发人员，进而提高创新的效率和集中度，提高企业价值。

（二）金融分析师的短期负面影响

金融分析师作为金融市场信息中介的代表，在缓解信息不对称、促进资本市场定价效率和对企业进行外部监督等方面发挥重要作用。尽管金融分析师在信息获取上更具专业性，但其能否发挥好信息中介的功能却仍存疑问。研究发现，金融分析师追踪股票时可能会出于个人职业、声誉等方面的考虑，而简单地盲目追随其他分析师的看法或者发布更偏乐观的预测和评级（Hong H., Lim T., Stein J. C., 2000; Welch I., 2000; Hong H., Kubik J. D., 2003），从而给公司管理者带来过度的短期压力。

金融分析师行业在我国起步相对较晚，但自 2004 年兴起后发展比较快速，在促进资本市场的健康发展、提高定价效率、合理配置资源方面发挥了重要作用。但是，我国金融市场上分析师良莠不齐，出现过分析师违背职业信条，为谋一己私利获取内幕消息，或在利益冲突面前，选择性跟踪或策略性发布盈余预测和推荐股票等丑闻，严重损害了资本市场的健康发展。当前在我国资本市场尚未完善的情况下，分析师的专业素养本身有待提高，各种利益和矛盾冲击下其作为信息中介的客观性更是难以得到保证。

已有文献就金融分析师对企业创新的影响进行了研究，发现金融分析师的追踪显著降低了企业的创新数量与质量（He J. J., Tian X., 2013）。在作用机制方面，一方面，金融分析师跟踪越多，公司越受到市场追捧，吸引了过多的短期投资者和投机者，从而给企业经营者带来了较大的短期压力，为追求业绩的突出表现，削减长期投资和研发支出，进而造成企业创新下降；另一方面，金融分析师跟踪越多，投资者掌握信息越多，公司越可能暴露于被兼并收购的危险之中，这使公司管理层不得不采取防御战略，牺牲企业创新，进行常规的短期投资来提高公司业绩表现。

四、金融市场特征与公司创新

（一）股票流动性的短期负面影响

股票市场作为企业融资以及投资者进行证券投资交易的场所，起到了有效配置资源和服务实体经济的重要功能。"收益率、风险性和流动性"是投资者进行投资决策时主要考虑的要素。流动性是股票便于流通、易于买卖的程度，股票流动性是影响股票市场投资者，尤其基金公司等大型机构投资者投资决策的重要因素之一，已有研究甚至称"流动性就是市场的一切"（Amihud Y., Mendelson H., 1988）。

股票流动性可以从以下几个维度来衡量。股票交易的即时性，即用多久时间可以卖出股票；交易股票时的成本，流动性越高交易成本越低；可交易的股票数量，可交易的股票数量越大流动性越高；交易股票时造成的股票价格偏离度，价格偏离程度越小，说明流动性越高。因此，在高股票流动性下，可以用较低的成本迅速地完成大数量的股票交易且不造成股票价格大幅波动。

发表在《金融杂志》（*Journal of Finance*）上的一篇文章用相对有效价差来测度股票的流动性，研究了股票流动性对公司创新的影响，发现股票的相对有效价差越大，企业创新的产出数量和质量也会越大，即公司股票的流动性越高，其创新产出数量和质量会越低（Fang V. W., Tian X., Tice S., 2014）。在作用机制方面，一方面，当公司股票的流动性高时，外部潜在的收购者在进行敌意收购活动时便更容易伪装自己（Kyle A. S., Vila J. L., 1991），从而增大了上市公司面临的敌意收购压力，公司高管相对的控制力会被削弱，这进一步导致其进行长期研发投资的动力下降（Shleifer A., Summers L. H., 1988）；另一方面，股票流动性的增加会使关于短期交易的"投机型"机构投资者和被动的指数型投资者持股比例的上升，从而导致公司高管短视，牺牲长期投资，追求短期盈利。

（二）信息披露频率的影响力

为保障投资者利益、提高资本市场信息透明度，上市公司应当依照法律规定将自身的财务变化、经营状况等信息和资料向证券管理部门和证券交易所报告，并向社会公开或公告，以便投资者充分了解情况，并对公司进行监督。

一方面，信息披露制度能够降低资本市场的信息不对称程度，降低非法投机、欺诈与操纵行为的概率，更大程度地保护投资者的利益。另一方面，高频率的信息披露制度会使公司的短期经营情况更大程度地暴露于公众，增加了管理层的短期压力。

1934 年，SEC（美国证券交易委员会）要求上市公司每年向公众披露公司运营状况。1955 年，SEC 将上市公司的披露频率提高到每半年披露一次。1970 年，SEC 再次将披露频率提高到了季报。已有研究利用美国证券市场信息披露频率的两个外生改变，研究了信息披露的频率对于上市公司创新行为的影响，发现信息披露频率的提高会增加公司管理层的短期压力，使其更关注于公司的短期运营，从而显著降低公司的创新行为（Fu R., Kraft A., Tian X., Zhang H., Zuo L., 2019）。

与之类似，另外一篇文献研究了公募基金持仓披露频率与公司管理层短视行为之间的关系（Agarwal V., Vashishtha R., Venkatachalam M., 2017）。1940 年，SEC 首次要求公募基金定期披露其持仓情况，起初披露频率为每半年一次。2004 年 5 月，SEC 将公募基金的持仓披露频率提高到了每季度一次。利用这次披露频率提高的外生冲击，研究发现，公募基金持仓披露频率的提高显著增加了基金经理对于短期业绩的关注程度，进而传导至公司层面，使公司管理层的短视行为提高，降低了公司的创新数量与质量。

五、公司治理结构与公司创新

公司的创新活动，在很大程度上依托于公司组织结构的构建，而公司治理制度作为企业内部的重要决策管理机制，对公司创新决策具有重要的影响。公司治理结构的哪些因素影响着公司的创新决策。如何激励和引导管理层聚焦公司长期价值的提升，解决管理层短视问题。成为构建创新友好型公司治理制度的重要问题。在这一部分，我们从激励和保护管理层的角度出发，分析了股权激励计划和双层股权结构对公司创新的影响。

（一）管理层激励与公司创新（风险容忍）

在创新的过程中，人力资本发挥着至关重要的作用。有学者指出"人力资本正在成为当今世界上最重要的资产"。（Zingales L, 2000）已有研究以研发者"跳槽"这个事件作为识别方法，通过追踪个体研发者申请的专利以及相应的专利权人，对组织资本和人力资本对创新的影响进行了对比，发现人力资本对公司创新的解释力度为组织资本的 6 倍（Liu T., Mao Y., Tian X., 2018）。

那么如何有效激励员工把精力投入高风险、长周期的创新活动是一个重要的课题（Holmstrom B., 1989）。与一般性质的工作不同，创新工作具有高风险、长周期的特性，因此激励创新工作相比激励一般性质的工作会面临更大的挑战。已有研究从理论上证明了，激励创新最有效的合约，需要既在短期容忍创新失败的风险，又在长期给予激励对象丰厚的回报，这种最优的激励计划可以通过采取股票期权的形式，并且结合延长有效期和提供激励对象保护机制等多种方式来实现（Manso G., 2011）。

股权激励计划是指上市公司以本公司股票为标的，对其董事、高级管理人员及其他员工进行的长期激励（以股票期权和限制性股票为主）。中国证监会于 2005 年 12 月 31 日颁布了《上市公司股权激励管理办法（试行）》，标志着股权激励计划作为一种在上市公司中新型的长期激励方式开始在中国市场上出现。2008 年，中国证监会针对市场上的股权激励计划，先后提出《股权激励有关事项备忘录 1—3 号》，对股权激励计划的实施和授予细节进行了更多的限制。随着这三份"备忘录"的出台，许多已经发布股权激励计划的公司因不满足政策要求，将停止继续授予股权激励计划。

田轩和孟清扬发表在《南开管理评论》上的文章利用这个外生冲击，用双重差分法研究了股权激励对公司创新的影响，发现股权激励能够对公司创新带来正向影响。进一步对股权激励计划的种类进行分类，发现股票期权对于企业创新有显著的正向影响，而限制性股票对于企业创新的正向影响较不显著。这是因为股票期权拥有不对称的收益曲线，在股价下跌时激励对象可以通过放弃行权而免受损失，而在股价上涨时候，激励对象也可以利用股票期权而获得股价上涨带来的收益。然而限制性股票拥有对称的收益曲线，在股价下跌时会导致激励对象蒙受损失，给激励对象带来惩罚，这可能导致激励对象不敢投入高风险的创新工作中。

（二）双层股权结构与公司创新（风险容忍）

双层股权结构是一种通过分离现金流和控制权而对公司实行有效控制的手段。区别于同股同权制度，在双层股权结构中，公司股份被划分为高投票权股份和低投票权股份，高投票权股份拥有更多的决策权。双层股权结构在美国比较普遍，纽约证券交易所和纳斯达克市场均允许上市公司采取这样的股权结构。2018年4月24日，港交所发布 IPO 新规，允许双层股权结构公司上市。

谷歌、脸书、领英、阿里巴巴、百度、小米等高科技公司都选择了双层股权结构。为什么这些高科技公司在上市时会青睐双层股权结构的设计呢？这种股权结构的设计对公司创新行为又会产生怎样的影响呢？

初创企业在多轮融资过程中，创始人团队可能由于股权被稀释而丧失对公司的控制权。而一旦创始人丧失公司控制权，一方面可能会导致初创企业偏离既定发展路径，另一方面会影响公司的管理团队、组织架构的稳定性，从而不利于公司的长远经营。另外，上市公司在经营过程中，经常遭受着"门口的野蛮人"的觊觎，敌意收购成为公司控制权稳定性的最大威胁。由于双层股权结构中的高投票权股份一般仅向公司创始人或管理层发行，机构投资者或恶意收购者即便购买到足够多的普通股，也很难获得公司控制权，进而对公司管理层产生威胁。因此，双层股权结构能够有效保证公司控制权的长期稳定。

公司控制权的稳定性对公司创新行为具有重要影响。已有文献研究了反收购条款对公司创新的影响，发现反收购条款显著提高了公司的创新产出数量和质量（Chemmanur T. J., Tian X., 2018）。文章指出，反收购条款对公司创新的促进作用在信息不对称程度更高、产品竞争更激烈的公司中更加明显，从而说明反收购条款能够保护管理层免受资本市场短期业绩的压力，更能专注有利于公司长期价值增长的创新活动。

作为反收购条款中的一种形式，双层股权结构也显著增加了公司被潜在收购者收购的难度，从而可以使公司创始人和管理层更加专注长期目标和创新。现有对双层股权结构的研究，多集中于其在房地产等传统行业中的影响，结论多为弊大于利。但从谷歌、阿里巴巴等高科技企业的案例中，我们发现高科技行业与传统行业在运营决策上呈现了截然不同的特点，创新的高风险性、高信息不对称性和长周期性，使公司创始人和管理层发挥着特殊和重要的作用。因此，双层股权结构很有可能在这些高科技行业中产生与其在传统行业中截然不同的影响。

强化投资者法律保护，促进创新发展

跳出概念范围反观创新企业发展，本质上是企业整个生命周期中如何使关联该企业的各个资本投入能够发挥有效配置效率的问题。无论是处于早中期发展阶段的企业，还是作为大型企业的创新部门，有形和无形的各种投资来自利益相关者群体，如何使投入和利益能够较长时间地保持一种平衡对应关系，不仅仅是私有契约下公司治理的问题，还尤其与共有契约框架下的投资者保护密切相关。良好的利益保护机制，能够充分调动各利益相关者群体的资源，有力地促进创新型企业或创新型业务的成长，而当法律保护较弱时，外部投资者将需求较高的风险溢价，这就加大了企业的资本成本。同时，如果保护不当，大股东对公司的控制可以带来较大的私有收益，这会导致控制权和现金流权的进一步分化。作为一种替代机制，法律这种特殊的外部治理机制对投资者的保护在微观层面势必影响企业的资本成本、投资收益率、多元化经营、治理水平以及股票定价等方面，进而在宏观层面上影响资本市场的规模及功能发展，最终影响到一国的资本配置效率和经济增长。

资本成本：投资者保护的缺乏将迫使企业内部人持有大量股份，使内部人（大股东和经理层）自身的财产组合无法分散化，从而导致内部人需求较高的风险溢价，最终将增加企业的资本成本。已有文献对 38 个国家和地区的 6 000 余家企业的研究发现，投资者保护程度及司法效率与内部人持股比重呈负相关，而内部人持股比重与企业资本成本呈正相关（Himmelberg C. P., Hubbard R. G., Love I., 2004）。在投资者保护薄弱的情况下，大股东及经理层更倾向投资收益低但却可能对大股东及经理层带来私有收益的项目，而只需支付较少的股利。

投资收益率：那些投资者保护较强国家中的企业应具有较高的投资收益率。已有研究对 61 个国家和地区的 19 000 家企业进行了分析，发现普通法系国家企业的投资收益率不低于资本成本，但大陆法系国家中的企业的投资收益率却低于资本成本（Gugler K., Mueller D. C., Burcin Yurtoglu B., 2003）。

多元化经营：在投资者保护缺乏的条件下，企业获得外部资本的难度增加，从而使企业有通过多元化经营创造内部资本市场的趋势。已有研究以 35 个国家和地区中的 8 000 家企业为研究对象，分析多元化经营对企业价值的影响，结果发现，在投资者保护较弱的国家中，企业通过多元化经营来增加企业价值（Fauver L., Houston J., Naranjo A., 2003）。

治理水平：里昂证券对全球 25 个新兴市场的 495 家上市公司治理水平的评级信息表明，股东权利保护和执法力度较强国家中的企业具有较升的公司治理水平，较高的公司治理水平能提升企业的财务绩效和市场价值，这种正向效应在投资者保护法律不完善的市场中尤为明显。这表明，强有力的投资者保护可以制止大股东和经理层的侵占行为，确保企业利润回报给投资者。因此，在投资者保护较强的国家中，投资者将对证券给以较高的定价。

宏观经济运行：投资者保护会显著影响金融市场的发展。首先，在投资者保护较好的市场，投资者对股票会予以较高定价，这意味着企业可以用较低的资本成本进行融资，从而有利于资本市场的规模拓展。其次，较强的投资者保护带来分散的所有权结构，进而形成高流动性和高效率的股票交易，有利于资本市场的功能深化。

金融市场配置效率：已有研究对 1963—1995 年的 65 个国家和地区的产业发展进行了分析，结果显示，强有力的投资者保护可限制企业对衰退产业的过度投资，同时可提高对增长产业的资本投资，这个结果增强了整个金融市场的资本配置效率（Wurgler J., 2000）。在促进金融市场发展的同时，投资者保护程度将会影响金融市场的抗风险能力。有研究发现，当经济前景看好时，公司内部人为进行持续的外部融资将会善待外部投资者。而当经济前景恶化时，内部人将会侵害外部投资者的利益，从而导致金融市场的大幅下跌（Johnson S., Boone P., Breach A., Friedman E., 2000）。他们以 1997—1998 年亚洲金融危机中 25 个国家和地区为研究对象，发现投资者保护指数和执法质量比宏观经济变量更能解释各市场上的股价下跌幅度和汇率贬值程度。与上述结论相一致，另一篇文献分析了 8 个亚洲国家企业对亚洲金融危机的反应，发现在小股东利益较易受到侵害的国家中，企业的股价和托宾 Q 比率下降幅度较大（Lemmon M. L., Lins K. V., 2003）。

要打造良好的资本市场环境，当前最核心的工作在于加强对投资者保护工作的统筹协调、督导落实，尤其是资本市场各业务、各产品、各环节的投资者保护工作的整体性和协同性，形成工作合力，为建设规范、透明、开放、有活力、有韧性的资本市场奠定基础。尤其以下几个方面需要在近期获得突破性进展。

首先是证券法的修订和完善。尽管从监管、法律层面角度分析，当前资本市场仍处于强监管的时期，但多次对修订稿的公开征求意见的过程漫长，本身就对资本市场的健康发展构成了影响，且不利于提升资本市场的违法违规成本。

其次，投资者保护屡屡失灵的关键之处在于缺乏针对性保护。虽然投资者保护办法对风险揭示、投资者归档分类、信息告知等内容给予了完善，但对于投资者而言，更关注的是如何建立公平、公正、公开的交易环境、如何减少信息披露不对称等问题，以及知情权、话语权等问题。

总结与政策建议

总体而言，探索金融创新支持实体经济创新的方法和路径，其核心思路是在资本对于收益要求的短期性与创新活动周期长、高失败概率的长期性之间找到平衡，完成有效匹配，使资本能够有效地、长期地支持企业创新创业活动。以此为思路，我们结合当下中国金融创新实际情况，给出如下具体政策建议。

一、宏观金融制度层面

对外进一步推进资本市场自由化与金融市场对外开放。放宽境外银行、证券、保险等机构投资者的准入和持股比例限制，充分发挥境外机构投资者通过监督治理、管理层保障、知识溢出等多种渠道对企业技术创新的积极作用。

对内增强政策的连贯性、稳定性、一致性，降低政策不确定性，从而促进企业技术创新。加强以国家高新技术产业开发区为代表的创新生态体系的建设，帮助企业更好地获得融资支持、承受更少的行政负担和管理成本、更多地享受开发区所在地区人才培养和引进体系的优势，从而整合区域资源，促进企业技术创新。同时，树立国有企业竞争中性原则，为民营企业创造更加公平、透明的竞争环境。

进一步提升直接融资比重，加快建设"进退有序"的多层次资本市场，为创新企业提供全生命周期的融资支持。明确科创板定位、聚焦"科创"，在成长性基础上强调特色，在专业化背景下体现灵活。科创板应以最高效地发挥科技创新型企业融资功能、最有效地支持企业进行技术前沿创新为目标，在市场准入、信息披露和监管规则设置上要更具灵活性和针对性。可以参考美国证监会于 2019 年 5 月批准的硅谷长期证券交易所，该交易所治理机制和投票权与传统的交易所不同，以长期持有和长期激励为策略，如降低上市公司信息披露频次、短期营利性要求以及分析师关注等，减少对科技创新公司上市后的短期压力，创造稳定的市场周期。

二、中观金融市场层面

培育"宽容失败"的创新环境。一方面，应当通过扶植创业投资行业、缓解创投企业的资本约束、提供有限的亏损补偿，以及促进创业投资专业化、组织化、基金化等方式提升创业投资企业对失败的容忍度。另一方面，应当建立健全个人破产制度，并设立更专业的破产法庭，依靠法制从个人和企业两个层面激励创业创新活动。

深化银行业改革创新，促进传统银行业支持企业创新。一方面应当着力建设股份制银行和城商行，并鼓励各大银行拥抱新业态，如开展"投贷联动""硅谷银行"等业务模式。另一方面应当鼓励传统银行业引进新技术，如"大数据""云计算"等都会改变传统的风险管理模式，信息颗粒度的提升也将使传统银行业更好地支持中小科技企业的创业创新活动，缓解"融资难、融资贵"问题。

发展多元融资手段，提升金融体系效率。应当合理发挥影子银行功能，对于没有涉及过高杠杆和风险外溢的影子银行体系应当予以承认和鼓励，并将影子银行体系进一步合理纳入监管。同时在创投行业之外，应当在明确相关概念界定的基础上发展天使投资等多种创业投资方式，培育天使投资人群体，使创业企业更容易获得资本支持。

三、微观金融工具层面

通过税收优惠等政策，大力发展 CVC 业务。CVC 作为创新的金融范式与融资安排，是产业与资本充分融合、企业探索创新技术与模式的有效范式，其优势在于企业从自身创新战略和产业发展战略出发，而非从纯金融机构的财务收益出发，同时还可以与被投企业建立业务和技术纽带，更有助于企业走向长期创新。

为创新型企业提供更加丰富的金融工具、激励机制和更加灵活的制度安排，其中包括：第一，发展以 CDS 为代表的金融衍生品市场，通过增强债权人的风险承受能力来促进企业创新；第二，鼓励银行等机构投资者投资创新企业并介入管理，鼓励对冲基金对被投企业的"积极主义"介入，通过改善企业的创新管理来促进技术创新；第三，通过降低创新型企业对分析师和股票流动性的短期暴露、减少信息披露频次和短期盈利要求、允许采用双层持股结构、优化管理层股权激励模式等方式，缓解创新型企业在业绩的短期性和创新的长期性之间面临的矛盾，促进企业创新。

　　金融创新与实体经济的创新（或技术创新）是经济高质量发展的一体两翼，两者相互作用、互相促进。一方面，金融创新通过宏观、中观、微观三个层面，可以使资本更好地匹配企业技术创新的长期性特征，从而更好地支持企业创新；另一方面，实体经济的不断创新和发展，反过来也会促进金融行业内部的结构优化和机制健全，最终促进金融业本身的创新，而优化后的金融体系又是实体经济进一步发展壮大的有力基础和重要保障。全方位的金融创新能够引导金融脱"虚"向"实"，在降低系统性风险的同时进一步提升资源配置的有效性，最终更好地服务于实体经济的创新，实现经济的结构转型与长期高质量发展，更好地完成2050年建设成为社会主义现代化强国的战略目标。

04

商业银行如何通过转型
支持经济高质量发展

当前，中国经济正由高速增长阶段向高质量发展阶段转变，这对商业银行的服务提出了新要求。不容否认，近年来，商业银行在支持经济高质量发展方面有一定进展，但仍存在短板和差距，主要表现在三个"不匹配"：第一，银行服务体系结构与实体经济多层次、多元化的需求结构不匹配；第二，新兴产业、小微企业特点与银行传统信贷审批模式不匹配；第三，银行信贷供给能力与实体经济需求量不匹配。

从美国、欧洲、日本银行业服务实体经济的实践来看，商业银行更好地服务于实体经济有以下五种经验：一是要多方营造有利于中小企业发展的经营环境；二是要各类银行各展所长，发挥合力；三是要在与企业建立长期稳定关系的基础上，注重加强信息的收集、处理与应用能力；四是要提前介入、识别、扶植有前景的初创企业；五是要以科技手段革新银行服务中小企业的专业能力。

近年来，我国商业银行在服务实体经济过程中，在理念、产品和服务、技术、扩量以及降价等方面开展了丰富多样的创新，但仍然面临着不少外部困难：一是利率市场化尚未完成最后一跃，难以通过创新实现风险与收益的匹配；二是地方政府和国有企业的管理相对规范，信息相对透明，致使银行的风险偏好易形成惯性思维；三是服务实体经济的基础设施不完善，如信息不对称等难题难以破解，以及担保体系建设不到位等；四是对商业银行产品创新如何做好及时、合理监管缺乏经验，致使为新产业、新动能企业提供综合金融服务时受到一定限制。

基于分析,本报告提出以下政策建议。一是完善多层次资本市场:建议加快科创板基础设施建设,以科创板带动整个资本市场改革;稳步探索和发展区域性股权交易市场;简化中小企业上市审批流程,同时打通不同层次市场之间的转板通道,形成一个优胜劣汰的激励约束机制,促进资本市场健康发展。二是引导建立银行业差异化服务格局:引导大型银行加快转型;敦促区域银行回归本源、回归本地;建立支持科技创新企业和小微企业发展的政策性银行等金融机构;推进开放型银行建设。三是优化商业银行外部生态环境:加快推动利率市场化"并轨"改革,健全完善LPR(贷款基础利率)机制;健全完善小微企业立法体系;完善基础数据系统,加快担保体系建设;加强政策保障,缓解商业银行资本补充压力;引导各类企业健全财务约束机制,减少对银行信贷的过度依赖。

当前商业银行服务供给难以满足高质量发展需求

一、经济高质量发展对商业银行提出新要求

当前，中国经济正由高速增长阶段转向高质量发展阶段，经济增长模式从要素驱动向创新驱动转变，第三产业对于经济增长的贡献显著增加，服务业、高端制造业和高新技术产业快速发展。2018年，高技术制造业增加值同比增长11.7%，增速高于规模以上工业5.5个百分点，占规模以上工业的比重已超过13%。高技术产业投资同比增长12.2%，增速比全部工业投资高8.4个百分点，引领趋势越发突出，带动作用更为强劲（见表4.1）。与此同时，服务业已成为新增企业的主力军、吸纳就业的主渠道和税收增长的主要来源。2018年，中国服务业就业人数约占就业总人数的45%，日均新增企业达到1.8万户左右，其中80%属于服务业，服务业税收收入占全部税收收入连续8年超过50%。

展望未来，以科技创新和技术进步为主的战略新兴产业，以及先进制造业、新一代信息技术产业将实现快速增长，并形成新一代信息技术、高端制造、生物、绿色低碳、数字创意等数个10万亿元产值的新支柱产业，成为经济社会发展的新动力。这意味着商业银行将要加大对高端制造业、战略性新兴产业和服务业的支持力度。

表 4.1　高技术产业增加值、投资增速及占比

指标	2017 年余额（元）	2017 年占比	2018 年增速	2018 年余额（元）	2018 年占比
高技术产业增加值	3.20 万亿	12.7%	11.7%	3.74 万亿	13.9%
规模以上工业增加值	—	—	6.2%	—	—
高技术产业投资	2.62 万亿	11.26%	14.9%	3.01 万亿	12.15%
工业投资	23.26 万亿	—	6.5%	24.77 万亿	—

资料来源：Wind。

注：国家统计局只公布规模以上工业增加值增速，不公布绝对值。

与传统重资产企业相比，高端制造业、战略性新兴产业和服务业的企业具有以下四种特征。一是资产运营更趋轻型化。重资产企业一般具有庞大的有形资产，而战略性新兴产业往往是创新型的和运用更多人力资本的，甚至是只有运营总部而没有生产车间的网络企业或虚拟企业，服务业企业则是一些偏消费性的、服务性的企业。二是生产方式更趋个性化。传统重资产企业是大批量、标准化生产，服从规模经济的要求。而高端制造业企业是以互联网为基础的、智能化的个性化定制方式。三是组织方式更趋小型化。传统重资产企业的生产组织方式属于集中生产、全球分工。而服务业企业主要以小微、民营企业为主，组织方式呈现小型化、专业化、扁平化特征。四是技术运用更趋网络化。随着服务一体化进程加快和信息技术的逐步成熟，"互联网＋金融""供应链＋金融""生态＋金融""产业＋金融"等模式不断涌现，高端制造业、战略性新兴产业的企业多成为联结着生产端和消费端的"中央处理器"，并在更高的维度上打通行业壁垒、整合产业格局。

因此，新产业、新动能的培育和发展，对银行信贷模式转型提出了新的要求，以往为大客户、大企业、重资产行业服务的抵押型信贷模式已难以为继，急需商业银行进行转型。另外，与传统重资产客户着重于"稳定性"和"当前价值"不同，高端制造业、战略性新兴产业客户更加关注"成长性"和"未来价值"。因此金融需求更加多元化，专业性更高，也需要商业银行能够提供"信贷＋非信贷"、"股权＋债权"、"表内＋表外"、"境内＋境外"、产业基金等轻型金融服务。这要求商业银行在提供贷款类融资服务的同时，加大财务顾问、基金资管、资产证券化、股权投资、债转股等综合融资服务的供给。

二、商业银行支持经济高质量发展的现状及问题

（一）商业银行支持经济高质量发展的现状

不容否认，近年来商业银行在支持实体经济方面发挥了重要作用。截至 2018 年末，金融机构本外币贷款余额 141.8 万亿元，其中企业① 贷款余额 89.03 万亿元，占比 63%，在企业贷款中，短期贷款和中长期贷款的比例为 4∶6，固定资产投资和经营性贷款的比例是 1∶1；住户贷款余额 47.9 万亿元，占比 33.8%，其中经营性贷款和消费类贷款的比重为 1∶4。

从大中小型企业的贷款增速来看，近年来央行引导金融机构加大了对普惠口径小微企业的贷款支持力度，效果已逐步显现

---

① 非金融企业及其他单位。

（见图 4.1）。2010 年以来，小微企业贷款增速始终高于大型企业和中型企业的贷款增速。截至 2018 年末，单户授信 1 000 万元以下的普惠小微贷款全年新增 1.23 万亿元，是 2017 年的 2.3 倍，余额增速为 15.2%，同比提高 8.2 个百分点。截至 2019 年 5 月末，银行对民营企业贷款余额是 40 万亿元，较年初增长 5.8%，前 5 个月新发放民营企业贷款占新发放公司类贷款的 51.48%。普惠型小微企业贷款余额为 10.25 万亿元，较年初增长 9.55%，比各项贷款增速高 3.61 个百分点。

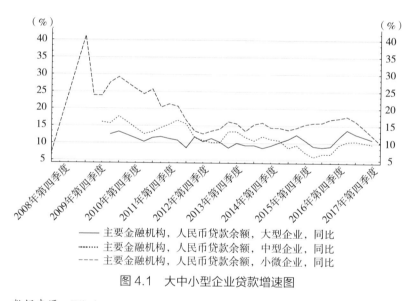

图 4.1 大中小型企业贷款增速图

数据来源：Wind。

但从行业分布来看，传统行业仍是商业银行信贷资源投入最多的领域。其中，制造业、交通运输、仓储和运输业、批发和零售业、租赁和商务服务业、房地产业、水利、环境和公共设施管理业是主要投放领域（见表 4.2）。2018 年，房地产业贷款及个人住房贷款新增占大型商业银行全部新增贷款的 50% 以上。

表 4.2　商业银行信贷投放主要行业分布（单位：%）

	2010年	2011年	2012年	2013年	2014年	2015年	2016年
制造业	16.51	17.42	17.33	16.76	15.26	13.87	12.41
交通运输、仓储和邮政业	9.66	9.77	9.72	9.64	9.77	9.61	9.18
批发和零售业	6.95	7.84	8.36	8.94	8.52	8.17	7.54
租赁和商务服务业	5.10	4.92	4.76	5.01	5.38	5.72	6.61
房地产业	7.00	6.53	6.18	6.30	6.58	6.39	5.87
水利、环境和公共设施管理业	8.43	7.28	6.27	5.70	5.52	5.27	5.57
电力、燃气及水的生产和供应业	6.76	6.56	5.95	5.39	5.14	4.87	4.68
金融业	0.19	0.23	0.34	0.41	0.45	3.21	3.36
建筑业	2.59	3.00	3.35	3.46	3.48	3.30	3.11
采矿业	2.28	2.54	2.74	2.65	2.55	2.38	2.12
农林牧渔业	1.37	1.29	1.23	1.29	1.31	1.19	1.07

注：2017 年起行业数据不再公布。

（二）商业银行支持高质量发展的短板

与供给侧改革推进过程中实体经济的金融需求变化相比，商业银行在金融供给方面的调整步伐稍显滞后。由于金融供需结构的这种不匹配，再叠加相关法律法规等制度安排滞后，以及金融监管的能力不适应金融市场变化等因素，商业银行服务高质量发展的能力不足日益凸显，主要表现在以下三个"不匹配"。

1. 银行服务体系结构与实体经济多层次、多元化的需求结构不匹配

从银行体系结构来看，大中型银行占主导地位，区域金融机构比重偏低，但不少区域金融机构本身又存在不足：一是实力偏弱；二是管理欠规范、法人治理结构不完善，导致金融供给和需求错配、竞争激烈与服务短缺现象并存。截至 2018 年末，中国银行业金融机构数达到 4 588 家，拥有物理网点 22.86 万个，其中，仅 6 家大型银行的营业网点就超过 10 万个，占比 47%。大型银行和股份制银行资产总额占银行业资产总额的比重为 57%。同期，包括城商行和农村金融机构在内的区域性银行占比仅为 26%。与此同时，各类金融机构也都在力争做大做强，出现了全国性银行向海外发展，区域性银行向全国及海外发展，地方性银行向区域性及全国发展，农村信用合作社向城市发展的新趋势。比如，我国农村商业银行现有 1 000 多家，其中大部分都开展了省内跨区域经营，尤其是互联网技术广泛运用之后，许多农商行开始借助联合贷款等模式来实现跨区域经营，逐步从地方银行走向区域性银行，并表现出贷款垒大户的倾向。再比如，自从 2006 年城商行第一家异地分行开业以来，在追求规模效应的驱动下，城商行表现出明显的跨区域扩张冲动，扎堆进入长三角等经济发达、金融环境良好的区域，瞄准大客户、大企业，以期在短期内做大规模，实现利润增长。而经济落后地区、中小企业、民营企业、涉农行业在获得更多金融资源方面的竞争力亦不强，这加剧了金融资源在地区间分布的不平衡。

从业务定位来看，我国各类商业银行没有明显的差异化核心业务，业务经营同质化现象严重。无论是国有商业银行、股份制商业银行，还是城市商业银行都拥有从本币业务到外币业务、从零售业务到公司业务、从各类代理业务到信用卡业务的多元化业务范围。而从国际来看，即使是花旗银行和摩根大通银行这样的全能型跨国银行也表现出明显的经营差异化。

从客户定位来看，各类商业银行都紧紧盯住公司大客户和个人高端客户，而对小企业、居民、农民等小客户却不够重视。这种趋同既导致了各银行之间的非理性竞争，削弱了银行的风险控制能力和盈利能力，也使一般性银行服务相对过剩，差异化、特色性的银行服务又明显不足，尤其是科技企业、小微企业融资难问题始终无法得到有效解决。

2. 新兴产业、小微企业特点与商业银行传统信贷审批模式不匹配

一方面，商业银行重实物抵押的业务方式与轻资产企业的融资需求难以契合。近年来，商业银行针对传统经济增长模式，从降低成本和防控风险的要求考虑，基本形成了一套类似"典当行"的抵押贷款模式。长期以来，抵押贷款中普遍存在高估信贷抵押物价值现象，事实上，这已经使商业银行承担了本不应当承担的风险。而对于高新技术企业、服务型企业、小微企业、民营企业等主体而言，专利技术、知识产权等"软"无形资产价值较高，而"硬"固定资产占比相对较少。但无形资产的认定和估值难度较大，抵质押贷款难度较大。截至 2019 年 1 季度末，中国银行业金融机构的知识产权质押贷款户数仅为 6 448 户。而信用担保方面，政府在担保机构设立和管理、担保损失补偿机制和风险控制等方面支持力度不足，融资担保公司普遍存在注册资本少、后续补偿机制缺失等问题。由于上述因素的存在，高新技术、服务型、小微、民营等轻资产企业更难以匹配商业银行传统信贷审批模式，严重制约了商业银行对其提供金融服务的能力。

另一方面，商业银行传统的审批体系，面对新兴产业、小微企业而言明显不相适应。一是信贷审批流程复杂，线下业务新增客户从申请到业务办理一般需要 2—3 个月，放款多在半年左右。对新兴产业、小微企业来说，存在准入标准偏高、决策链条过长、经营效率过低等诸多问题。二是大中型商业银行虽然普遍成立了普惠金融事业部和小微企业专营机构，但在尽职免责、考核激励等制度安排上还未全面落实到位，基层信贷员对普惠客户还存在"不愿贷、不能贷、不会贷"思想。三是依靠大数据控制信贷风险的能力不足，在一定程度上也降低了银行给小微企业的贷款意愿。根据西南财经大学发布的《中国中小企业发展报告》，在全国约 5 800 万家中小企业中，25.8% 的中小企业有正规借贷需求。然而在这些企业中，只有 46% 的企业获得了银行贷款，而有 11.6% 的企业的贷款申请被银行拒绝，还有 42.4% 的企业未向银行申请，且贷款综合成本在 12% 左右。

3. 银行信贷供给能力与实体经济需求量不匹配

近年来，我国商业银行资产质量压力不断增大，不良贷款新增维持高位，约束了商业银行支持实体经济的能力。我国共经历过两轮商业银行不良贷款快速生成的时期（见图4.2）。第一轮始于20世纪90年代，先后经历经济过热和经济紧缩的周期，银行业不良率在1999年达到了28.5%的峰值。之后我国经过近10年时间批量剥离约3.4万亿元坏账使不良率降至2%（2009年）以下。第二轮不良贷款高企始于2008年底"四万亿"刺激政策之后，银行信贷的快速扩张。随后为了抑制经济过热，2010年货币政策收紧，经济增长开始减速，企业风险频发，商业银行新增不良贷款在2012年之后出现了明显上升。其中，2014年和2015年新增不良贷款分别为2 505亿元和4 318亿元，不良贷款率分别较上年提升0.3和0.4个百分点。之后在2016年、2017年新增不良贷款额、不良贷款率变动幅度略有下降，但2018年再度反弹，当年新增不良贷款额3 197亿元，不良贷款率较上年提升0.1个百分点，

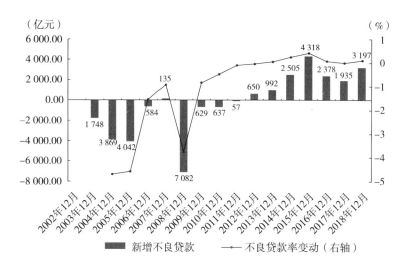

图4.2 2002—2018年新增人民币不良贷款走势图

达到 1.83%。与此同时，受经济下行期利润增速下降、不良资产核销、表外资产回流表内、监管政策趋严等因素影响，商业银行普遍面临较大的资本补充压力，多家银行通过发行永续债来缓解资本压力。在此背景下，银行进一步扩大信贷的投放能力受到制约，一定程度上影响了商业银行支持实体经济的能力。

商业银行支持实体经济的国际经验

一、美国银行业

（一）总体特征：以资本市场为中心，商业银行与资本市场深度融合

美国融资体系中，贷款在整体融资中的占比显著低于德国、法国、英国等发达经济体（见图 4.3）。通过多层次的资本市场及发达的风险投资体系，处于不同发展阶段的企业融资需求均能被满足。

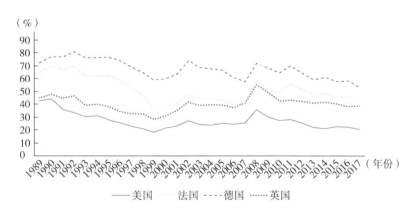

图 4.3　四国的贷款占比情况［贷款/（贷款＋债券＋股票市值）］

不过，美国银行业在服务实体经济方面仍然起着重要作用。一方面是针对企业、个人客户的传统存贷业务，另一方面是借助发达的资本市场，通过投资银行、资产管理等业务深度参与资本

市场运作，赚取投行、资管、交易等非息收入。以美国四大行为例，2017年其投行、资管等收入普遍增长较快，成为非息收入亮点。其中，花旗集团非息收入同比增长14.4%，其投行业务，尤其是股票、债券承销手续费同比增长20%，交易银行收入同比增长7%，私人银行收入同比增长14%。从风险角度看，资本市场动荡易导致投资、投行收益出现较大波动，因此市场风险是美国银行业较为关注的风险领域。

市场导向、强调竞争，再辅以发达的金融体系，使美国的实体经济充满了活力。虽然金融体系稳定性相对较弱，但这种创新力与灵活性使其经济金融从危机中复苏的能力也较其他经济体更强。

（二）转型升级：2008年金融危机后美国银行业呈现出明显的脱虚务实趋势

在市场结构上，银行的格局发生改变，虽然数量下降但整体业绩不断好转。截至2016年，美国银行总数已降至5 913家，仅为1984年的1/3。其中，总资产低于1亿美元的银行降至1 541家，仅占银行总数的26%。融资成本显著上升、贷款质量严重劣化成为众多小银行或倒闭或被收购的主要原因。与此同时，美国银行业的整体经营业绩随着美国实体经济的好转以及自身的转型升级而不断向好。

在经营结构上，贷款业务快速增长，参与衍生品市场的透明度有一定增强。2012年美国银行业贷款占资产的比重是51.5%，2017年升至54.3%。美国四大行也是同样情况，2017年净利息收入成为摩根大通、富国银行、美国银行和花旗集团税前利润的最重要贡献因素（见表 4.3）。美国银行业信贷业务稳步增长与净利息收入回升，一方面是美国实体经济转好、贷款需求旺盛的结果，另一方面也是美国银行业"脱虚务实"、支持实体经济的一个证明。

在贷款增长的同时，影子银行规模并没有出现显著减少，金融创新依然是美国银行业发展的重要力量。只不过经过危机洗礼后，美国银行业参与衍生品市场的透明度有所增强，高风险、高杠杆率的表外业务减少。

表 4.3 2017 年美国四大行税前利润变动的影响因素分解（单位：%）

	花旗集团	摩根大通	富国银行	美国银行
净利息收入	−1.9	11.6	5.6	14.3
净手续费和佣金收入	6.0	1.5	−5.9	−0.4
交易和投资收入因素	9.2	−0.6	−18.5	0.6
其他营业收入	−5.9	−1.1	19.2	0.1
营业收入因素合计	7.3	11.5	0.4	14.6
营业费用因素	0.8	−7.7	−19.0	1.4
拨备计提因素	−2.2	0.2	3.9	0.8
税前利润	6.0	3.9	−14.8	16.8

以市场化为原则，政策性与商业性机构合力服务中小企业。美国是较早重视、支持中小企业发展的国家。1953 年，美国设立了专门的政策性金融机构——小企业管理局，主要是提供担保帮助小企业获得商业贷款。美国出台政策时更多的是利用市场化激励手段，通过制度设计引导银行加强对中小企业的金融支持。政策引导与政策性金融的相互配合，较好地调动了美国商业银行开

展中小企业贷款的积极性。2018年前三季度，与美国小企业管理局合作的商业银行多达3 000家，其中贷款余额排名靠前的，不乏富国银行、摩根大通这样的大型银行。

从商业银行实践看，为解决信息不对称与高风险问题，美国商业银行针对中小企业的贷款呈现出明显的关系型融资特点，社区银行成为中小企业贷款的主要渠道。社区银行对区内小企业情况及其企业家特点比较了解，另外是依托政府机构（比如小企业管理局）进行有担保的政策性贷款，与政策机构进行合理的风险分担。

近年来，美国商业银行更多运用发达的信息技术、人与系统的配合，不断优化小企业金融的业务开发与风控。如富国银行，在服务前端方面，重视网银、手机银行等新型服务渠道的建设，并建立了专门面向小企业的服务网站，从客户视角出发推出"创业—经营—扩张—商业计划—信贷"的服务链条。在后台管理方面，该行建立了内部数据库，对长期积累的小企业客户信息进行大数据分析，为快速高效的授信决策提供支持。

为提高服务效率，富国银行还对小企业市场进行细分，针对不同客户群体，形成四种有代表性的业务模式：第一，注重差异化的客户经理制模式；第二，全流程标准化的"企业通"模式；第三，美国小企业管理局担保贷款模式；第四，面向特定产品、地区、行业、客户群体的专属服务模式。

在金融科技上，美国商业银行高度重视数字化转型，加强金融科技的前瞻性研究与应用。美国没有出台独立的金融科技政策，商业银行金融科技发展遵守每个州的具体规定，金融科技创新主要依靠美国企业的创新传统与市场的自发力量推进。而凭借硅谷及庞大的机构投资者群体、6 000 余家银行，美国仍是拥有全球最大的金融科技产业之一。Accenture 研究显示，在全球十大金融科技中心排名中，美国的硅谷、纽约和波士顿，分别名列第一名、第二名和第四名。

美国银行业对于金融科技的研究与运用也处于相对领先的地位。近年来，针对金融科技的发展战略不断明晰，而且在 2008 年金融危机后不断控制成本、降低成本收入比的条件下，仍然保持了对金融科技的持续投入。如高盛，2016 年成本收入比从 74% 降至 66%，但营业支出中的科技及通信支出却有所上升。在高盛的人力结构中，科技职位占比高达 1/4。

二、欧洲银行业

（一）总体特征：间接融资为主体，商业银行对实体经济的支持地位更为突出

与美国相比，德国、法国、英国的金融体系中间接融资比例明显更高，公司与银行之间的联系紧密。如德国，其金融业就是伴随整个国家工业化进程而逐渐发展而来的。以扶持制造业发展为中心，德国逐渐形成了以全能银行为主、在国家制定的秩序框架下竞争的金融体系。

（二）转型升级：2008 年金融危机后欧洲银行业更加聚焦实体经济与核心业务

在经营战略上，归核化成为近 10 年欧洲银行业的核心导向

（见图 4.4）。2008 年金融危机后，欧洲银行业始终在加快推进业务归核化，根据战略重点对业务领域与经营范围进行了调整。在此背景下，银行业总资产和风险加权资产规模不断收缩，截至2018 年二季度末，欧元区银行总资产为 24 万亿欧元，较去年同期下降 0.4%。

以德意志银行为例，其公司和投行业务线战略调整计划显示，其公司金融业务的重心将集中到两个领域：一个是与欧洲核心客户密切相关的行业与部门，另一个是具备市场领先优势的融资和承销发行业务。与德国和欧洲经济联系密切的公司、金融机构客户是德银重点服务的对象，而其在美国和亚洲市场的业务有所收缩。

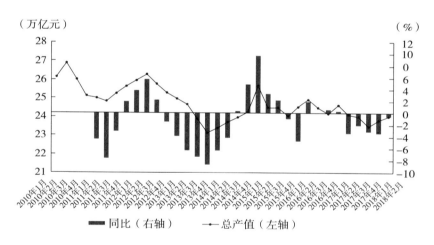

图 4.4　2008 年金融危机后欧元区银行总资产变动情况

资料来源：欧央行。

在新兴领域上，顺应欧洲实体经济发展趋势，推广可持续金融理念。跟整个欧洲发展对环保、低排放的高要求相一致，欧洲银行业近年来在支持实体经济过程中，不断突出可持续金融、绿色环保、低碳减排、责任投资等理念。一方面，加强绿色金融领域的前瞻性研究与绿色债券等产品创新，同时开始高度关注银行自身的 ESG（环境、社会、公司治理）风险管理。另一方面，着力打造"负责任金融"，重塑在 2008 年金融危机中受损的银行形象。其中，汇丰银行、德意志银行、ING（荷兰国际银行）、法国东方汇理银行等金融机构在可持续金融领域的拓展相对领先，汇丰银行在转型规划中明确提出，要在低碳经济转型中抢占市场领先地位。

对中小企业，在较为完整的综合体系中加强中小企业金融支持。欧盟国家对中小企业的金融支持，已经在强化法律基础和完善战略框架的基础上形成了一个较为完整的体系。在这个体系内，商业银行不断加强对中小优质客户的金融服务。一方面加强银政合作，为政府主导的中小企业融资计划提供金融支持。如为帮助英国中小企业渡过"脱欧"过渡期难关，2017 年 7 月，英国政府贸易部出口信贷担保局的对外机构英国出口融资（U.K. Export Finance）联合巴克莱、汇丰、劳埃德、苏格兰皇家和桑坦德等大型银行集团，为主营出口业务的中小企业提供商业融资支持。英国出口融资为合作银行提供担保，将承担 80% 的贷款或债券风险，以降低合作银行向中小企业贷款的风险。另一方面募集资金帮助中小企业融资。如法国巴黎银行 2016 年 10 月完成 5 亿欧元的中小企业债权基金募集，包括欧洲投资基金（EIF）、法国国家人寿保险公司（CNP Assurances）、法国 Groupama 保险集团等都参与其中，该基金的设立主要是为了帮助法国、比利时和意大利的中小企业解决融资问题，可向 150 家中小企业提供中长期限（5—10 年）的银行贷款，而企业可以通过法国巴黎银行的网站进行贷款申请。

在金融科技上，开放式银行建设不断深化。在全球金融科技发展大潮下，欧盟监管也开始探索推出沙盒。尤其在银行数据开放方面发生了一个较大变动：支付服务法令 2（PSD2）出台后，各行被要求对第三方支付服务商开放用户账户信息权限，提供全部必要的 API 接口权限，也就是现在比较流行的"开放银行"。目前，欧洲各行都在加快研发与测试，部分银行已进入 API 与银行产品系统对接阶段，试点第三方机构可在 API 基础上加载应用程序。

三、日本银行业

（一）总体特征：主银行制日渐衰落，银企关系更为松散和市场化

日本主银行制的核心是主办银行与企业之间为维持长期密切的交易而形成稳定的关系和行为准则。但"泡沫经济"破灭后，企业经营困难，银行还得继续投入资金救助，密切关系反而使危机在两者之间传染、加重。日本进行了多次金融改革，倡导发挥市场作用。在新型主办银行体系下，商业银行逐步减少直至退出对大企业的股权控制，大企业融资更趋多元，银企关系更为松散和市场化。

（二）转型升级：低息环境下的多元化、国际化发展

在经营结构上，低息环境下推进多元化发展。主办银行基于长期合作，对企业的经营状况、行业特征、经营前景较为了解，

既能够针对企业需求进行服务创新，又利于对客户经营预期及风险做出较为准确的判断。同时，银行还会基于定期交流的信息，向企业介绍商业伙伴，提供经营建议，基于长期合作的信息优势，为企业提供更多的增值服务。

在市场布局上，政企银共进，拓展海外市场。近年来日本银行业的海外市场拓展步伐较快，日本三大金融集团 2016 财年海外业务平均贡献度已达 32%。在此过程中，日本特有的商社、银行和企业的"一体化"协作发挥了重要作用。即综合商社与大型银行为先导，日本企业跟进，银行除提供融资外，还向政府和企业提供调查与咨询服务，并派驻高管直接参与项目建设。这样的安排在一定程度上保障了海外项目的顺利推进，同时银行也获得了更多的业务机会。

对于中小企业，主办银行与其关系进一步密切。日本"主办银行制"的核心是鼓励和倡导企业尽量和一家主办银行保持合作，企业所有资金往来通过一家银行流动，以便增加银行对企业的信任，及时有效地满足企业的贷款需求。从"主办银行"制度现状看，在大企业融资多元化、与主办银行关系弱化的同时，中小企业由于资金需求大，且在公开市场直接融资不占优势，仍倾向于与地方上实力好的银行保持密切关系。主办银行是中小企业的主要贷款人，提供的贷款份额较大，并负责为关系企业组织银团贷款。主办银行与中小企业的深度合作能较好地解决信息不对称问题，并且可以在放贷时不再拘泥于抵押和担保，有效降低融资成本。在客户结构方面，除维护和拓展传统企业客户需求外，日本大型银行将目光纷纷转移到初创期、有前景的中小企业上。

根据以上分析可以发现，虽然各国银行业支持实体经济的具体模式有一定差异，但有一些共同的规律性东西值得我们总结与思考。

一是多方营造有利于中小企业发展的经营环境。从美国、欧洲、日本的实践看，我们发现一条共同的经验，即促进中小企业的高质量发展，需要政府、银行、企业、社会的联合施策。国家层面强化法律基础，完善战略框架，建立风险共担机制，构建出一个较完善的中小企业金融服务体系。商业银行作为这个体系的一个重要组成部分发挥着作用，通过银政合作、银银合作等方式，加强对中小企业的金融支持。

二是各类银行各展所长，发挥合力。大型银行具有网络、资金、科技等多项优势，且地方性金融机构更为贴近小微客户，各类商业银行应当充分发挥优势互补的作用。这方面德国最为典型，其以中小企业为主要服务对象的金融机构包括储蓄银行、州立银行、复兴信贷银行、担保银行及合作银行等，共计约 2 000 家。其中，储蓄银行属于商业银行，州立银行是公立银行，复兴信贷银行是政策性银行，合作银行是由私人和团体组织的互助性集体金融机构。因为这些银行差异化定位，服务对象可以广泛覆盖从管理规范的中型企业到工匠作坊等各种中小企业，逐步构成了风险共担、收益共享的中小企业社会化融资体系。

三是在与企业建立长期稳定关系的基础上，注重加强信息的收集、处理与应用能力。根据国际银行实践，具体举措包括：构建供应链企业信息平台，随时监控供应链上下游中小企业经营情况；运用科技手段，收集、挖掘、整合、分析中小企业客户行为，构建客户视图；对客户进行聚类分析，研究客户发展潜力和短板，有效甄别优质客户、潜力客户和一般客户。

四是提前介入、识别扶植有前景的初创企业。如瑞穗银行从2014年开始，组建专门负责初创期企业的团队，在全国挖掘IT、机器人、再生医疗等潜在成长领域及有望上市的企业客户，除为这些企业提供贷款外，还将初创企业介绍给大商社、大企业及本集团证券、信托子公司等。法国巴黎银行等金融机构陆续推出了支持金融科技创业公司的基金，旨在支持和投资那些为金融服务开发新平台的初创公司。这类基金一般会直接投资并收购创新型初创企业的少数股权，还会间接投资AI、大数据、区块链、数字安全等重点技术。

五是以科技手段革新银行服务中小企业的专业能力。近年来，应用于中小企业金融服务领域的金融科技创新层出不穷。如荷兰ING推出一款数字鞋盒（Digital shoebox）App（应用程序），帮助中小企业管理收据账单，中小企业通过手机摄像头扫描各类收据和账单，数字鞋盒收到扫描图像后自动分析并引导企业进行转账；该App还能帮助企业实时记录收入、支出、税收等账务。再如，西班牙桑坦德银行和大众银行（Banco Popular）的整合更进一步，两者针对中小企业客户联合推出1|2|3专业账户服务，该服务通过1|2|3专业账户实现，账户持有人可获得优惠贷款，并能获得银行提供的包括800名专业管理人员、便捷的数字产品和系列定制服务在内的多样化金融服务。

我国商业银行支持实体经济的创新实践

一、商业银行在服务实体经济方面进行的创新实践

（一）理念方面的创新

商业银行在服务实体经济的过程中，基于实体经济的需求变化，加上政府政策的引导支持，不断在理念方面进行创新，突出表现就是近年来普惠金融和绿色金融成为新兴热点。理念创新推进了体制机制的完善，改变了过去高成本、高风险、低收益业务的经营模式，扩大了金融资源配置的覆盖面。2017 年以来，国内主要商业银行纷纷成立普惠金融事业部，遵循商业可持续原则，转变了我国商业银行在"三农"和小微领域的经营理念和经营模式。此外，由于绿色金融和普惠金融在主要内容和服务对象上有所重合，一些商业银行已尝试设置交叉考核等方式促进二者融合发展。截至 2018 年 6 月末，国内 21 家主要银行绿色信贷余额超过 9 万亿元，绿色信贷余额从 2013 年末至 2017 年末的年均增幅达 13.14%。截至 2017 年 6 月末，国内主要银行节能环保项目和服务不良贷款余额为 241.7 亿元，不良贷款率为 0.37%，远低于各项贷款的不良率。截至 2018 年 12 月末，我国普惠金融领域贷款余额达 13.39 万亿元，同比增长 13.8%。

（二）产品和服务方面的创新

供给侧改革的"去产能、补短板"要求商业银行加大对科创

型企业的融资支持，退出传统过剩部门。针对科创型企业，商业银行纷纷进行产品和服务模式多方面创新，一些银行创新了其内部组织机制，设立专门的组织架构（例如科技支行等）、风险定价机制、考核激励机制、信贷审批标准和经营管理团队。上海辖内科技金融转型重点银行普遍在 2017 年末设定了 3% 的不良贷款容忍度。一些银行升级基础性金融服务。依托互联网、大数据等技术，充分挖掘沉淀的企业数据，优化信贷服务流程，实现科创型企业更加便捷的线上融资申请和提款，将服务在线化和移动化。如上海银行、杭州银行和南京银行在企业融资、现金管理、财富管理等一系列基础性金融服务的基础上，还提供了包括在线会计和报税，在线进存销和订单管理，以及在线融资等一系列供应链金融服务。一些银行设计推出生命周期覆盖的金融产品。以浦发银行为例：对处于初创阶段的小微科技型企业，贷款最高额度设定在 200 万元；对成长阶段稍成熟的企业，采用政府、银行、保险公司相互合作的方式，共同分担一定比例的风险；对稳定阶段的企业提供限额为 3 000 万元无担保纯信用的贷款；对处于蜕变阶段的企业，采用股权与债券相结合的模式。

而历来一直作为支持科创企业的投贷联动业务，也发展出多种模式（见表4.4）：一是商业银行与外部风投机构合作模式，这是商业银行实践投贷联动的主流模式；二是商业银行参控股权投资子公司模式，这种模式往往表现为"母行贷、子公司投"，投贷在银行表内运作，实现投贷联动收益的集团内部化；三是商业银行与其他机构或企业共同发起设立股权投资基金，再凭借股权投资基金平台对外进行股权类投资，最终实现投贷联动。

表4.4　商业银行与风险投资机构合作的主要投贷联动产品

代表银行	代表产品	业务介绍
工商银行	与外部投资机构合作："贷款+外部直投"	在上海和深圳专门成立科创企业金融服务中心，专司科创企业的营销管理、产品创新和投融资审批。在高科技企业集聚地区设立科技特色支行。2018年向2家科创企业客户发放贷款0.8亿元，投资金额达1.92亿元。工行江苏分行与优势资本合作成立南京优势股权投资基金，工行向基金提供私募股权主理银行服务，参与基金投资决策过程，为基金推介成长科创企业并开展尽职调查。截至2018年末，工行科技型企业贷款余额7 106亿元
中国银行	投联贷	中行深圳分行联动市政府、科技园高新管委会、中银国际投资、达晨创业投资和国信证券等官方和第三方知名机构，在参考PE股权投资金额的基础上，为中小企业发放"晋级贷"，配备票据融资、应收账款融资和股权收益权融资等系列产品
招商银行	与外部风投机构合作：设立"千鹰展翼"计划	聚焦"高新科技类"和"资本市场类"两大类企业，截至2018年末共支持37家公司在境内成功上市并在招行开立上市募集资金专户，"千鹰展翼"客户授信总额1 540亿元，贷款余额302亿元
浦发银行	与外部风投机构合作："科技含权贷"	针对高成长性的科技创新型企业设计的特色投贷联动业务，企业通过与银行有战略合作的基金签署《认股选择权协议》实现增信，从而获得无抵押的类信用贷款。企业可根据经营状况灵活选择期权的处置方式，包括回购、出售或转让
北京银行	投贷保	联合中国投融资担保股份有限公司、启迪科服、北京中小企业信用再担保公司将投贷联动工作延伸到投贷保联动，通过充分发挥各自在债权融资、股权投资、融资担保等方面的优势，在债权领域提供首期3亿元专项融资担保额度，为信息技术、医疗健康、能源环保、新材料、互联网等科创型企业提供便捷融资服务

（三）技术方面的创新

国内商业银行在探索小微信贷业务的过程中，一些专注小微客户的区域性小型银行和脱胎于互联网企业的民营银行摸索出特色化发展道路，制定差异化竞争策略并提供针对性较强的产品服务，借助"人海战术"和大数据技术等避免信息不对称现象并实现风险的有效管控。目前，我国商业银行开展的小微信贷业务基本可分为依靠业务团队深耕模式、"信贷工厂"模式以及基于大数据的互联网金融模式。

模式一是依靠业务团队深耕模式。区域性银行扎根本地市场，基于服务网络下沉和充足的客户经理资源，贷前以"人海战术＋熟人网络"对小微企业深入了解和密切跟踪，贷中基于丰富信息和业务经验进行评估和决策，贷后管理仍由客户经理负责。这种模式下的商业银行拥有较高的人力成本和较强的定价能力，资产质量较稳定。台州银行和常熟银行是典型的传统业务团队模式运作的区域性小型银行，二者均具有较高的小微从业人员占比和成本收入比，净息差和不良贷款率表现也好于其他同业。截至2017 年末，台州银行客户经理人数占比超过 40%，成本收入比34.69%，净息差 4.74%，不良贷款率 0.66%。常熟银行的小微金融部人员占比在 30% 左右，成本收入比 37.14%，净息差 2.91%，不良贷款率 1.14%。此外，常熟银行通过差异化策略减少同质竞争，如关注夫妻店、家庭式作坊和个人创业者等长尾客户，向小微企业主发放个人经营性贷款，企业主以个人资产进行抵押。单户平均放款规模总体控制在 20 万元以下，风险得以有效分散。

模式二是"信贷工厂"模式。"信贷工厂"是一种小企业信贷标准化操作模式，起源于新加坡淡马锡，最早由国内几家商业银行在国外战略股东的帮助下建立。信贷工厂模式通过构建专业化的组织架构，形成较为完整的流程体系和相对独立的业务考核单元。专业化体系一方面有利于对小微企业实现精确风控与差异定价，标准化、模型化的审批流程提高了放款速度；另一方面也对客户信息的充分有效性提出较高要求。因而这种模式更适合于较大规模的中小企业，而小微企业等长尾客户难以被覆盖到。民生银行是采用信贷工厂模式的典型代表，其小微信贷流程包括录入、复核和审批三大模块，通过录入和核实客户评分、债项评分、商圈评分和产业链评分等几大模块信息，模型分析贯穿定价和审批等全部流程。

模式三是"基于大数据的互联网金融"模式。互联网平台的发展和大数据的积累使不少银行在业务流程和产品创新上取得突破。在这种模式下，银行依靠现有大数据和客户源，实现数据采集、拓客、信用评价、放款和回款全流程自动化。近年来，多家银行均推出以"互联网＋税务＋金融"为特征的信贷创新产品，借助税务数据的规模和质量优势，依托银行网络贷款业务平台，为符合要求的诚信纳税人提供全程网络贷款金融服务。浙商银行基于大数据等新技术建立了池化融资平台。池化业务是企业注册资产池，将应收票据、信用证、应收账款、理财投资等随时放进"池"里，生成相应的可融资额度。企业可在额度内进行借款、开具信用证、银票等操作，对符合授信条件的企业可额外增加授信额度。网商银行是一家强互联网基因的小微特色银行，基于阿里巴巴生态圈，专注小微和"三农"，开展线上化信用贷款业务。网商银行依托支付宝流量入口获客，并通过细化场景，为不同类型的小微企业和不同层次的"三农"客户提供针对性产品。"网商贷"面向电商卖家针对性提供网商贷、国际站专享贷款、天猫信用贷。"旺农贷"覆盖全国 25 个省区的农村小微用户，设种养殖贷款和经营性贷款。在风控方面，网商银行凭借阿里巴巴生态圈丰富的场景大数据和多维的真实数据支持信贷发放全流程。实行差别化的风控模式，如：标准化信贷产品依靠大数据技术即可实现大批量和自动化授信；对种养殖户、生产经营农户等依靠"线上大数据分析＋线下熟人网络"评估和决策；对农产品供应链模式下的大规模中小型企业和农户，基于产业链形成闭环信贷模式，无须再提供增信措施。

（四）扩量方面的创新

金融创新和监管政策之间的博弈始终贯穿于商业银行的发展过程中。利率市场化改革、资本考核、监管套利催生了金融供给侧的业务创新，而在需求侧，中小企业融资难、金融抑制等问题也促使影子银行填补融资缺口。商业银行运用银信、银证、银基、银保和银资合作等模式，创新同业业务，通过理财产品或同业负债（含同业存单）等方式募集资金，借助非银金融机构通道将信贷资产转移出表，投资受监管限制行业企业及权益、非标等资产，由此带来这些通道业务及机构的爆发式扩张，而这些通道在很大程度上构成了影子银行的主体。我国影子银行由商业银行主导，影子银行的资金主要来源于银行表外理财产品和银行（同业）负债，资产端匹配房地产、地方政府融资平台、"两高一剩"行业，以及资金短缺的中小企业等实体经济领域和股票、债券、非标准化债权等，最终实现向实体部门发放贷款。从银行体系实际发放信贷的角度来考察影子银行，影子银行业务主要包括银行的表外业务（担保、承诺等）、委托贷款、银行的表表外业务（包括表外理财、基金和资管计划等）。

在银信模式下，银行借助信托通道实现了资金在货币市场、资本市场和实业投资领域的流通，资金端通过市场化方式聚集社会资金，资产端通过跨市场配置，以债权融资、股权投资、投贷联动、产业基金等多种方式将资金注入实体经济领域。2008—2010年，银信合作规模迅速扩大，主要业务包括银信合作理财产品、信托贷款、信贷资产转让，银信合作规模在总信托余额的占比在2010年9月达到64%。2011—2016年，信托贷款月度新增量对社会融资规模新增的贡献最高可达20%以上，存量占比在2016年末达到最高，为8.46%，委托贷款月度新增量占比最高约15%，存量占比最高时为4.66%。

在我国信贷额度和信贷投向有较为明确的政策导向，以及各种风险指标的考核下，这些依附于银行开展的"类贷款"业务有效填补了企业融资缺口。然而，创新和风险总是相伴相生。游离在监管之外的影子银行的快速膨胀，不仅影响了宏观货币政策调控和货币当局的监管，还因刚性兑付问题增大了银行微观风险和系统性风险。

（五）降价方面的创新

近 10 年来，我国主要商业银行搭载信息技术和互联网行业发展的快车道，电子化、信息化、网络化技术在银行得到普遍应用，使我国银行业实现了数据集中化、运营集约化、业务流程化和服务电子化，银行管控、交付和运营模式发生彻底性变革，其 IT 成本、管理成本、业务成本和运营成本得以不断下降，客户融资成本、结算成本等也相应降低。具体表现为以下几个方面。

第一，商业银行整合核心系统，建立 IT 中枢和一体化架构，银行数据信息系统大集中，促使银行 IT 成本下降，信息数据互联互通程度提升，银行业独立自主的网络安全保障能力和信息化建设能力得到夯实。建设银行"新一代"采用"集中式 + 分布式" IT 架构，其中分布式架构（X86）的成本仅为集中式主机成本的 1/10，建设银行通过加大 X86 云端的应用部署，促使主机下移和资源池化，节约资源超过 2.6 万个处理单位。金融科技和互联网思维也促使我国商业银行自主创新能力取得重大突破。以强大互联网基因为内核的微众银行，采取开源技术，按分布式架构搭建技术平台，成为国内首个"去 IOE"科技架构的银行，使其 IT 成本节约至行业平均成本的 10% 以内。目前，有多家银行应用了微众银行智能云客服服务，解决了金融企业客服人力成本高、服务效率低的问题。

第二，商业银行实现运营集约化、业务流程化，通过工厂化作业模式使银行形成规模化、标准化的业务集中处理，前中后台分离和风险的集中全面监控模式，推动银行后台作业成本下降，精细化管控能力提升。建设银行在 2010 年实行流程再造工程，实现了业务处理效率的提升、业务处理成本的降低和操作风险与道德风险的管控能力的增强。项目实施后，人力、工位、影像年均直接节约成本达 7.57 亿元。

第三，商业银行通过信息共享和数据挖掘，利用大数据技术改善信息不对称并升级风控技术，破解小微贷款难题，使标准化信贷产品线上服务，实现海量数据价值化，实现银行业务成本下降，促使企业融资成本和结算成本的相应降低。如网商银行通过互联网技术、风控技术，实现快速放贷，全程无须人工介入，每笔贷款平均运营成本仅 2.3 元，传统模式下发放一笔小微企业贷款平均人力成本约 2 000 元。基于此，虽然 2017 年市场资金成本平均上升了 1 个百分点，但网商银行为小微企业提供的贷款平均利率仍下降了 1 个百分点。

第四，电子银行、网络银行以及移动银行等渠道建设使银行交易日渐大众化、普及化，服务渠道进一步下沉，通过智能机具及自助设备替代成本较高的网点人力资源，利用移动终端、生物识别系统、App 生态圈将客户向线上迁移，持续深化网点向智能化、轻型化经营模式的转型，在这一过程中实现银行运营成本的下降以及客户体验的改善。工商银行于 2012 年 6 月在深圳运营国内首家智慧网点，开启了国内银行网点智能化建设步伐。智能化的业务办理和服务流程再造，使网点运营业务成本也大幅下降，电子渠道、网络渠道以及智能终端的单笔业务成本仅为柜台业务成本的 1/7~1/6。成本下降带来的是网络金融业务规模井喷式增长，截至 2018 年末，工商银行网络金融业务占比达 97.7%，同比增加 2.8 个百分点，交易额达 679.82 万亿元。中国银行电子渠道对网点业务的替代率达到 93.99%，电子渠道交易额同比增长 16.18%，其中手机银行增速高达 82.68%。四大行电子渠道对柜面业务的替代率早已超过 90%。

二、商业银行通过创新支持实体经济面临的困难

第一，利率市场化尚未完成最后一跃，难以通过创新实现风险与收益的匹配。风险溢价是银行对放贷风险所要求的补偿。风险越大或风险越难估计，银行就会要求越高的风险溢价。所以，小微企业融资必然要求更高的风险溢价。

然而我国虽然名义上存贷款利率已经进入市场化定价时代，但央行存贷款基准利率依然在金融体系中发挥着重要作用。存款方面，为防止利率的过度竞争，一般会对存款利率设置 1.4 到 1.5 倍央行指导利率的上限。贷款方面，企业贷款利率的定价主要受央行基准利率、贷款企业信用风险水平、银行竞争结构等多方面影响，目前银行还无法实现对小微企业的自主浮动定价来对风险进行补偿，所以更愿意选择与大型企业、国有企业合作。

如果真正实现利率市场化，优质的大型企业会更加倾向使用资本市场去获得低成本融资。个人贷款，比如信用卡、住房贷款这些标准化程度高的品种，也是同理。最后比拼的是资金成本的高低。而真正能体现差异化定价、获取较高回报的信贷种类，只能是高度非标准化的品种，最典型的就是中小微企业。中小微企

业没办法大规模脱媒，依然需要向银行申请贷款。所以，在利率市场化时代，整个大金融市场全面统一竞争，银行需要寻找自己的差异化定位，建立"护城河"。大银行是结算网络，能够获取相对廉价的结算存款（只要存款足够便宜，那么放低利率的大企业贷款也行）。而其他银行，几乎只有依靠差异化资产定位，比如中小微企业信贷是一条典型的路，只要贷款利率足够高，那么用相对高成本的批发负债去支撑也行。

所以，放开利率自主定价权之后，商业银行一方面可以从贷款利率的提升中获得风险的补偿，提高商业银行从事小微企业贷款的积极性，一些中小银行受形势倒逼也会主动增加对中小企业的支持力度。

第二，地方政府和国有企业的管理相对规范，信息相对透明，致使银行的风险偏好易形成惯性思维。相比之下，我国中小企业大多数属于劳动密集型企业，依靠劳动力成本较低、税收负担较轻等方面的优势得以迅速发展。但它们普遍存在产权单一、企业发展范围和规模较小、产品技术含量不高、经营行为较为短期化、负债程度高、积累少等问题，抵制市场风险的能力偏弱。一旦出现风险，部分中小企业不注重自身信用塑造，逃避、悬空银行债务的情况时有发生。

正是因为上述因素的存在，商业银行对中小企业的贷款总是心有余悸，只有在流动性非常充裕的情况下，才有一部分资金会流到中小企业。但是如果"大河"水位一低，首先就是"小河"干。这也意味着在流动性趋紧的情况下，首当其冲的就是小微企业、民营企业。

因此，要银行打破对体制内实体的路径依赖去支持小微企业、民营企业，不仅需要银行自身经营理念以及信贷模式等的转变，还需要法律、担保等金融生态环境的完善，更需要小微企业自身建立"做生意是要本钱的，借钱是要还的，投资是要承担风险的，做坏事是要付出代价的"经营理念，塑造诚信经营的良好形象。

第三，服务实体经济的基础设施不完善：信息不对称等难题难以破解，担保体系建设不到位等。一是中小企业征信数据库覆盖面较窄、数据质量不高、缺乏对中小企业信用信息的整合与共享。截至 2017 年末，我国企业征信系统共收录了 2 510 万户企业及其他组织信用信息，其中中小企业用户信息不足 300 万户，通过数字对比可发现，信用系统收录的中小企业占比较低。而中小企业信用意识不强、财务管理不规范，存在对信用档案征集工作热情不够、配合程度低等现象，信用资料完整性、及时性和准确性不高，影响了中小企业信用档案的建立，使它们信用档案质量较低。数据库中的企业与实际情况存在偏差，很多数据库中的企业已经被工商部门注销或吊销，还有部分企业尚未开工营业等。我国中小企业信用信息分散在各个部门中，如工商、公安、海关、税务等，各部门都有相对独立的信息资源。然而，由于部门之间缺乏必要的协调、共享机制，中小企业信用信息难以整合，中小企业信用信息获取难度大、成本高，出现资源浪费和重复建设的现象。同时，掌握数据的部门一般都把有关企业信用数据保密或非商业化，从而难以形成商业化的征信数据环境，不利于中小企业征信行业的发展。

二是我国融资担保起步晚,有效供给不足,无法为中小企业提供足够的信用担保支持。虽然各地均已组建了一些融资担保机构,但我国对中小企业融资担保相关体系的建设远远滞后于发达国家。中小企业融资担保分成了三类,即政策性担保机构、商业性担保机构和互助性担保机构。政策性担保机构无论从事哪种业务都得到补贴,商业性担保机构却只能自生自灭,最终形成社会资源不合理配置,对中小企业担保的有效供给不足。近些年出台的规章制度针对政策性担保机构的多,指导意见原则性强,有关政府监管、行业自律、市场准入等规定有待具体细化,担保机构的法律地位和性质有待明确。法律上的不完善造成中小企业融资担保机构筹措资金难度较大,资金来源不稳定,银行认可度不高。担保体系欠缺相应的再保险机制,使融资担保机构承担的风险过大。而我国融资担保机构普遍规模较小、抗风险能力低、资金流动性不足。截至 2017 年末,全国融资性担保行业每个融资担保机构的平均资产为 1.61 亿元,平均在保余额为 3.37 亿元,和银行等金融机构的资产规模相比差距非常大,同时存在许多中小企业融资担保机构的实际注册资本不到位或者被挪用的现象。相对于数量巨大的中小企业,融资担保机构这些弱点无法为中小企业提供足够的信用担保支持。

第四,对商业银行产品创新如何及时合理监管缺乏经验,致使为新产业、新动能企业提供综合金融服务受到限制。当前中国商业银行的融资模式仍然以传统的信贷为主,多元化融资能力仍然较弱，很多是制式化的产品，降低了对新产业、新动能企业的适应性。虽然近年来中国商业银行也在不断创新融资方式，但囿于相关制度、政策的缺位或者难以落实，对上述领域的支持力度有限。比如，与轻资产企业融资需求更相适应的股权投资领域，商业银行很难进入。根据《商业银行法》《商业银行资本管理办法（试行）》《银行抵债资产管理办法》的规定，我国商业银行在没有国家另行规定的情况下，不能够向非银行金融机构或企业进行股权投资。对于银行被动持有股权的资本占用，两年内（法定处置期限）风险权重为400%，两年后高达1 250%。为满足轻资产企业融资需求，银行多采用银证信、银基合作和境外平台绕道等方式，但存在交易链条长、合作管理难度大、业务成本和合规压力大等问题。根据美国传统基金会2015年经济自由度指标，中国内地金融自由度指数为30，全球排名第137位，不但远低于发达国家和地区，甚至低于一些新兴市场国家，如巴西、南非，以及亚洲的马来西亚、泰国。

政策建议

一、完善多层次资本市场

第一，加快科创板基础设施建设。以科创板带动整个资本市场改革，加快科创板基础设施建设和法律法规建设，培育更多科技型企业，加快推动将科创板建设成为科技型企业成长的摇篮。具体措施主要包括：提高信息披露监管要求。科创企业技术迭代快、投入周期长、不确定性大，加上科创板实行的是注册制，因此，对信息披露的要求更高。针对目前上市公司在信息披露方面存在的随意更改业绩预告，对部分事项避重就轻、隐瞒不报的做法，一方面应加大正向激励，将信息披露质量与再融资、股权激励等事项紧密挂钩，另一方面还要加大惩治力度，提高违法成本。持续完善以机构投资者为参与主体的询价定价机制。目前，科创板试点注册制的新股发行价格采取的是完全市场化的方式，对于新股发行定价不设任何限制。机构投资者的专业水平直接影响了询价定价的质量。因此，对于目前已经上市的企业的定价，有必要对其定价进行后续评估，不断完善询价定价机制。引导机构投资者投资科创板。科创板企业未来发展的不确定性较高，抗风险能力较弱。因此，对投资资金的抗风险能力要求也更高，应引导机构投资者、中长期资金进入科创板。一方面有助于为科创板企业提供更稳定的资金来源，另一方面也有助于提高整个市场的抗风险能力。

第二，稳步探索和发展区域性股权交易市场。目前，我国已有 40 多家区域性股权市场。其作为多层次资本市场基石，应充分发挥其培育、孵化优质中小企业的作用，为那些不足以进入前两板市场的中小企业提供相应的股权交易与融资服务。建议在交易规则、相关制度设计上与"新三板"协调推进，支持更多中小企业在区域性股权市场培育后，进入资本市场融资和发展。

第三，简化中小企业的上市审批流程。建议在科创板试点注册制的基础上，推进主板、二板市场的注册制改革，简化中小企业上市步骤和审批流程，同时着力降低上市费用，提高中小企业进入资本市场融资的积极性与主动性。

第四，打通不同层次之间市场的转板通道，形成一个优胜劣汰的激励约束机制，促进资本市场健康发展。

二、引导建立银行业差异化服务格局

就银行服务实体经济而言，解决问题的重点不在于盲目增加一般性银行尤其是中小银行的数量，重点在于要依托现有银行进一步明确各自的发展方向和市场定位，通过有特色的差异化经营来提升效率。以民营银行为例，现在各方积极性都很高，不少民间资本持有者也准备投资设立银行。但设立银行需要满足各项严格规定，也需要投入大量资本金。截至 2018 年末，银行业总资产为 261 万亿元，如果民营银行总资产要占银行业总资产的10%，其资产规模会占到 26.1 万亿元，按 10% 核心一级资本充足率的最低要求来看，需要大约 2.61 万亿元资本金。而目前中国民营企业 500 强资产总额仅 28.19 万亿元，这么多资本金用什么节奏，什么方式腾挪呢？这无论是宏观设计，还是企业的投资决策，都要把握好才行。

第一，引导大型银行加快转型。首先，改进"典当行"式的融资模式，推动信贷业务转型。商业银行传统信贷模式下，授信额度通常与抵押品价值挂钩，抵押品大多是看得见、摸得着的固定资产，市场价值易评估。这种资金融通模式并不适合新兴产业、服务业等轻资产企业。轻资产企业的金融服务需要专门的信贷体制及模式，商业银行要对传统信贷业务模式进行革新，要针对新兴的产业和企业专门构建新的业务体制和风控模式，这考验商业银行从思想转变、业务组织、资源调配到政策执行、落地的能力。是一个不小的挑战，是对银行专业性、适应性、创新性的全面考验。其次，加大运用金融科技手段，打造线上线下双轮驱动业务模式。一方面，在线下"软数据"的基础上，商业银行要利用企业在互联网平台留下的足迹，借助大数据、云计算、人工智能、区块链等手段，实现"线下软数据＋线上大数据"相结合的全面风险评估。另一方面，要结合区域、产业、行业等多方面因素，对客户进行细分，对产品进行细分，开发更多不同功能、不同风险级别的标准化线上产品，推动产品销售向自动化、批量化方向发展，提高融资效率，降低运营成本。

第二，敦促现有区域银行回归本源、回归本地。如城商行作为地方性金融机构，应坚持"服务地方经济、服务小微企业、服务城乡居民"的市场定位，注重挖掘本地化业务机遇，转变一味追求规模扩张的思想，以全新理念和创新模式服务当地重点战略性产业、小微企业，做到资金"取之于当地，用之于当地"，在区域内实现负债与资产的有效匹配。

第三，建立支持科技创新企业和小微企业发展的政策性银行等金融机构。虽然我们不赞成大规模盲目增加一般性中小银行，但建议建立专门支持科技创新企业和小微企业发展的政策性银行或科技银行。建议借鉴发达国家经验，将支持新兴产业发展的政策性资金作为启动资金，吸引社会资本加入，发起成立科技银行，支持新兴产业小微企业发展，可优先在新兴产业集聚区试办，化解新兴产业融资难问题。或由政府财政资金出资专门成立科技性政策银行，对小企业直接贷款或为其提供担保获取商业银行贷款。

第四，依托金融科技，推进开放型银行建设。金融科技正在重塑银行的生态，需要银行以"开放"为原则，从根本上构建起面向未来、更具新时代基因、更加智慧的经营发展模式。开放银行的建设需要央行从监管层面出台相关政策和标准，建立行业规范。包括出台开放银行指导意见；制定开放银行的技术规范；强化风险管理，构建开放银行的安全体系；应用监管科技提升开放银行的管理水平。开放银行的建设更需要商业银行自身的主动构建。从国内外银行现有开放银行生态圈构建来看，大体存在自建、合作、参与和投资四种模式，商业银行应根据自身实际权衡选择最佳模式。建议考虑"先内部开放，后外部开放；先存量改造，后增量推广；先拳头产品，后广泛类别"的步骤，尽快覆盖重点数字场景以"抢占先机"并打造品牌。但需要注意的是，开放银行将会带来更多风险挑战。对此必须早做防范。开放银行使业务风险敞口更多，拉长了整个风险管理链条，不仅可能提高管理信用风险、市场风险等传统银行业务风险的难度，而且数据泄露、网络安全、合作方欺诈、法律合规等风险发生的可能性也会加大。一方面，建议针对开放银行进行全方位的风险评估，在此基础上审慎确定开放的业务和数据类型，健全平台准入和治理机制，采取充分的信息安全保护措施。另一方面，应建立充分的缓释和隔离机制，尤其应建立一整套事前授权、事中跟踪、事后补救的数据安全防控机制，确保数据交互可追溯，并制定紧急补救措施和追责制度。

三、优化商业银行外部生态环境

第一，加快推动利率市场化"并轨"改革。为解决宽货币到宽信用的传导"中梗阻"难题，2019 年 8 月 17 日，央行改革完善 LPR（贷款市场报价利率）形成机制，将 LPR 定价机制确定为"公开市场操作利率加点"的方式。一定程度上起到了 MLF（中期借贷便利）利率对信贷市场利率的引导作用。不过，LPR 形成机制改革只是利率并轨的第一步，后面仍有一系列挑战等待解决。建议从以下几个方面着手。一是打造更加完备的利率走廊体系。探索从短期到中长期的政策利率培育，打造以存款类金融机构七天回购利率（DR007）、MLF 利率、常备借贷便利利率（SLF）为主的利率走廊体系。逐步收窄利率走廊区间，保障利率走廊体系的作用充分发挥。二是完善LPR利率形成机制。目前，央行仅要求新增贷款按LPR定价，存量贷款的过渡方式与时间安排都尚未明确。参考美国、加拿大、日本等经济体经验，建议央行下一步择时把存量贷款定价替换为按LPR定价，确保未来政策利率调整能够同时作用于新业务和存量业务。在此基础上，适时宣布取消贷款基准利率。同时，逐步推动存款利率并轨改革，逐步放宽对商业银行存款利率上限的非正式指导，尝试推进部分与公开市场利率相关联的存款产品创新。稳妥审慎放开存款基准利率，引导商业银行以公开市场操作利率为基准确定存款利率。

第二，完善法律体系和守信环境。一是健全完善小微企业立法体系。这方面可以借鉴发达国家经验，比如美国于1953年出台《小企业法》，成立专门管理中小企业事务的小企业管理局。中国《中小企业促进法》（2017年修订）已于2018年1月1日起实施，但仍存在对小微企业界定不够清晰、法律强制性不足、有关中小企业贷款担保立法尚待完善等缺陷。建议对此及时进行完善。二是完善基础数据体系。建议加快小微企业信用体系建设，扩大央行征信系统对小微企业主的覆盖面。尽快厘清数据权属和数据资源开放的权责关系，推动工商、税务、社保、海关等部门数据整合、共享，建立公共开放、信息完善的综合信用服务平台，实现与商业银行的数据对接。为金融机构建立全国性的债务人房产、土地、车辆、对外投资等外部资产信息途径，帮助金融机构加大对债务人资产的追索力度。三是加快担保体系建设，完善小微贷款的风险外部补偿体系。扩大政策性融资担保体系规模，完善公共资金对超额风险的分担机制。重点是：建立融资担保法律制度，在企业信息披露、财产抵押等方面建立完备的法律诉讼渠道；引导政策性融资担保公司回归本源，提高担保风险代偿容忍度；发展再担保机构，鼓励有条件的保险公司为普惠金融保险提供再保险支持。四是高度重视会计师事务所、律师事务所、咨询公司、信用评级公司等中介体系，以及小微企业履约意愿和能力建设在内的诚信体系建设。通过上述举措，及时预警风险，创造诚实守信的金融环境，为商业银行支持实体经济保驾护航。

第三，加强政府对金融创新的监管能力建设与相关制度建设。一方面，建议进一步推动市场开放，减少政府干预和软性约束，努力创造一个有利于金融创新的环境；另一方面，进一步完善金融机构退出机制，实现正常的市场出清。同时，要积极运用穿透式监管手段强化监管渗透的深度、广度和频度，真正解决新技术导致的混业型金融创新带来的潜在风险与不确定性。

第四，加强政策保障，缓解商业银行资本补充压力。商业银行的资本补充是一个长期持续的过程。为更快提高银行服务能力，建议从以下几个方面着手。一是探索对资本补充工具发行人进行分层分类管理，提高审批效率。对于国有大行发行资本补充债券，考虑试点实施备案制余额管理模式，商业银行在核准的余额范围内可自主进行备案发行。二是进一步扩大资本补充工具的投资者范围。明确基金、银行理财、信托和社保基金等投资资本补充工具的相关规则。研究解决金融机构投资资本和债务工具时资本占用过高的问题。三是比照永续债 CBS（央行票据互换工具）操作模式①，提高商业银行二级资本工具的流动性。

第五，引导各类企业健全财务约束机制，减少对银行信贷的过度依赖。我们认为，近年来各类企业所谓的融资难问题，实质上在于我国各类企业所有者或出资人缺乏资本意识，没有随着生产规模扩大及时补充资本金，导致资产负债率过高、还本付息能力下降，进而导致再融资难度加大。因此，要解决企业融资难的问题一定要抓住这个关键点，建立健全企业的资本（而不是资金）补充机制。建议从以下几个方面着手。一是对国有企业而言，管理要以管资本为主。国企的出资人、监管者要切实增强契约意识、诚信观念，要有责任保持自己所拥有、所管理的企业资本充足，要有责任维护所掌控的国有企业资产负债率稳定在一个合理水平上。二是对民营企业而言，要建立分门别类的资产负债率预警线和重点监管线。与此同时，商业银行要把民营企业的资产负债率作为向其发放贷款的依据之一，督促民营企业审慎开展债务融资、投资、支出、对外担保等业务活动，防止有息负债和或有债务过度累积，确保资产负债率保持在合理水平。三是要辩证对待多元化的融资方式。一方面，要督促企业依据市场化法治化原则，与业务重组、提质增效相结合，积极通过优化债务结构、开展股权融资、实施市场化债转股、依法破产等途径有效降低企业债务水

---

① 2019 年 1 月 24 日，人民银行决定创设 CBS（Central Bank Bills Swap，央行票据互换工具），公开市场业务一级交易商可以使用持有的合格银行发行的永续债从中国人民银行换入 CBS。CBS 的推出，增强了市场认购银行永续债的意愿，提高了银行永续债的市场流动性，从而支持银行发行永续债补充资本。

平。另一方面，对于无还本续贷的做法，只能是特定时期对具备一定条件少数企业的一种债务重组方式，切不能在社会上形成一种借钱可以"百年老赖、千年不还"的心理预期。通过上述措施，帮助企业平衡股债融资比例，协助企业及时防范和化解债务风险，减少企业对银行信贷的过度依赖。

05

中国影子银行的治理与创新

影子银行的定义、内涵及特点

影子银行这一概念最早由美国太平洋投资管理公司执行董事保罗·麦卡利（Paul McCulley）于2007年美联储年度会议上提出，意指游离于监管体系之外，与传统的接受中央银行监管的商业银行系统相对应的金融机构。

影子银行这一概念推出虽然晚，但引发了理论界和实务界的热议。国际货币基金组织总结了国际学术界关于界定影子银行的三个标准。第一，从参与实体看，一般指游离于监管体系之外、与银行相对应的金融中介机构，如以市场为导向的金融中介机构，像银行一样实施借短贷长和杠杆活动，但受到较少监管的非银行金融机构，以及具有期限、信用和流动性转换功能活动，但无中央银行流动性支持的参与实体。第二，从实施活动看，系指创新金融工具和金融活动，如与银行业务相类似、但受到较少监管或不受监管的信用中介业务、资产证券化业务。第三，从创新市场看，系指证券化市场或者金融衍生品市场，如证券化市场以及提供短期资金的回购市场。FSB（金融稳定理事会）对影子银行的定义是脱离常规银行体系之外的信用中介，包括金融实体和金融活动。并且，在FSB的语境中使用"影子银行"一词并非是对这种信贷中介系统的贬义。国际金融协会（IIF）认为影子银行主要与银行的三大核心活动有关：运用高流动性存款，扩展信贷和提供支付系统。它们还指出，在现代金融体系中，银行的核心活动通常是由非银行金融系统提供的活动"分解、取代、增补或补充"。

一、中国影子银行的内涵

2012 年，中国人民银行调查统计司的《影子银行体系的内涵及外延》认为，中国的影子银行是指从事金融中介活动，具有与传统银行类似的信用、期限或流动性转换功能，但未受《巴塞尔协议Ⅲ》或等同监管程度的实体或准实体。《中国金融监管报告（2014）》将中国影子银行业务分为三个层次：第一个层次为狭义口径影子银行体系，按照是否接受监管为依据进行界定，主要产品工具包含非金融牌照业务下的小额贷款、融资担保、P2P 网络贷款、无备案私募股权基金、第三方理财及民间借贷；第二个层次为中等口径影子银行体系，主要产品工具既包含狭义口径下的影子银行体系，又包含金融牌照业务下的信托、理财、货币市场基金、资产管理、资产证券化、股票融资、债券融资等；第三个层次为广义口径影子银行体系，既包含中等口径影子银行体系，又包含银行表外非传统信贷业务（银行承兑汇票、信用证、应付代付款项、贷款承诺等）和银行表内非传统信贷业务（标准化及非标准化投资、同业、非生息资产、存放央行款项等）。

我国的影子银行与国外相比存在明显的差异。国外的影子银行主要以非银行金融机构为主，而在我国是由商业银行发挥主导作用。银行理财产品在影子银行中占有较高的比重。银行的理财产品包括由信托作为通道的"银信合作"类信托产品、由券商和基金子公司资产管理计划作为通道的"银证信合作"产品，以及对非银行金融机构的委外投资等多种方式。因此，中国式影子银行也称为"银行的影子"。中国的影子银行主要是银行以其他机构为通道，将信贷资产转移至表外或伪装为表内其他资产，为无法获得银行贷款的企业和机构提供的"类贷款"业务，主要由银行理财产品和信托产品构成。彭博数据库对影子银行规模估算的方法，该统计口径包括委托贷款、信托贷款以及未贴现商业银行票据等渠道。此外，计算中国影子银行需扣除保本型理财产品，因该产品计入银行表内受到监管，不属于影子银行。因此，银行内部的影子银行主要为银行发行的非保本理财产品。

王涪力和李建军将中国影子银行分为货币影子银行、影子银行产品、信贷影子银行、民间借贷型影子银行、灰色互助金融和地下金融，具体分类见图5.1。

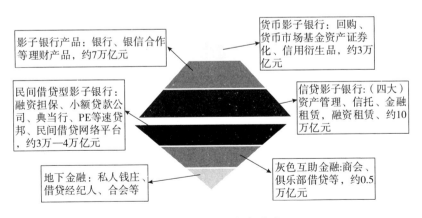

图5.1 中国影子银行分类

二、中国影子银行的发展模式

中国影子银行表现出有别于发达国家影子银行的形态。一方面，发达国家银行通常都由非银行金融机构（如投资银行）主导，商业银行和影子银行构成一种"平行银行系统"，而中国影子银行体系中的主导者，从本质上而言仍是商业银行。如果拆分影子银行的结构，可以发现几乎所有影子银行机构及其业务模式都与商业银行在资金链上存在紧密联系。另一方面，发达国家影子银行的主要业务，往往都以资产证券化活动为核心，而中国的影子银行本质上和商业银行的经营模式是类似的，具有"类银行"功能。商业银行作为流动性提供者，通过影子银行的运作，将这些流动性注入无法从商业银行体系或正规直接融资体系获得融资支持的实体。

现阶段，中国的影子银行表现出很强的以商业银行为主导的特点，更多地体现为"银行的影子"，而非西方语境下的"影子银行"，其中证券化和金融市场工具在影子银行业务中的作用十分有限。中国的影子银行发展起步较晚，结构、规模、形态都处在不稳定状态。近几年，中国经济发展水平、产业结构调整、金融市场的结构、政策变化等都对中国影子银行的发展产生了很大的影响。现阶段，中国影子银行的资金主要由银行的非保本理财产品或者同业负债募集资金组成。根据现有的研究，张明等学者均认为银行的非保本理财产品和信托产品组成了中国影子银行的资金的绝大部分。根据 BIS（国际清算银行）在 2018 年的估算，2016年中国影子银行中非保本理财产品规模 23.1 万亿元，总的影子银行规模为 57.3 万亿元，占比高达 40.3%。汪涛对 2017 年中国影子银行的规模进行了估算，在排除额外嵌套因素后，非保本理财产品占中国影子银行的规模接近 50%。造成中国影子银行主要涉及的还是与银行贷款相似的业务，资金最终流向了地方融资平台、基础设施建设项目、房地产等。但随着 2017 年以来金融监管的加强，银行的理财业务增速明显放缓（见图 5.2）。《中国银行业理财市场报告（2017 年）》显示，截至 2017 年底，全国理财产品存续余额 29.54 万亿元，同比增长 1.69%，与 2016 年同期相比，增速下降了接近 22 个百分点。根据穆迪的数据，2018 年，中国影子银行资产降至 61.3 万亿元，达到了 2016 年以来的最低值。在银行的影子银行业务受到政策限制的情况下，结构化影子信贷中介、P2P 等形式的互联网影子信贷中介发展迅速，给正处于结构性转型的中国金融市场带来了新的风险（见图 5.3）。这也说明了在中国的金融市场中，对于影子银行业务的需求并未消减。因此，仅仅从供给端遏制影子银行的业务，而需求端得不到满足的情况下，会催生新的金融市场风险，监管机构追求金融稳定的目标并不一定达到期望的效果，反而有可能激化现有的矛盾。

本课题参考了主流研究影子银行的文献，扣除了重复计算的部分，将中国影子银行口径定为：商业银行理财产品余额、信托资产余额（扣除银信合作等通道部分）、券商资产管理业务规模（扣除通道部分）、小额贷款公司贷款余额。经测算，截至 2018 年 12 月，我国影子银行规模为 54.1 万亿元，其中，银行理财规模为 32.1 万亿元，占我国影子银行的比重为 59%，是第二位的信

托资产（扣除通道后）的 2.56 倍。（见图 5.4）

（万亿元）

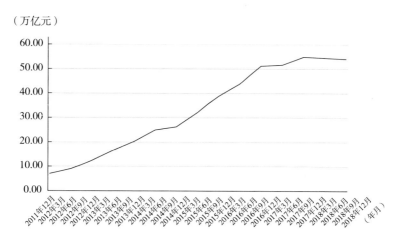

图 5.2　中国影子银行发展情况（总规模）

资料来源：Wind。

（万亿元）

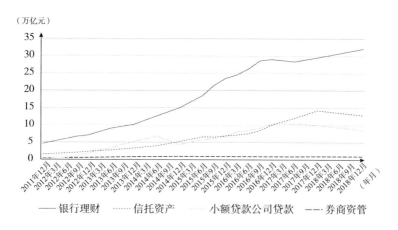

——银行理财　……信托资产　　小额贷款公司贷款　——券商资管

图 5.3　中国影子银行发展情况（按产品类型、扣除通道）

资料来源：Wind。

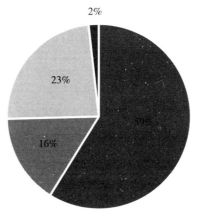

图 5.4　2018 年末影子银行主要组成部分

资料来源：Wind。

国际上对于影子银行的监管始于 2008 年金融危机爆发之后，由影子银行业务催生的金融泡沫的破灭引发了美国金融市场的危机，这场金融动荡迅速波及世界各大主要经济体，有着类似银行功能但并不具备足够的安全保障的影子银行的危害才开始得到各国政府的重视。2017 年，FSB 的年度报告显示，经过近 10 年的改革，影子银行已经得到了有效地控制和监管，但这并不意味着影子银行被完全扼杀。在金融稳定委员会的报告中也曾指出，影子银行的业务能够有效地填补银行业务的空缺，促进实体经济的发展，但不能过分依赖影子银行的融资能力。从中国影子银行的发展来看，与发达国家的影子银行在发展时间、环境、条件等各个方面都存在着一定的差异，这就造成了中国的影子银行具有一定的中国特色。

三、中国影子银行的特点

我国影子银行的形成与当前金融体系存在的诸多失衡有重要关系。当前,我国金融体系的失衡尤以三类失衡为甚,具体表现在:融资方式过度依赖银行信贷;信贷投放集中在国有部门,中小企业或个人业务普遍存在融资难、融资贵的问题;财富投资配置失衡,存款比重过大,其他投资渠道不畅。在经济体系旺盛的投资需求下,这些失衡叠加信贷政策限制,使金融机构和融资企业不断通过规避监管的途径进行投融资,致使影子银行活动越来越频繁、规模越来越大。因而,与发达国家的影子银行不同,我国的影子银行大多是一种规避贷款投向限制和资本充足率等监管要求的监管套利行为,其主要目的是借道影子银行对企业进行放贷,其基本逻辑为:商业银行绕过传统存贷业务,利用资产负债表内外的其他项目进行业务创新,并通过与非银行金融机构开展合作来达到信用扩张的目的。在这样的逻辑下,我国影子银行呈现三个特点。

第一,资金主要来源于银行,资金主体仍是储户的储蓄资金。

长期以来,由于存款基准利率的存在及存款利率上限的控制,居民的储蓄收益一直较低,在通货膨胀水平比较高的时候这一问题更加明显(见图 5.5)。

尽管 2013 年起我国加快了利率市场化改革,但存款相较理财产品等仍缺乏竞争力。与股票、房地产、外汇等投资产品相比,银行理财产品与信托产品收益远高于同期储蓄存款,并且在刚性兑付未打破前,违约风险对投资者而言近乎零。因此,风险相对可控。从而促使投资者寻求机会以实现高投资收益,相当一部分

银行资金就通过银行理财产品、信托资金、民间借贷等方式流入了影子银行体系。（见图 5.6）

图 5.5　2010—2018 年存款利率与通货膨胀率

资料来源：Wind。

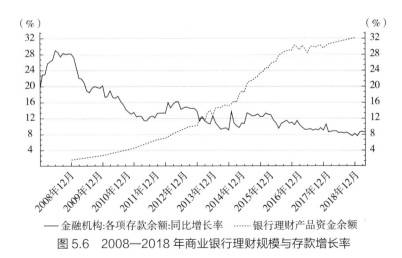

图 5.6　2008—2018 年商业银行理财规模与存款增长率

资料来源：Wind。

第二，资金主要投放于银行的客户。

经济高速增长下企业融资需求旺盛，但为了促进经济高质量增长及经济结构优化，监管政策对银行信贷实行严格控制，包括行业管制、月度信贷额度监管、资本充足率监管以及之前的存贷比等。在这种情况下，一方面，商业银行出于维护客户关系、应对金融脱媒挑战的角度利用银信合作发行的理财产品进行募集资金，并通过非银行金融机构设立投资资管计划等形式，将募集资金购买资管计划并最终实现信贷出表。另一方面，融资企业通过非信贷等形式实现了融资的目的。这种银行表外业务的开展，既可扩展贷款规模，又可满足监管要求，实现了银行降低风险资产、提高资本充足率的目标，具有一定瑕疵、不能完全满足商业银行信贷要求的企业也融到了资金。2014 年以前，银行资金经由理财等影子银行业务，投入了各类基建项目、地方融资平台、房地产，并部分进入了过剩产能等实体经济领域。2014 年以后，实体经济进入下行通道，非标投资的监管也日趋严格，导致银行非标投资的成本上升而收益率下降，更多体现为脱实向虚（见图 5.7）。一部分进入银行同业体系，购买同业存单进行空转。另一部分进入了金融市场，如股票、债券等市场。

截至 2018 年末，商业理财产品投资于信用债和非标准化债权类资产的比例高达 62.29%。2017 年 6 月，商业银行理财投资实体经济余额为 20.93 万亿元，占总投资资产的比例为 73.42%。截至 2018 年末，信托投资资产余额为 22.7 万亿元，其中资金信托中的 69.82% 投向基础产业、工商企业、证券市场和其他。（见图 5.8）

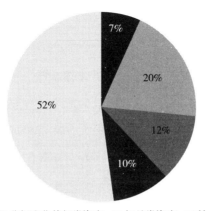

图 5.7　2018 年末银行理财主要投向

资料来源：Wind。

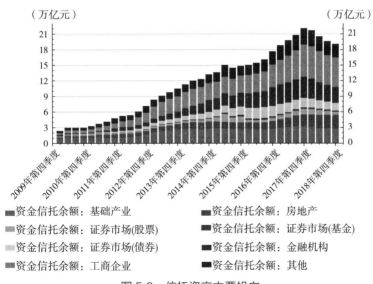

图 5.8　信托资产主要投向

资料来源：Wind。

第三，银行发挥主导作用，券商、信托公司等仅体现为通道。

我国影子银行的另一特点是受商业银行主导。在很大程度上，我国的影子银行是商业银行为了规避监管，主动将手中的资源转出传统存贷业务导致的，之所以会产生这种局面，主要是因为商业银行在我国金融体系中一枝独大，在资金规模、分支机构、客户资源等方面具有绝对优势。因此，在我国的影子银行中银行仍然是核心，整个体系的资金来源和信用支撑主要依靠银行。在影子银行的"通道"模式下，银行与承担通道功能的非银金融机构之间地位并不对等，银行在提供资金、选择投资项目等方面均占据主导地位，达到绕过监管发放贷款或自身资产表外化的目的，并最终承担投资的风险和收益。但信托、券商等金融机构成为商业银行和标的资产之间的桥梁，收取通道费用，利用规模效应来实现收益，而不能发挥主动的资产管理功能。

中国形成以银行为主导的影子银行体系的原因

一些文献分析了影子银行体系产生的成因。例如，中国以间接融资为主的融资体系，加上长期推行的金融抑制政策和利率市场化程度不足，促使投资者寻求高收益投资工具、企业寻找替代性融资工具，为影子银行业务提供了土壤，但是并没有分析为什么中国的影子银行体系是以大银行为中心的。我们将从五个方面来展开分析，梳理影子银行体系所涉及的各类经济主体，研究其行为和激励，提出具有中国特色的影子银行"双中介模式"（资金中介＋项目中介），以此来说明大型商业银行主导影子银行体系的成因。

一、银行利用国家信用提供隐性担保，吸引投资者

银行在中国金融体系中具有特殊性，其突出表现是政府对银行体系提供"隐性担保"。这种隐性担保强化了投资者对银行体系的信心，即使银行参与影子银行活动并承担风险，也不会发生挤兑。

"隐性担保"根植于中国对于"银行危机"的严格防范和化解。银行体系事关大量储户（几乎全部居民）的切身利益，一旦信心动摇，很可能发生恐慌的系统性扩散、严重影响社会稳定。因此，当银行系统风险开始显现时，政府果断干预、全力以赴、

及时化解，例如 1999 年实施国有商业银行不良资产剥离，以及 2003 年以后的国家注资及财务重组。20 世纪 90 年代至 21 世纪初，一批中小金融机构退出市场时，居民个人的存款及合法利息都得到全额偿还。

二、金融管制使银行有强烈的"出表"动机

长期以来，我国对银行实施较为严格的金融管制，包括利率管制、贷款额度管理以及直接的行政管制。利率管制即利率并非完全由市场决定，表现为某种程度的金融抑制。长期以来，央行设置存贷款基准利率，并对浮动比例进行约束。最初，基准利率上浮下浮都有严格管理。至 2004 年，基本取消了金融机构人民币贷款利率上限和存款利率下限，实行"贷款利率管下限、存款利率管上限"的方法。2010 年以来，我国利率市场化改革进入加速阶段。2013 年，取消金融机构贷款利率 0.7 倍的浮动下限。2014 年，调整存款利率浮动上限至 1.2 倍。2015 年，不再设置存款利率浮动上限，并推出存款保险制度，但是仍未实现充分的利率市场化。在利率管制的条件下，投资者（储户）无法享受更高的收益率，而企业也需要更加灵活的融资方案，强化了银行在表外为投资者和企业牵线搭桥的动机。

贷款额度管理是指监管部门对银行能发放的贷款总额进行限制。1994 年，为抑制经济过热、引导银行贷款合理投放，中国人民银行发布《关于对商业银行实行资产负债比例管理的通知》，在监管实践中首次引入"存贷比"（商业银行贷款余额与存款余

额的比例）指标。随后，1995 年,《中华人民共和国商业银行法》通过，正式确立"以存定贷"的存贷比监管模式。长期以来，存贷比红线为 75%。直到 2015 年，全国人大常委会表决通过关于修改《中华人民共和国商业银行法》的决定，删除存贷比监管指标。银行从事影子银行业务可以绕过存贷比监管，利用同样的资金做更多的投资项目，同时还可以大大节省缴存的存款准备金和贷款风险拨备，规避资本监管与考核，做大资产规模，提升经营利润。

直接的行政管制主要包括贷款发放的行业限制等。例如，监管部门严控"两高一剩"行业信贷和房地产信贷，但由于这些行业具有抵押品和现金流作为还款保障，而且这些行业过去长期依赖银行信贷资金来维持生产与发展，如此一拍两合，利用影子银行业务出表可以更好地满足这些企业的融资需求，同时增加银行利润，还可借新还旧，适应地方、企业和银行各自的需要。

总之，在传统银行业务受到较为严格的金融管制时，银行有较强的激励把某些不合规业务转移到资产负债表之外，从而绕过监管，提升自身利润。这一行为适应了投资者和企业的需求，因为投资者可以享受更高收益、企业可以获取更多融资、地方政府可以保持 GDP 增长和相应的税费收入，这就实现了"多赢"局面。

三、银行体系建立起了强大的触客能力

银行体系有遍布全国的营业网点。根据银保监会的数据，截

至 2019 年 2 月，全国登记在册的银行网点接近 23 万家，其中"六大行"（工商银行、农业银行、中国银行、建设银行、交通银行、邮储银行）网点接近 11 万家。如此密集的营业网点网络铸就了银行体系强大的触客能力，可以较低成本地面向更广大的投资者群体销售资产管理产品。

当然，随着金融科技发展，银行网点开始表现出轻型化、智能化趋势，网点新增速度明显放缓，网点关停、整合增多。但是，如此庞大的体系导致其他的金融机构往往依赖银行体系来吸引资金、销售产品，而自身承担项目中介作用，即银行在金融体系中发挥了"协调中心"的作用，一只手凭借自身大量的营业网点与触客能力来广泛接触投资者、吸引资金，另一只手把资金转给其他金融机构（信托、证券、基金公司）用于投资，从而演变成为"双中介模式"（银行作为资金中介＋其他金融机构作为项目中介）的影子银行业务模式。

四、分业监管适应不了综合经营的趋势

在 1995 年《中华人民共和国商业银行法》颁布之前，国有银行事实上可以同时开展银行业务和非银行业务（例如保险、证券、信托等），信托公司也可以开展银行业务、证券业务。但是不同业务之间没有设立防火墙，这产生了金融混乱。1995 年之后，中国金融业逐步确立分业经营、分业监管的格局。但是，从跨国比较来看，全球金融业的发展趋势转向"综合经营"。我国在分业经营的格局下，商业银行虽然拥有庞大的客户群体（既包括投资

者，又包括融资者），却只能从事传统的银行业务，利润主要来自存贷利率差。这导致商业银行在客观上有激励通过"影子银行"业务来实施某种变相的混业经营。所谓的"银信合作"和"银证合作"事实上成为分业经营模式向综合经营模式转化的某种过渡形态。

与此同时，我国为适应银行业发展趋势，积极稳妥地推动综合经营试点，在政策基调上虽然一直定位在试点上，但实际上综合经营发展状况远远超出试点范畴，近几年来获得快速发展。而分业监管的格局应对不了这种趋势，分业监管各管一段，造成法规缺失，以及监管空白、交叉重叠和监管套利并存的现象，加上监管部门多目标的取向，导致我国影子银行迅速发展。

五、大银行承担"资金批发"作用

传统中小银行在与大型银行的竞争中处于明显劣势，主要因为中小银行大多成立晚、根基浅，而且缺乏国家信用背书、社会认可度有限，自身盈利模式单一、资金成本较高、利润空间较窄，定位存在趋同性、缺少差异化产品，内部控制薄弱、风险防控压力大，另外也受到某些政策限制，例如，某些政府的资金指定由国有大型商业银行办理等。央行向市场注入流动性时也仅仅与一级交易商发生交易，而这些一级交易商全部为大型商业银行。因此，大型商业银行开始扮演类似中央银行的角色，将从中央银行或其他来源获得的流动性通过同业市场转借给中小银行。换言之，这些大型商业银行承担了"资金批发商"的作用和"资金中介"

的角色，负责从央行或者投资者处获取资金。中小银行通过银行间市场从大银行借取资金从事经营，其中相当部分又通过委托外部非银行金融机构进行投资。因此，在影子银行的资金链条上，大型商业银行显然发挥了主导作用。从金融同业市场结构看，资金净融出方是大型商业银行，资金净融入方是中小金融机构。

综上所述，大银行、中小银行和非银机构、融资方、投资方形成了一个"资金中介（大银行）+项目中介（中小银行和非银机构）"的影子银行"双中介模式"。这种独特的模式，既不是通常所说的银行间接融资，也不是典型的市场直接融资，而是介于两者之间金融市场替代性、过渡型投融资。各个市场主体都实现了利益最大化，而银行居于中心位置。

当然，需要指出的是，以上分析中，我们忽略了影子银行的"外部性"，即我们只关注了通过影子银行体系获得融资的企业和向银行购买相关理财产品的投资者，而没有讨论其对贷款企业和普通储户的影响。银行广泛参与并主导影子银行体系，事实上提高了贷款企业和普通储户的"尾部风险"。"尾部风险"是指发生概率较小（在概率分布中位于左端或者右端）但可能导致巨大损失的事件的风险。因为银行提供了"隐性担保"，如果发生亏损，理财产品的投资者同样会要求银行赔付。如果发生系统性的违约，导致理财产品系统性亏损，则银行会面临巨大的资金压力，进而影响普通储户和贷款企业的利益。但银行参与影子银行所赚取的额外收益却很少惠及普通储户和贷款企业。所以，从整体上看，影子银行体系对它们造成了负外部性。

从这个角度分析，存款保险制度的推出的确是利率市场化乃至整个银行体系改革的重要里程碑。在存款保险制度推出之前，政府为整个银行体系提供隐性的、全面的担保。但存款保险制度把这种担保转换成了显性化的、仅针对存款的保险。其本质上意味着，国家仅为银行一定限额的存款提供担保，而不对银行理财产品提供担保，从而实现理财产品的收益—风险匹配，有利于构建更加健康的投融资体系。

影子银行的风险和服务功能

影子银行带来了以下风险和危害。

第一，资源错配风险。

影子银行资金流入了不该流入的领域，造成了资源错配。一部分理财资金通过购买证券或者银信合作、银证合作等模式，流向了地方政府融资平台、房地产行业、"两高一剩"行业，助长了盲目投资和产能过剩现象，也推动了资产价格的过快上涨。同时，由于这些领域往往资金链紧张，通常还是借新还旧维持，需要不断借助理财资金进行债务循环，商业银行为维持理财产品的"刚性兑付"，也会采取滚动发行的方式，这就造成了潜在风险的不断积累。

第二，资金空转风险。

为了规避监管，理财产品往往"多层嵌套""层层包装"，这使理财资金在流入实体经济之前在金融系统内部拉长了资金链条，推高了实体经济的融资成本，同时也使部分金融机构沉迷于同业往来业务，热衷于帮助商业银行实现监管套利而偏离了主业，造成金融机构之间相互借贷规模迅速膨胀，一部分资金"脱实向虚"，增加了系统性金融风险。例如，截至 2016 年底，商业银行理财产品为 25.77 万种，累计募集资金为 173.59 万亿元，而同期全社会固定资产投资完成总额为 63.17 万亿元。相当多的资金没有进入实体经济领域，而是在金融机构之间相互拆借、击鼓传花，从而造成金融过度加杠杆和金融泡沫，最终危及金融安全。

第三，期限错配风险。

期限错配是理财产品的普遍现实，由于银行理财产品多采用"资产池"的运作模式，将不同类型、期限和预期收益率的理财产品募集的资金归集在一起统一管理，投资于各种标的，严重背离了受人之托、代人理财的原则，放大了理财产品的风险。从负债端来看，银行发行的理财产品普遍以 1 年期以内的产品为主，占到发行量的 90% 以上，而从资产端来看，银行理财存量资产的平均剩余期限约为 3~4 年。资金期限明显错配，只能依赖不断增发新的短期产品来兑付老的产品，长期放贷收不回来，加之潜在的"刚性兑付"属性，势必引发投资者与银行之间的矛盾，酿成系统性金融风险。

第四，刚性兑付风险。

刚性兑付的风险主要体现在以下三个方面。第一个方面，刚性兑付放大银行系统风险。基于经典的"银行挤兑模型"，如果银行承担刚性兑付责任，意味着银行需要承担额外风险，而表外业务又缺乏有效监管，容易导致银行体系风险膨胀，演变为系统性的危机。第二个方面，刚性兑付抹杀了不同风险项目的差异，导致资源错配。在非刚性兑付下某些无法获得融资的"坏项目"，假如银行提供刚性兑付，投资者可能反而愿意提供资金，这一方面助长了"坏项目"的投资，另一方面压缩了"好项目"可得的资金总量，降低投资效率。第三个方面，刚性兑付助长投机心理，不利于金融市场稳定。长期以来，我国投资者认为银行理财的"高收益、低风险"是天经地义，没有建立起投资风险和收益相匹配的投资理念。在这种状况下，一点波动就可能导致投资者心理预期的剧烈变化。例如，在刚性兑付的情况下，如果某一家银行的某一个理财产品发生亏损，则投资者可能对整个行业丧失信心，从而形成"挤兑"。而在非刚性兑付的情况下，个别产品的亏损不会造成系统性的信心动摇。

第五，金融稳定性风险。

为获取高额回报，同时又要满足"刚性兑付"的需求，资产管理人往往会通过加杠杆广泛参与期货、期权、互换业务、证券融资、回购协议等业务，增加了金融市场运行不稳定性。1998年初，美国长期资本管理公司拥有40多亿美元资本，但通过加杠杆持有的资产高达1 200多亿美元。过高杠杆使长期资本管理公司对小概率事件发生缺乏风险缓释能力，因为在债券市场做错了方向而导致公司破产。

值得注意的是，商业银行在影子银行业务中扮演了枢纽角色，其资金运用范围几乎囊括金融市场所有的金融工具与产品，其交易对手涉及各类型金融机构。作为金融体系交易网络的重要结点，商业银行既可能是金融风险源头，也容易成为金融风险传染中继站，这就意味着一旦上述风险传导到商业银行本身，便会被迅速放大并传导到整个金融市场，极端情况下会带来整个金融市场的动荡。

在分析影子银行带来的风险和危害时，需要特别提到，在我国地方财政预算软约束的情况下，财政对金融资源的侵占现象一直存在，影子银行实际上已成为地方财政从市场拿钱的工具。这个问题不解决，是难以从根子上化解影子银行风险的。

同时也应当看到，在我国直接融资和金融市场尚不发达的情况下，影子银行作为特定阶段金融市场替代性的产物，具有服务实体经济的功能和促进金融创新的作用。从这个意义上说，影子银行是用错误的方法办了正确的事情，其积极作用可以从需求和供给两个角度进行分析。

从需求角度看，影子银行的积极作用表现在两个方面。

第一，支持了实体经济的融资需求

近年来，实体经济中的民营企业，尤其是中小微企业、产业政策限制投资的行业、地方基建项目等领域都有较大的融资需求，而传统的间接融资和直接融资市场均无法满足这些需求。影子银行资金通过各种渠道流入这些行业，满足了这些融资需求，支持了实体经济发展。截至 2018 年底，我国银行理财产品余额 22 万亿元，接近 GDP 的 1/4。在如此大规模的理财资金中，很多通过投资债券、权益类资产、非标准化债权等直接和间接的方式注入了实体经济，支撑了基础设施建设。这对于弥补基建短板、缓解经济下行压力具有积极意义。

从有统计数据的年份来看，截至 2016 年上半年，投向了实体经济的理财资金余额为 16.03 万亿元，占理财资金投资各类资产余额的 60.74%，其中投向实体经济的理财资金涉及国民经济90 多个二级行业分类，其中规模最大的五类行业为：土木工程建筑业，房地产业，公共设施管理业，电力、热力生产和供应业，以及道路运输业。前五类行业产比为 51.41%。（见图 5.9）

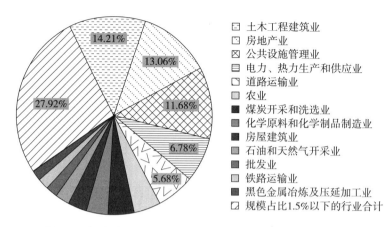

图 5.9　投向实体经济的理财资金行业分布（2016 年 6 月）

资料来源：《中国银行业理财市场报告》（2016 上半年）。

第二，满足了居民投资理财多元化的需求。

理财产品动员了储蓄，成为居民投资的重要渠道。传统意义上，中国普通投资者最主要的"投资工具"是储蓄存款，而中国长期存在金融抑制，人为压低了存款利率，导致部分经济发展的成果不能惠及普通投资者。银行理财产品客观上起到了对传统存款储蓄的替代作用：一方面理财产品能提供比储蓄存款更高的收益水平；另一方面理财产品流动性好，投资者的资金可以在活期账户与投资理财账户之间频繁快速转换。以上两点优势使居民形成了对理财产品的投资偏好，这种居民存款"理财化"不但满足了居民的投资需求，一定程度上也推进了存款利率市场化的进程。（见图 5.10）

根据央行发布的《2019 年第一季度城镇储户问卷调查报告》，29.2% 的居民倾向于"更多投资"，在拥有投资的居民中，50.1% 选择"理财产品"作为投资方式，占比最高，超过了基金信托产品的 20.4% 和股票的 17.2%（见图 5.11）。由此看来，理财产品已经成为居民投资的重要渠道。

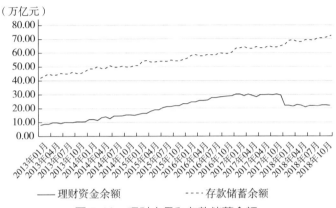

图 5.10　理财产品和存款储蓄余额

资料来源：CEIC 数据库。

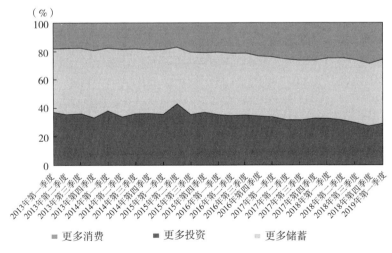

图 5.11　居民消费、储蓄与投资意愿

资料来源：中国人民银行《2019 年第一季度城镇储户问卷调查报告》。

从供给角度看，影子银行的积极作用表现在填补了多层次金融市场的供给不足，倒逼了金融监管和制度供给的完善。

我国金融市场尚不发达，金融供给侧还面临着多层次市场不健全、金融产品不丰富、金融结构不合理、资金配置效率较低、金融监管能力不足等问题。在这种背景下，以理财产品为代表的影子银行应运而生、迅速壮大，它们在一定程度上填补了金融市场供给的不足，促进了中国金融市场的成熟发展，并催生了"大资管"时代的到来。

非银金融机构通过影子银行业务获得资金，自身得到了迅速的发展。以信托业的发展为例，21世纪以来，信托业的每一次快速发展都离不开和商业银行的合作，包括资本市场的配资、房地产与银信合作业务、理财合作业务等，信托公司和商业银行不断进行金融创新，在助力银行发展的同时，也迎来了信托业的发展机遇，信托业规模也得以大幅增长，管理资产规模从2008年的1.22万亿元上升为2017年的26.25万亿元。2012年，券商、基金、保险等领域纷纷开展与商业银行合作，中国的"大资管元年"正是从2012年开始的，银行与非银机构的合作不但为各类金融机构带来了发展机遇，也造成了影子银行的野蛮生长。

从宏观数据来看，影子银行对非银行类金融机构发展影响显而易见。2016年之前，影子银行规模迅速扩张，信托公司、证券公司、基金公司及其子公司的资管业务也得到了迅速扩张。2017年，开始了对影子银行的治理整顿，直接表现为银行资产规模扩张趋势得到抑制，同时各类非银行类金融机构资产管理规模的增速下降，甚至转向萎缩。这种规模的同步变动，说明了商业银行事实上通过影子银行业务为各类金融机构提供了重要的资金来源（见表 5.1）。从有数据的年份来看，截至 2016 年底，基金公司资管业务中 58.1% 的资金来自银行，基金子公司资管业务中 63.1% 的资金来自银行。

表 5.1　2009—2018 年各类资产管理规模的发展（单位：万亿元）

年份 类型	2009 年	2010 年	2011 年	2012 年	2013 年	2014 年	2015 年	2016 年	2017 年	2018 年
银行理财	1.70	2.80	4.59	7.10	10.21	15.02	23.50	29.05	29.54	22.04
券商 资管业务	0.14	0.19	0.28	1.89	5.21	7.95	11.89	17.31	16.88	13.36
基金公司 资管业务	—	—	—	—	0.47	1.22	2.99	5.10	6.43	6.04
基金子公 司资管 业务	—	—	—	—	0.97	3.74	8.57	10.50	7.31	5.25
信托资产 规模	2.02	3.04	4.81	7.47	10.91	13.98	16.30	20.22	26.25	22.70
保险资金 余额	3.56	4.60	5.55	6.85	7.69	9.33	11.18	13.40	14.92	16.41

资料来源：银行业理财登记托管中心，《中国银行业理财市场年度报告（2016 年）》，中国保监会，中国信托业协会，中国证券投资基金业协会，《中国资产管理行业发展报告》。

影子银行的发展也倒逼了我国金融监管体系的完善。2008 年以来，商业银行表外业务快速发展，资管类产品风险不断暴露，这引起了金融监管部门的重视。国务院成立了金融稳定发展委员会，"一行两会"的新监管格局形成，"资管新规""理财新规"

等相继发布。这些监管措施和制度供给，有效防范了系统性金融风险，减少了监管套利和监管真空，推动了我国金融监管体系的不断完善。

综上所述，影子银行作为一种金融创新，促进了我国金融市场的成熟和发展。对商业银行来说，理财产品已经成为其竞争和维护客户资源、提高利润的重要方式。对实体经济来说，理财资金已经成为其重要的融资渠道。对居民来说，理财产品已成为其存款替代、稳健投资的最佳选择。对非银行类金融机构来说，理财合作业务扩大了资产管理规模，拓展了财富管理的渠道、方式和能力，发挥了财富管理的专业特长，使利率、汇率等金融杠杆更为敏感有效，进一步促进了金融市场发展，适应了"大资管"时代的需要。

影子银行治理成效及对实体经济的负面影响

2017 年以来，伴随资管新规落地及一系列金融严监管政策出台，对影子银行的治理整顿初见成效，影子银行业务得到有效控制，防范化解重大风险攻坚战取得了阶段性成效。根据全国银行业理财中心 2018 年报，在"资管新规""理财新规"发布后，截至 2018 年末，银行表外非保本理财产品余额为 22.04 万亿元，与 2017 年末 22.17 万亿元、2016 年末 23.11 万亿元相比稳中有降。作为对比，2009 — 2016 年，银行理财规模从不足万亿元快速增长到近 30 万亿元，年复合增长率在 50% 左右（见表 5.2 和图 5.12）。具体来看，影子银行的治理成效主要体现在四个方面。

表 5.2　银行理财规模变动

	理财产品存续数量（万种）	理财资金余额（万亿元）	非保本理财余额（万亿元）	理财余额年复合增长率（%）
2013 年 12 月	4.45	10.24	6.53	
2014 年 6 月	5.16	12.65		52.6
2014 年 12 月	5.50	15.02	10.09	41.0
2015 年 6 月	6.13	18.30		48.4
2015 年 12 月	6.09	23.50	17.43	64.9
2016 年 6 月	6.90	26.28	20.18	25.1
2016 年 12 月	7.42	29.05	23.11	22.2
2017 年 6 月	8.58	28.38	21.63	−4.6
2017 年 12 月	9.35	29.54	22.17	8.3

续表

	理财产品存续数量（万种）	理财资金余额（万亿元）	非保本理财余额（万亿元）	理财余额年复合增长率（%）
2018 年 6 月（估算）	8.66*	28.86*	22.04	−3.5
2018 年 12 月（公布）	4.80	22.04	22.04	−0.6

资料来源：历年《中国银行业理财市场报告》，中国理财网，CEIC 数据库。

*2018 年银行理财业务的统计口径发生了变化，仅统计了非保本理财产品，为了历年数据可比，课题组做了估算。

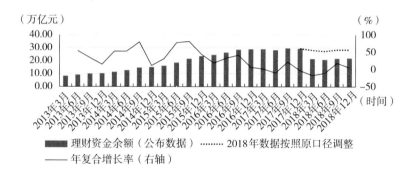

图 5.12　理财资金账面余额及增速

资料来源：历年《中国银行业理财市场年度报告》。

第一，理财资金回表有利于调整信贷结构。

影子银行的资金回表一方面规范了过去影子银行资金体外循环、脱实向虚、逃避监管等问题；另一方面加大了正规金融渠道支持实体经济的力度，也使货币政策传导更加精准顺畅。2017 年和 2018 年，本外币贷款增量分别为 13.8 万亿元和 15.2 万亿元，同比增速分别为 16% 和 10%，分别高于同期社融增量增速 7 个和 24 个百分点。这表明社融增量结构得到了优化，正规金融渠道对实体经济支持的力度加大。更重要的是，对影子银行的治理有助于疏通货币政策传导渠道，更精准地引导资金流向新兴产业、民营企业和小微企业。过去影子银行资金绕过监管进入"两高一剩"、房地产等政策限制行业，挤占了应该获得资金支持的行业，降低了金融服务实体经济的效率。2017 年以来对影子银行的治理，有助于货币政策更精准发力、更迅速进入实体，助力了实体经济结构优化和健康发展。

第二，理财资金"脱实向虚"得到明显控制。

2014 年后，我国实体经济下行压力明显，但理财资产规模仍在持续增加，大量的银行理财资金流向了金融市场，造成了"资金空转"现象和系统性金融风险积累。通过 2017 年以来的治理整顿，情况大为改善。金融同业类产品是指专门面向银行业、证券业、保险业等金融机构销售的理财产品，其存续余额可以近似反映流向金融市场的理财资金规模。2017 年前，同业理财规模迅速上升，从 2014 年末的 0.49 万亿元上升为 2016 年末的 5.99 万亿元，占银行理财资金比重也从 3.3% 上升为 20.6%。2017 年后，其余额和占比连续 22 个月环比"双降"。截至 2018 年底，全市场金融同业类产品存续余额 1.1 万亿元，占全部理财产品存续余额的 5.0%，基本恢复到 2015 年初的水平，这表明"资金空转""脱实向虚"现象明显减少。（见图 5.13）

第三，打破期限错配和刚性兑付初见成效。

期限错配和刚性兑付是理财产品潜在金融风险的主要来源，也是 2017 年以来治理整顿的主要着力点。理财产品的期限错配

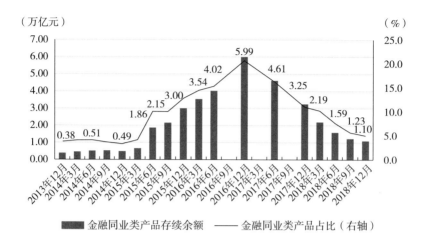

图 5.13　金融同业类产品存续余额与占比情况

资料来源：CEIC 数据库。

主要体现在其资金来源短期化和资金运用长期化的不匹配。"资管新规"中也明确要求，封闭式资产管理产品期限不得低于 90 天。根据全国银行业理财中心发布的年报，2018 年新发行封闭式非保本理财产品加权平均期限为 161 天，同比 2017 年增加约 20 天，期限错配的问题得到初步改善。理财产品的刚性兑付主要体现在其"资金池"模式滚动发行和按预期收益率发售。"资管新规"规定到2020 年将所有的预期收益型产品过渡到只能发行净值型产品，净值化管理对配置资产的估值、信息披露要求都比较严格，可以在一定程度上打开传统理财产品的运作黑箱，打破刚性兑付。数据显示，银行业金融机构在 2018 年共发行净值型理财产品 4 481 只，净值型产品同比增长 278.78%，而保本理财产品持续缩量。

　　第四，影子银行体系在资管新规引导下加速转型。

　　过去，影子银行是用了错误的方法做正确的事情，2017年开始的治理整顿，尤其是资管新规的出台引导和敦促影子银行体系全面转型，逐步实现"用正确的方法做正确的事情"的目标。一是产品转型，过去银行理财产品主要是预期收益型产品，从2018年开始，净值型产品发行加速，而保本理财产品持续减少。二是风控转型，无论是商业银行还是券商、基金、信托等金融机构，都加快了优化调整部门和组织架构的节奏，全面重塑资管业务的风险管理体系。六大国有银行理财子公司纷纷组建，股份制银行和城商行也陆续跟进。三是销售转型，各类资管机构以投资者适当性管理为导向，重塑理财产品销售体系以适应净值化转型要求，加快了合格投资者培育，夯实客户基础，坚持将合适的产品销售给合适的投资者，做好投资者的引导和教育工作。

　　上述分析表明，过去两年对影子银行体系的治理整顿取得了很大成效，不仅提高了金融服务实体的效率，为防范化解金融风险发挥了重大作用。但客观上，由于治理整顿影子银行的节奏过快、力度偏大，以及"一刀切"等问题，没有将影子银行规避监管、诱发风险的属性与其服务实体经济、弥补正规融资渠道不足的属性很好地区别开来，这造成了影子银行融资的萎缩，对实体经济带来了一些负面影响。具体表现是：以委托贷款、信托贷款、未贴现承兑汇票为代表的影子银行融资骤然下降，加剧了实体经济融资难、融资贵问题，也冲击到股市、债市等金融市场的信心和预期；叠加中美贸易摩擦带来的外部不确定性，加大了中国经济下行压力。中国经济在2018年经历了"稳中向好"到"稳中有变"

的转变，经济增速从 2018 年一季度的 6.8% 下滑至四季度的 6.4%，创下 10 年新低。

金融是实体经济的血液，实体经济的持续稳定发展离不开金融体系的持续稳定支持。社会融资规模反映的是一定时期内金融体系为实体经济提供的资金供给总量，是实体经济运行的顺周期指标，社会融资规模需保持一定增速才能满足实体经济正常的融资需求。2018 年社会融资规模增量为 19.3 万亿元，较 2017 年的 22.4 万亿元减少了 3.1 万亿元。社会融资规模增量占同期 GDP 比重也由 2017 年的 27% 下降到 2018 年的 21%，创下该指标 2007 年以来的最低水平（见图 5.14）。社会融资规模增量的下降主要来自委托贷款、信托贷款、未贴现的承兑汇票等影子银行融资规模的下降（见表 5.3 和图 5.15），2017 年此三项的增量合计为 3.6 万亿元，而 2018 年下降为 2.9 万亿元。这一增一降意味着 2018 年影子银行体系提供的社会融资规模下降了 6.5 万亿元。同期，本外币贷款从 13.8 万亿元增长到 15.2 万亿元，仅增长了 1.4 万亿元；企业债券和股票融资增长了 1.5 万亿元。以上两项合计提供了 2.9 万亿元社会融资规模增量，这显然难以弥补影子银行体系缩水的 6.5 万亿元融资增量。融资增量的减少，必然对实体经济和金融市场产生冲击，最直接的证据是 2018 年基建投资增速出现断崖式下跌，实体经济尤其是民营企业融资难、融资贵的问题凸显，股市持续低迷和信用风险频发。同时，由于社会融资规模增量的下降，导致一些银行抽贷、断贷，而实体企业为应对银行的抽贷、断贷压力，需要过桥资金和担保，这进一步增加了融资成本。调研数据显示，即使银行贷款利率只有

5%，但加上其他成本，实际拿到的资金成本要高达 10%~12%。

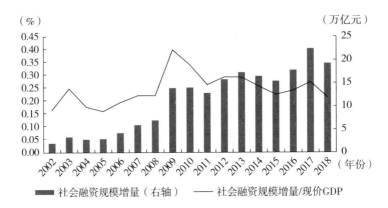

图 5.14　社会融资规模增量与现价 GDP 比例

资料来源：Wind。

表 5.3　社会融资规模主要分项及增量比较（万亿元）

社会融资规模分项	2016 年	2017 年	2018 年
社会融资规模增量	17.8	22.4	19.3
本外币贷款	11.9	13.8	15.2
委托贷款	2.2	0.8	−1.6
信托贷款	0.9	2.3	−0.7
未贴现承兑汇票	−2.0	0.5	−0.6
企业债券融资	3.0	0.5	2.5
非金融企业境内股票融资	1.2	0.9	0.4
地方政府专项债券	—	2.0	1.8
存款类金融机构资产支持证券	—	0.2	0.6
贷款核销	—	0.8	1.0

资料来源：Wind。

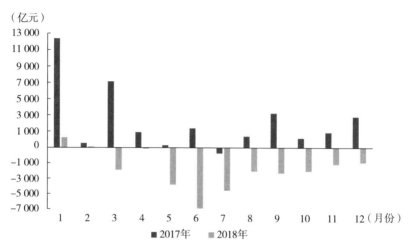

（亿元）

图 5.15　影子银行融资规模增量月度比较

资料来源：Wind。

　　影子银行的治理整顿直接冲击到基建投资的资金来源，基建投资增速出现断崖式下跌，进而拖累 GDP 增长。

　　我国基建投资的资金来源可以分为国家预算内资金、国内贷款、自筹资金、利用外资和其他资金。根据招商证券的估算：近年来基建投资的资金来源中，国家预算内资金占比和国内贷款占比均稳定在 16% 左右，其他资金和利用外资合计占比不超过 10%；自筹资金占比始终保持在 60% 左右，是基建投资最主要的资金来源。自筹资金包括城投债、PPP（政府和社会资本合作）、地方专项债、非标中用于基础设施领域投资的资金等。2009 年的 4 万亿刺激计划打开了地方政府举债融资的闸门，地方政府通过城投等地方融资平台进行融资，带动了基建投资的高增长，但同时地方政府债务迅速膨胀，银监会、发改委出台政策限制银行向地方城投平台提供贷款。为了解决基建项目持续融资问题，地方融资平台通过信托、基金子公司、券商等进行非标融资、规避监管，这是自筹资金成为基建融资主要来源的背景，这也意味着影子银行体系成为基建投资的主要资金来源之一。

实际上，影子银行融资存量的增速在 2017 年四季度便开始持续下行，到 2018 年 6 月进入负增长阶段，基建投资增速走势与此几乎一致（见图 5.16），从 2017 年 11 月的 20% 左右持续下滑至 2018 年 9 月的 3.3%，2018 年四季度之后一系列促基建、稳投资政策出台，基建投资增速才止跌回稳。基建投资增速的大幅下滑也带动了整个固定资产投资增速从 2017 年的 7.2% 下滑至 2018 年的 5.9%。我们测算发现，如果 2018 年基建投资增速和整个投资增速同步（6% 左右），那么 2018 年全年的 GDP 增速可提高 0.1 个百分点至 6.7%。如果基建投资增速在 8% 左右，那么 2018 年的 GDP 增速可以提高 0.2 个百分点至 6.8%，即与 2017 年增速持平。

对影子银行体系的治理整顿提升了整个社会的融资成本，加剧了民营企业融资难、融资贵的问题。

影子银行的治理给实体企业带来了两方面的影响。一是企业融资成本明显上升，其中民营企业尤其是中小企业的上升幅度更大，融资贵问题更突出。2018 年，社会融资规模增量同比 2017 年下降了 13.8%，而中国经济总体平稳运行，融资需求并未出现同步下滑，这意味着资金出现了供不应求的状况，实体经济的融资成本必然上升。数据显示，2018 年金融机构贷款利率上浮的比

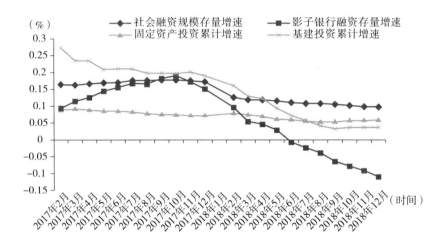

图 5.16　影子银行融资增速与基础设施建设投资增速比较

资料来源：Wind。

例明显提高，而维持基准利率及下浮的比例明显下降，基准利率上浮 50% 以上的贷款占比从 2018 年初的 19% 上升到 10 月份的 28%。中证金融研究院的季度调研也显示，广东、浙江、四川等经济大省的国有企业在 2018 年面临贷款利率不同程度上浮（见图 5.17），而过去这些国有企业基本上能够拿到基准利率及以下的贷款利率。民营企业不仅面临贷款利率上浮，更受到了贷款额度的限制，甚至有抽贷断贷压力。

　　二是社会融资规模下降叠加经济下行压力，投资者风险偏好降低，银行贷款和债券发行更加偏好评级更高、风险更小的国有企业和政府平台，民营企业不仅要面对融资贵，更要面临融资难的问题。数据显示，商业银行对民营企业贷款的占比自 2012 年以来持续下降，到 2018 年已经降至 8% 左右，这与民营企业对国民经济 60% 以上的 GDP 贡献和 50% 以上的税收贡献严重不匹配。民营企业从银行获得贷款本来占比就少且持续下降，而资本市场直接融资也不发达，只能选择非正规金融渠道尤其是影子银行体系作为主要的融资来源。2017 年以来，对影子银行的治理整顿直接冲击到民营企业尤其是其中的中小微企业的融资来源，一些民营企业甚至转向地方的转贷基金或民间融资缓解资金压力。从不同评级及不同所有制性质企业的信用利差走势也可以得出上述结论。2018 年以来，评级 AA 级的公司债信用利差相对于 AAA 评级企业明显上升（见图 5.18），民营企业公司债的信用利差相对于国有企业明显上升（见图 5.19）。民营企业发债规模出现了明显下降，2018 年，民营企业公司债发行规模仅 5 700 亿元，比2017 年低 300 亿元，与 2016 年相比缩水近 50%，进一步加剧了民营企业的融资困境。

对影子银行的治理整顿一定程度上冲击到金融市场的稳定运

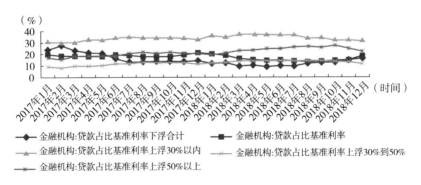

图 5.17　2018 年金融机构贷款利率变化情况

资料来源：Wind。

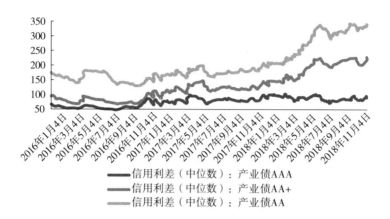

图 5.18　不同评级的公司债信用利差变化情况

资料来源：Wind。

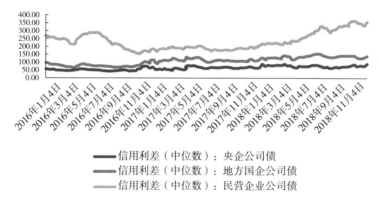

图 5.19　不同所有制性质的公司债信用利差变化情况

资料来源：Wind。

行，股市持续下行、债市违约频发，并进一步传导至实体企业，引发民营企业股权质押危机和信用危机。

对影子银行治理过急过快，直接导致了社融增量的骤然下滑，金融市场流动性明显收紧，民营企业资金困难凸显。债券市场上，民企债券违约增多，新债发行困难，信用危机显现。股票市场上，大量民企进行了股权质押，而股市持续下跌使质押风险暴露。金融市场悲观预期和民营企业困境相互影响、相互强化、流动性风险和信用风险螺旋式上升（见图 5.20）。2018 年，沪深股指分别下跌 24% 和 34%，债券违约只数达到 125 只的新高，较 2017 年增长近 260%；高峰时期的 11 月初，A 股市场质押股数达到 6 400 多亿股，质押股数占总股本的比例超过 10%。习近平总书记在 2018 年 11 月 1 日民营企业座谈会发表重要讲话后，一系列帮助民营企业纾困的政策措施陆续推出。人民银行设立民营企业债券融资和股权融资支持工具，商业银行增加信贷，一些地方政府及国资平台、证券公司、保险公司等资管计划纷纷牵头设立纾困基金。经过从上到下的救助和努力，这一场处于危机边缘的民营企业困局才得以缓解。

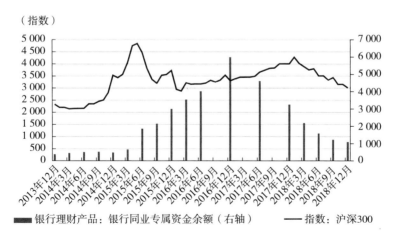

图 5.20　银行同业理财与股指变动

资料来源：Wind。

政策建议

2017 年以来，人民银行、银保监会等监管机构先后出台多项措施，对影子银行进行了规范和整治，成效显著，影子银行活动得以规范，规模得到了有效控制，风险化解取得了阶段性的成果。但影子银行规模巨大、情况复杂，已成为中国金融体系的重要组成部分，对于经济增长、金融稳定发展具有重要意义。因此，治理影子银行，应把握好节奏和力度，确保治理有序、风险可控，尤其要注意防范次生风险，处理好稳增长和防风险的关系，处理好规范发展和鼓励创新的关系，处理好银行业和非银行金融机构之间的关系，处理好商业银行转型发展和完善多层次资本市场的关系。

一、把握好整顿影子银行的节奏和力度

"资管新规"规定的过渡期为 2020 年，从目前行业整体转型进度看，以商业银行净值型理财产品为例，截至 2019 年一季度末，尚不及 20%。庞大的存量资产处置遇到许多困难，新产品发行面临较大压力。因此建议给予银行更宽松的时间完成存量理财投资资产表外转表内、非标转标的任务，延长整改过渡期，切忌过急、过快。首先，转型过快会给商业银行带来较大的资本压力，尤其是核心一级资本，应充分考虑其不良影响。其次，部分非标

因其自身属性，难以转标或无法转标，不能一刀切，需要给予更长的时间进行消化。最后，需做好政策的压力测试，充分认识整顿影子银行对金融市场和实体经济带来的影响，避免产生次生风险。基于此，应在过渡期中一方面清理存续老产品和老资产中的风险和问题。另一方面对新产品和新资产加强规范，做好新老产品的衔接，保证过渡期中金融市场的流动性，在拉长过渡期的同时，更要管好过渡期。

二、统一对各类资管产品的监管标准，减少监管套利

为了避免不同金融机构之间业务的标准不统一，需进一步明确配套制度的细节执行标准。监管机构对公募和私募的划分要统一标准，要协调监管措施，理顺对理财子公司的监管。当前，银行传统理财产品公募和固定收益产品居多，私募和权益产品偏少。根据《商业银行理财子公司管理办法》的规定，理财子公司可以开展公募、私募（面向合格投资者）、理财顾问和咨询服务等。银行理财子公司在未来的主要业务是以公募理财产品为主，包括货币型理财产品、债券型理财产品、股票型理财产品等，性质上与公募基金相同，但受不同的法律与规定监管，这容易形成不当竞争，造成监管套利。同时，银行理财子公司的业务还可以兼顾私募证券投资和非标准化债权投资。为了避免理财子公司内部出现"糊涂账"，监管部门应明确标准化资产的判断标准，对相关配套细则进一步明确和优化，制定标准化债权类资产的认定办法，为非标转标给予合理的机制安排，使银行准确计算本行非标准化

债权资产规模，根据期限是否跨过渡期决定具体过渡应对措施。要理顺银行理财子公司与母行之间的关系，鼓励理财子公司差异化发展，统一各地方监管部门的监管尺度。

三、加强私募股权型净值型产品销售，增加市场长期资金

私募股权市场对于实体经济，尤其是新兴产业、新技术企业的发展、支持供给侧结构性改革、推动经济高质量发展具有重要意义。此前，原本由银行通过理财资金错配和结构化配资流入私募股权市场的资金，受资管新规影响出现了断流，对股权投资、创业投资造成较大冲击。据私募通数据统计，2018 年前 11 个月，在中国本土股权投资市场中，中外创业投资机构共募集 730 只基金，基金数量同比下滑 15.8%；募集基金规模 2 702.41 亿元，同比下降 20.7%。进入 2019 年以来，从规模和数量来看，私募、创投行业募资端大幅降温。因此，应考虑设计制度安排，让风险偏好较高、投资期限较长、具有较强风险承受能力的投资者通过净值型产品投资股权投资基金和创业投资基金，增加长期资金供给，提高资源配置效率。

四、提升金融机构的风险管理能力

健全金融机构公司治理机制，落实风控三道防线的职责，构建相互衔接、协调运转的管理机制，实现全面风险管理，确保风险文化稳健、风险偏好一致、风险策略得当、风险工具匹配。在资产的风险管理上需要做好以下几个方面。首先，应加强金融机

构整体资产组合的流动性风险管理，拓宽流动性风险管理手段，结合市场波动与产品实际情况，提高监控的前瞻性。其次，应加强组合信用风险管理，标准化资产投资加强集中度风险管理，防范表内外业务集中度风险叠加。再次，应完善风险补偿机制，逐步提高风险拨备计提水平，提高风险缓释能力。最后，应加强整体资产组合的风险监控，全面监控资产投资组合的信用风险、市场风险、流动性风险，强化风险预警与报告，并充分依托信息科技系统，提高监控的时效性与自动化水平。此外，银行应强化对理财等影子银行业务的风险建模，确保准确反映其风险状况。银行应清醒地认识到非标资产市场价格不易获得、风险较高、流动性较差的特点，定期由专业团队对理财等影子银行业务对应的风险模型及参数进行校验，确保其真实反映该非标产品的风险状况，并定期进行压力测试，根据测试结果及时决定该头寸的处置。

五、加强对结构性存款的管理，制定相关规则，实现有法可依

监管机构应尽快颁布结构性存款的管理办法。2018 年以来，特别是"资管新规"落地以来，为对接银行表内保本理财，银行结构化存款规模出现明显增长。许多不具备金融衍生品交易资格的地方性中小银行借助投资者对结构化存款的理解空白，发行的结构化存款并未与衍生品挂钩，或者衍生品端浮动收益设置成几乎无法触及的深度虚值期权，导致结构化存款实为保本金、保固定收益的刚性兑付产品，与"资管新规"打破刚兑的主旨背道而

驰。因此，监管机构应尽快出台结构化存款的专门管理办法，实现有规可依，同时加大对"假结构化存款"的监管力度，做到执规必严。

六、加快推进金融体系改革，大力发展多层次资本市场

以银行理财为主的影子银行之所以是"银行的影子"，且"以错误的方式做了正确的事情"，恰恰是因为中国的金融市场发展不完善、不充分，影子银行在某种程度上替代了金融市场的功能。因此，从根本上治理银子银行，必须加快推动金融供给侧结构性改革，大力推动利率市场化进程，提升非银行金融机构作用，积极发展多层次资本市场。一方面可以满足资金需求方多层次需求，促进实体经济发展；另一方面将确保金融交易、金融行为置于有效监管之下，切实防范化解系统性金融风险。

06

数字金融创新促进高质量经济增长

06

数字金融创新促进高质量经济增长

　　自 2013 年起，作为将数字技术和金融服务业态相结合的新一代金融服务模式，中国数字金融（又称互联网金融、金融科技，本章不讨论这几个概念的细微差别）发展进入了快车道，给金融业带来了许多意义深远的变革，一些数字金融业态，特别是第三方支付和网络贷款，不仅迅速形成了规模，甚至受到了国际社会的广泛关注。而且，数字金融发展确实也呈现出强烈的普惠性，对正规金融部门形成一定的补充，同时数字金融的发展，也对经济增长产生了越来越大的影响。

　　根据本章的梳理和总结，我们认为数字金融创新对促进高质量经济增长具有以下重要意义。第一，数字金融创新有利于经济增长由要素驱动转向创新驱动。高质量的经济增长是创新驱动的增长，而有证据显示数字金融为创新创业提供了宝贵的资金支持，而且促进了商业模式的创新，很多新型的商业模式依赖于数字金融形成的生态系统。第二，数字金融创新有利于减少经济增长不平衡的矛盾。高质量经济增长应该是一个更加平衡的增长，能够让落后地区和弱势群体也享受到经济增长的好处。多项证据表明数字金融具有明显的地区收敛性，落后地区数字金融发展相对更快，这对减少地区经济不平衡意义重大。也有证据显示，数字金融对创新创业、居民消费等的促进作用在落后地区和农村地区表现得更加突出。第三，数字金融创新有利于改善民生，增加居民的获得感。中国人口基数大，数字金融企业规模动辄数亿人，规模效应凸显，在趋零的边际成本和"鲶鱼效应"下，金融服务价格大幅下降，居民从数字金融服务中，节省了时间成本，也获得了切实的收益。第四，数字金融创新产生的竞争效应，促进了金融业的变革，提高了金融运行效率。良好的金融环境和金融资源是实现高质量经济增长的重要保障。新型数字金融模式的创新，在金融业产生"鲶鱼效应"，刺激了金融业全行业的变革，传统金融机构纷纷拥抱金融科技，改造传统金融模式，从而更好地为高质量经济增长提供金融保障。

当然，在数字金融发展过程中，由于民众风险自担意识不足、企业风控能力不够、监管滞后等原因，新业态、新模式也带来新的风险隐患，如果对相关隐患没有充分的预警和应对措施，数字金融相关创新也有可能对高质量经济增长带来负面影响。可持续、稳健运行，消除风险隐患，也是高质量经济增长的应有之义，要全面评估数字金融发展高质量经济增长的影响，就需要辩证讨论数字金融创新对高质量经济增长的正面影响和可能存在的隐患，以及相关监管和应对措施，从而实现数字金融推动高质量经济增长的目标。

本章主要内容安排如下：在第一部分，我们对中国数字金融发展的总体现状，以及数字金融促进高质量经济增长的综合性证据进行综述；在第二部分，从规模经济效应带来的金融服务成本下降、大数据驱动的新型征信模式对弱势群体和小微企业融资的重要意义，以及数字金融创新刺激的传统金融机构拥抱金融科技等几个方面讨论数字金融创新对高质量经济增长促进作用的具体机制和模式；在第三部分，以P2P网络借贷为例，讨论中国数字金融发展存在的风险隐患等可能危害可持续的高质量经济增长的问题；在第四部分，重点讨论中国数字金融未来发展前景和可能存在的问题，并就此针对性地提出了一些政策建议。

具体而言，在本章，我们主要提出了以下几条政策建议。第一，考虑到数字金融风险高速度、跨行业、跨区域传导的特点，对数字金融的监管框架必须强化统筹与协调的功能，打破传统地区与行业之间的界限，实现监管全覆盖，同时利用监管科技实时监测风险因素。可以考虑在国务院金融稳定与发展委员会下面设立数字金融监管委员会，设立统一的政策目标与实施规则。第二，建立具有可操作性的"监管沙盒"机制平衡支持创新、保护消费者利益与维护金融稳定之间的关系。能够成功进入"监管沙盒"机制的申请应该同时满足几个方面的条件，包括改进对经济的金融服务、突破现行监管规则以及潜在风险的处置机制，等等。对于不成功的业务模式应该收回临时性的有限牌照。第三，努力平衡大数据效率与隐私保护之间的关系，同时为大数据分析支持金融决策创造良好的信用环境与基础设施。在这当中，政府应该进一步加强信息的集中、处理和分析，特别是政府掌握的税收、水电、社保等信息。第四，监管部门对传统金融机构与数字金融机构要一视同仁，实现公平竞争。一方面，所有数字金融业务，不管是创新型金融科技机构发起的，还是传统金融机构发起的，都要一视同仁，接受监管；另一方面，新型数字金融机构在监管上也应该享受与传统金融机构同等的待遇，不随意另加限制。

中国数字金融发展总体现状

在中国的数字金融多个业态当中，第三方支付起步较早，发展也最为成熟，对高质量经济增长的促进作用和便利居民的衣食住行，价值也最大。而且，其他数字金融业务，凡是深耕于第三方支付形成的数字金融生态圈的，发展根基就相对较好，普惠价值也相对更高，例如基于第三方支付形成的大数据而发展起来的网商贷款、大数据征信等。而脱离这个生态圈，单兵突进的业态，发展势头虽然一时出彩，但最终却暴露出很大的风险隐患，如 P2P 网络贷款。为了对中国的数字金融发展有一个总体的概览，在本节，我们将借助北京大学数字金融研究中心课题组编制的"北京大学数字普惠金融指数"[1]，对中国数字金融发展的时序和空间特征进行简要总结。同时也基于这套指数和其他数据的匹配，通过计量经济学的手段，对数字金融对创新创业的促进作用，进行一个简要的分析。

---

[1] 北京大学数字金融研究中心课题组利用蚂蚁金服数以亿计的微观数据，编制了这套覆盖 31 个省、337 个地级以上城市和约 2 800 个县域的"北京大学数字普惠金融指数"。指数分为两期，第一期为 2011—2015 年，第二期在此基础上进一步更新了 2016—2018 年的数据。该指数不仅包括总指数还包括数字金融覆盖广度、数字金融使用深度和普惠金融数字化程度等多个分指数。指数详细的编制方法以及更完整的数据，详见北京大学数字金融研究中心官网（http：//idf.pku.edu.cn）上的报告全文。

数字金融创新促进高质量经济增长

一、中国数字普惠金融实现了跨越式发展

2011—2018 年中国内地 31 个省的数字普惠金融指数逐年均值和中位值如图 6.1 所示，2011 年省级数字普惠金融指数的中位值为 33.6，在 2015 年增长到 214.6，在 2018 年进一步增长到 294.3，2018 年省级数字普惠金融指数的中位值是 2011 年的 8.9 倍，指数值平均每年增长 36.4%[①]，中国数字金融快速的增长趋势由此可见一斑，而且更重要的是东中西部地区各省的数字普惠金融指数都迅速增长。从城市级数据来看，数字普惠金融指数也快速增长，城市级数字普惠金融指数的中位值从 2011 年的 46.9，增长到 2015 年的 167.0，2018 年进一步增长到 226.6。2018 年城市级数字普惠金融指数中位值是 2011 年的 4.8 倍。

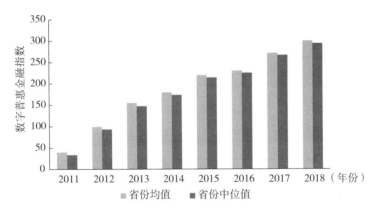

图 6.1 2011—2018 年省级数字普惠金融指数的均值和中位值

资料来源：北京大学数字普惠金融指数。

---

① 这里需要说明的是，这个 36.4% 并不能理解为中国数字金融业务规模的年均增速，其中最主要的原因是在指数编制过程中，对原始业务指标进行无量纲化处理时，课题组对原始业务指标进行了取对数处理，因此原始业务规模增速应高于此数值。

上述数字普惠金融指数的总体增速掩盖了中国数字普惠金融不同维度之间的不同发展趋势。从分指数来看,在2011—2018年,普惠金融数字化程度指数增长最快,数字金融覆盖广度指数次之(但非常接近),数字金融使用深度指数增速最慢。[①]而且不同年份各分类指数增速也不尽相同,如图6.2所示,在2014—2017年,使用深度指数增速是非常快的,也成为数字普惠金融指数增长的重要驱动力。这一点其实非常容易理解,随着数字金融的覆盖广度和数字化程度达到一定程度,数字金融的使用深度将越来越成为各地指数增长的重要来源。不过,对比2018年的最新数据可以发现,2018年的数字金融使用深度较2017年出现小幅下降。

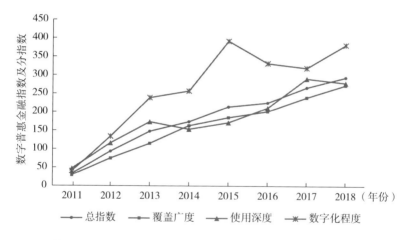

图6.2　2011—2018年数字普惠金融指数及其一级分指数

资料来源:北京大学数字普惠金融指数。

---

① 数字金融使用深度增速较低的一个原因是因为其口径在不断调整,逐步纳入新业务。当然即便剔除这一因素,单看支付业务,使用深度指数的增速依然是相对较慢的。

细究原因，可以发现这主要是由于在政策限制等因素影响下，货币基金指数和投资指数有所下降，从而拉低了数字金融使用深度的增速，其他几个业务指标实际上依然保持增长趋势。

二、中国数字普惠金融发展表现出很强的地区收敛性

当然，在数字普惠金融快速增长的同时，与中国大多数经济特征一样，中国的数字普惠金融发展程度在地区间仍然存在一定的差异。如图 6.3 所示，2018 年数字普惠金融指数得分最高的上海市是得分最低的青海省的 1.4 倍。在焦瑾璞等提供的 2013 年的传统普惠金融指数中，得分最高的上海市是得分最低的西藏自治区的 2.8 倍（2013 年的数字普惠金融指数最高和最低倍数为 1.9 倍）。而根据中国人民银行发布的社会融资规模计算得到的 2017 年最高的上海人均社会融资规模增量是最低的吉林的 8.4 倍。这些对比都说明相对于传统金融，数字金融具有更好的地理穿透性，形成更广泛的普惠金融覆盖度。

而且，更重要的是数字普惠金融地区间的差距还随着时间大幅缩小。数字普惠金融在地区间差异逐步缩小，意味着落后地区不至于"输在起跑线上"，而这也是数字金融的应有之义。为了更严谨地论证地区数字普惠金融发展差距的时间趋势，我们借助经济学中关于地区经济收敛性的论证方法进行讨论。相关文献中，经济收敛的主要验证方法是 σ 收敛模型和 β 收敛模型，σ 这里仅报告收敛模型的结果。

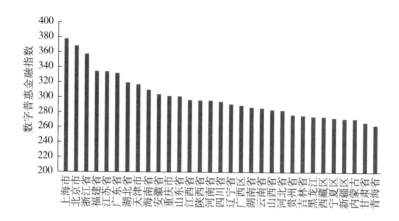

图 6.3　2018 年各省数字普惠金融指数分布

资料来源：北京大学数字普惠金融指数。

　　σ 收敛是针对存量水平的刻画，反映的是地区数字普惠金融偏离整体平均水平的差异以及这种差异的动态过程，即如果这种差异越来越小，则可以认为地区数字普惠金融指数存在收敛性。具体而言，σ 收敛模型可以定义为：

$$\sigma_t = \sqrt{\frac{1}{n} \sum_{i=1}^{n} \left(lnindex_{it} - \frac{1}{n} \sum_{i=1}^{n} lnindex_{it} \right)^2} \tag{1}$$

　　其中，i 代表地区（省、地市和县域等），n 代表地区数量，t 代表年份，$lnindex_{it}$ 代表 t 年 i 地区的数字普惠金融指数对数值，σ_t 代表 t 年时数字普惠金融指数的 σ 收敛检验系数。如果 $\sigma_{t+1} < \sigma_t$ 则可以认为 $t+1$ 年的数字普惠金融指数较 t 年更趋收敛。

　　在图 6.4 当中，我们同时汇报了 2011—2018 年省级和城市级数字普惠金融指数的逐年 σ 收敛系数，从图中可以看出，中国地区数字普惠金融指数的确有非常明显的收敛趋势。具体来看，中国省级和城市级数字普惠金融指数的 σ 收敛系数分别从 2011 年的 0.44 和 0.34 下降到 2017 年的 0.08 和 0.09，但 2018 年略有反弹（分别为 0.09 和 0.10）。从分类指数来看，2018 年数字普惠金融指数地区收敛性反弹的主要原因是在使用深度指数和数字化程度指数上，数字金融覆盖广度指数收敛系数继续下降。

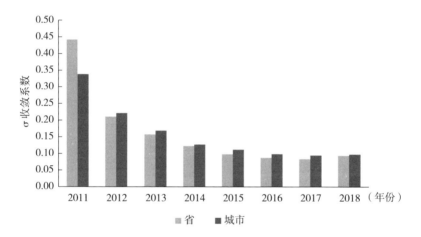

图 6.4　2011—2018 年省级和城市级数字普惠金融 σ 收敛系数
资料来源：北京大学数字普惠金融指数。

从上述分析中，我们看到中国数字普惠金融发展在地区之间存在明显的收敛性特征，这里我们通过地图的形式更加直观地看到中国数字普惠金融发展表现出的地区收敛特征。具体而言，2011 年和 2018 年的梯队分类标准都以当年指数最高的城市指数值为基准，将排序在基准值 80% 范围内的城市列为第一梯队，在 70%~80% 范围内的城市列为第二梯队，在 60%~70% 范围内的城市为第三梯队，60% 之后的城市列为第四梯队。从数据我们可以发现，在 2011 年，城市之间发展存在较大的差距，第一梯队集中在长三角、珠三角以及其他个别大城市，且第二、第三梯队十分单薄，大部分地区处于第四梯队。而发展到 2018 年，绝大部分城市处于第一、第二梯队，即绝大多数城市的数字普惠金融指数都在当年最高地区的 70% 以内，地区之间的差距大幅缩小，这一结论与上述的收敛性结论非常契合。

数字普惠金融的这种地区收敛性具有重要的意义。这说明数字金融的发展对于缓解我国现阶段发展不平衡不充分的矛盾，也可能会起到非常重要的价值。高质量经济增长应该是一个更加平衡的增长，能够让落后地区和弱势群体也享受到经济增长的益处。多篇使用这套指数数据的学术论文对此问题进行了更详细、更严谨的分析，下文还将对此进行简要总结。

三、数字金融与经济高质量发展：综合性的证据

中国地域广大，各地区经济发展水平存在很大的差距，不同群体的收入水平也存在较大的差异，推动地区经济增长差距的缩小和实现更公平的收入分配，是高质量经济增长的应有之义。基于这套数字普惠金融指数和其他家户调查数据，张勋等研究发现中国的数字金融的发展，对实现包容性增长，有重大的现实意义。首先，他们发现数字金融的发展提升了家庭收入，并且在这当中，农村低收入群体得益相对更加明显。此外，他们还研究了数字金融促进包容性增长的传导机制，发现数字金融的发展更加有助于

农村居民而不是城镇居民的创业。而且，数字金融有助于提升农村低收入家庭和低社会资本家庭的创业概率，进而得出数字金融的发展对改善农村内部的分配结构也有帮助。这些证据都表明数字金融的发展有利于中国实现包容性增长。

其次，数字普惠金融对消费的促进作用也表现出这种特征，即数字普惠金融的发展显著促进了居民消费，且这一促进效应在农村地区、中西部地区以及中低收入阶层家庭更为明显。具体而言，易行健等将家庭总样本区分为城镇家庭和农村家庭以及不同收入阶层的家庭，结果发现，相比较而言，数字普惠金融的发展对农村居民消费支出的促进作用更为显著。对此他们的解释是，我国家庭金融可得性存在显著的群体差异性，相比城镇家庭，农村家庭的金融服务可得性较差，金融抑制现象比较普遍，由此导致普惠金融发展对农村居民的流动性约束缓解作用显著大于对城镇居民的作用。而且，他们研究的结果还表明，数字普惠金融的发展能显著促进低收入与中等收入阶层居民的消费支出，而对高收入阶层居民消费的促进效应并不显著。这说明数字普惠金融的发展能够帮助中低收入阶层更方便地获得信贷支持，降低其流动性约束，最终表现为消费支出增加的更多。而高收入阶层家庭往往流动性约束较弱，表现为数字普惠金融对其消费的促进作用较为有限。根据他们的研究，在同样的逻辑下，数字普惠金融对中西部地区居民消费的促进作用也更加明显。具体而言，他们将总样本划分为东部沿海地区、中部内陆地区以及西部边远地区三个子样本并分别进行回归。结果表明，数字普惠金融的发展将显著促进中部内陆地区与西部边远地区的居民消费，而对东部沿海地区的居民消费并无显著影响。这是因为，东部沿海地区经济金融发展较快，由此导致数字普惠金融的发展对该地区居民消费的促进作用不显著。而对于中部与西部地区而言，由于地理位置相对较差，正规金融发展较为缓慢，致使这部分地区数字普惠金融的发展能够显著促进居民消费。

最后，数字金融发展对高质量经济发展的促进作用，还体现在其对商业模式创新的支持。例如，数字支付打破了交易的时间和地域限制，以及大数据信用评估的发展，不断催生极具创新性的实体商业模式，其中以共享经济最具代表性。目前，中国的共享经济涵盖了共享出行、共享空间、共享技能、共享金融、共享篮球、共享雨伞、共享充电宝、共享图书等多个领域。国家信息中心发布的《中国共享经济发展年度报告（2019）》显示，2018年中国共享经济市场交易额为 29 420 亿元，比上年增长 41.6%；平台员工数为 598 万，比上年增长 7.5%；共享经济参与者人数约 7.6 亿人，其中提供服务者人数约 7 500 万人，同比增长 7.1%。在数字金融时代下，共享经济正以不断优化服务业结构，推动消费方式转型。

四、数字金融与经济高质量发展：一个简单的实证证据

改革开放 40 年来，中国经济持续高速增长，已成为名副其实的经济大国。但随着人口红利衰减、"中等收入陷阱"风险累积、国际经济格局深刻调整等一系列内因与外因的作用，经济发

展已经正式告别高速增长进入中高速的"常态增长"阶段。推动经济从粗放式增长过渡到依靠创新创业的内涵式增长，实现增长模式升级换代、成功转型，是当下中国发展面临的重大问题。而创新创业的推进，离不开恰当的资金支持。由于中小企业规模有限，缺乏经营记录，与资金供给者之间有着更为严重的信息不对称等问题，所以中小企业融资中存在更高的交易成本，如搜寻成本、议价成本、合同成本、监督成本等，因此中小企业融资更加困难。在中国，由于金融体系不健全，这个问题就更加突出，国内的创业企业融资难、融资贵的问题已经引起了社会各界的广泛关注。通过互联网科技与金融行业的结合，以信息技术为支撑的数字金融可以减少信息不对称、降低交易成本、优化资源配置。这些新型的数字金融模式为解决中小企业融资难问题提供了新的机遇。本小节基于北京大学数字普惠金融指数，并与创业方面的数据相匹配，我们刻画分析 2012 年以来中国数字金融发展对创新创业的促进作用。

本小节分析中使用的数据包括以下几个部分：第一，北京大学数字金融研究中心发布的中国数字普惠金融指数，用于刻画中国数字金融发展程度的变迁；第二，网络获取的从 2012 到 2016 年的新注册企业信息，用于刻画企业创业情况；第三，中国互联网络信息中心公布的 2011—2015 年，中国互联网分省普及率，作为本文使用的数字普惠金融指数的工具变量；第四，网络获取的 2015 年和 2016 年新增专利数据，用于衡量创新；第五，从统计年鉴中提取的宏观层面的变量，如人均 GDP、传统金融发展水平（金

融机构贷款余额 / GDP）、金融结构（新增人民币信贷 / 新增社会
融资规模）、小额贷款余额等。

首先，考察了数字金融的发展状况对新注册企业总数变化的
影响。选取新注册企业数的对数以及新注册企业增速作为被解释
变量，回归模型如下：

$$\text{lnent}_{it} = \beta_0 + \alpha_i + \beta_1 index_{i(t-1)} + \beta_2 lpgdp_{it-1} + \beta_3 r_{t-1} + \beta_4 crd_{it-1} + \beta_5 loan\_GDP_{it-1} + \beta_6 loan\_SF_{it-1} + \beta_7 CY_{it-1} + \varepsilon_{it} \quad (2)$$

其中：lnent 表示新增企业数的对数；α 用于描述各省不随时
间变化的一些会影响创业行为的不可观察的因素；$index$ 代表数字
普惠金融指数；$lpgdp$ 为人均实际 GDP 的对数，用以控制当地的
经济发展水平；r 表示实际利率，用以近似平均资金成本；crd 表
示人均小额贷款余额的对数，用以近似小微企业从正规金融机构
可获得资金的程度（利用中国人民银行发布的中国小额贷款公司
的贷款余额计算的滞后一期人均小额贷款余额）；$loan\_GDP$ 表示
各省信贷总额 /GDP，$loan\_SF$ 为信贷总额 / 各省社会融资规模；
CY 为省政府工作报告中提及"创业"的次数。

要识别数字金融对创业的影响需要处理两类问题。第一类是
反向因果问题，即一个地区的创业活动本身可能会推动当地的数
字金融的发展状况，而不仅仅是数字金融促进了创业。第二类是
即便我们控制了当地的经济发展水平、企业创业的资金成本高低
以及当地对于小微企业的支持力度，还会存在其他因素导致企业
创业趋势发生变化，但这一变化可能和数字金融的发展无关。对
于反向因果问题，我们采取了以下策略。首先，本文对所有解

释变量都使用一阶滞后项，即评估上年的数字金融、经济发展水平、资金成本等如何影响当期企业创业，这样在一定程度上可以减弱反向因果问题。其次，我们考虑采用省级互联网普及率作为数字普惠金融指数的工具变量。一方面，互联网普及率作为数字金融的基础设施，与数字金融的变化存在着紧密的联系。另一方面，在控制当地经济水平、资金获取成本以及正规金融对小微企业的支持力度后，互联网普及率与新增企业之间并不存在直接的关联渠道，这使互联网普及率可能成为一个有效的工具变量。

表 6.1 给出了分别以新注册企业数的对数，以及新注册企业增长率为因变量的固定效应回归结果和工具变量回归模型，并给出对弱工具变量和弱外生检验稳健的 FAR 检验结果。其中第一列、第二列为基准模型，第三列、第四列为采用工具变量的模型。可以看到，对于新注册企业对数为因变量的工具变量回归，FAR 检验的 P 值为 0.0413，对因变量为新注册企业增长率的回归，FAR 检验的 P 值为 0.0343。因此可以在 5% 的显著性水准下考察上年总指数对新增企业数的影响。从表 6.1 中可以看出，无论是基准模型采用工具变量模型，回归结果都显示，数字金融越发达的省份，新注册企业的数量也越多。就上述回归的经济显著性而言，如表 6.1 所示，指数增长 1 个单位，新增企业增长 0.44%（固定效应估计）和 1.61%（固定效应 +IV 估计），考虑到各省数字普惠金融指数从 2012 年的平均 40.99 增加到 2014 年的平均 157.20，我们可以看出，这是一个非常可观的促进作用。

表 6.1　数字普惠金融与新增企业数

VARIABLES	第一列	第二列	第三列	第四列
	固定效应		固定效应 +IV	
	新增企业对数	新增企业增速	新增企业对数	新增企业增速
上年总指数	0.004 43*** (0.001 33)	0.003 85*** (0.001 36)	0.016 1** (0.006 38)	0.013 1*** (0.004 88)
上年人均 GDP	2.902*** (0.937)	1.401 (1.031)	−2.130 (2.852)	−2.595 (2.030)
上年实际利率	−0.112*** (0.016 4)	−0.057 2*** (0.018 0)	−0.197*** (0.055 2)	−0.125** (0.049 1)
上年人均小贷余额	−0.349 (0.313)	−0.117 (0.276)	−0.512 (0.384)	−0.246 (0.325)
上年信贷总量/GDP	0.240** (0.111)	0.040 2 (0.112)	0.244 (0.252)	0.042 7 (0.132)
上年提到创业次数	−0.009 89 (0.006 91)	−0.011 2* (0.006 54)	−0.008 09 (0.006 91)	−0.009 79 (0.007 19)
上年信贷总量/社会融资规模	0.000 370 (0.001 66)	0.000 723 (0.001 69)	0.005 73 (0.003 84)	0.004 98 (0.004 47)
上年对数 VC 总额	0.003 46 (0.013 9)	−0.001 47 (0.017 7)	−0.007 33 (0.025 9)	−0.010 0 (0.019 2)
时间控制	是	是	是	是
N	121	121	121	121
R^2	0.890	0.833	0.783	0.715
Wald-F 统计量			6.518	6.518
FAR 检验 P 值			0.041 3	0.034 3

注：括号内是稳健标准误，其中 *** P<0.01，** P<0.05，* P<0.1（下同）。Wald-F 检验临界值为 16.38（10% 水平），8.96（15% 水平），6.66（20% 水平），5.53（25% 水平）。因以下回归样本量相同，若无特殊说明，临界值均以此为准。

数字普惠金融指数由度量覆盖广度、使用深度、数字化程度的三个子指标合成，因此我们进一步分析数字金融哪些层面的发展促进了企业创业。换言之，这种促进作用是因为参与数字金融的人群多，数字金融提供的服务更为多样，还是因为数字金融效率的提升，或者几种因素都有。表 6.2 展示了这三个维度的发展程度对新增企业数的影响。其中，第一列到第三列为采用固定效应的基准模型，第四列到第六列为采用工具变量的回归模型。该表显示，数字金融覆盖广度、使用深度和数字化程度的改善均有利于创业企业数量的增加。具体来说，随着覆盖广度的增加，一个地区使用支付宝等电子账户的人群增加，这就能为创业者提供更好的金融环境。而深度指标的改善表明，数字金融的各种服务功能，如信贷和保险功能，可以为创业者获得资金、降低创业风险，提高创业者的创业动机。而数字化程度的提升表明支付更有效率、交易更加便利。效率的提高有利于降低交易成本，促进商业模式创新。

表 6.2 数字普惠金融子指数与新增企业数

新注册企业对数	第一列	第二列	第三列	第四列	第五列	第六列
	固定效应			固定效应 +IV		
上年覆盖广度指数	0.007 96*** （0.002 56）			0.018 7*** （0.006 69）		
上年使用深度指数		0.002 55*** （0.000 797）			0.0198 （0.0125）	
上年数字化程度指数			0.001 92** （0.000 704）			0.008 85** （0.004 45）

续表

新注册企业对数	第一列	第二列	第三列	第四列	第五列	第六列
	固定效应			固定效应 +IV		
上年人均 GDP	2.096* (1.203)	3.952*** (0.712)	3.095*** (0.884)	−1.577 (2.211)	−1.938 (3.862)	−3.149 (4.047)
上年实际利率	−0.125*** (0.015 1)	−0.114*** (0.018 3)	−0.082 9*** (0.019 7)	−0.186*** (0.046 7)	−0.345* (0.183)	−0.095 0*** (0.032 7)
上年人均小贷余额	−0.229 (0.300)	−0.433 (0.340)	−0.299 (0.372)	−0.150 (0.221)	−1.424 (1.352)	−0.339 (0.324)
上年信贷总量 / GDP	0.227* (0.112)	0.236* (0.116)	0.257** (0.121)	0.210 (0.160)	0.215 (0.236)	0.319 (0.253)
上年提到创业次数	−0.009 86 (0.006 59)	−0.009 69 (0.007 18)	−0.010 5 (0.006 74)	−0.008 89 (0.006 78)	−0.003 65 (0.014 8)	−0.010 4 (0.008 07)
上年信贷总量 / 社会融资规模	0.000 609 (0.001 63)	0.000 167 (0.001 54)	−0.000 591 (0.001 88)	0.003 68 (0.003 24)	0.012 6 (0.013 2)	0.003 32 (0.004 88)
上年对数 VC 总额	0.004 98 (0.013 7)	0.003 38 (0.013 9)	0.004 4 7 (0.015 3)	0.001 48 (0.014 6)	−0.025 0 (0.037 7)	−0.006 75 (0.024 6)
N	121	121	121	121	121	121
R^2	0.896	0.885	0.885	0.857	0.405	0.747
Wald-F 统计量				12.377	2.008	5.928
FAR 检验 P 值				0.041 2	0.031 2	0.037 5

除了直接刻画数字金融发展程度对于不同省份创业企业数量的影响之外，我们也考察了这一发展程度对于创业增速的影响。表 6.3 表明，数字金融的覆盖广度、使用深度和数字化程度较好的地区，创业的增速也比较快。

表6.3　新注册企业增速与数字金融子指数

新注册企业增速	第一列	第二列	第三列	第四列	第五列	第六列
	固定效应			固定效应 +IV		
上年覆盖广度指数	0.00667***			0.0152***		
	（0.002 42）			（0.00501）		
上年使用深度指数		0.002 39***			0.016 2*	
		（0.000 834）			（0.009 02）	
上年数字化程度指数			0.001 58*			0.007 21**
			（0.000 798）			（0.003 29）
上年人均 GDP	0.785	2.252**	1.646	−2.145	−2.439	−3.426
	（1.247）	（0.831）	（0.993）	（1.734）	（2.673）	（3.053）
上年实际利率	−0.067 1***	−0.061 0***	−0.031 8	−0.116***	−0.245*	−0.041 6
	（0.016 7）	（0.018 3）	（0.020 7）	（0.037 9）	（0.138）	（0.030 0）
上年人均小贷余额	−0.014 0	−0.200	−0.072 3	0.049 0	−0.989	−0.105
	（0.278）	（0.288）	（0.330）	（0.199）	（1.064）	（0.248）
上年信贷总量 / GDP	0.028 7	0.036 3	0.053 4	0.015 3	0.019 8	0.104
	（0.116）	（0.117）	（0.120）	（0.141）	（0.178）	（0.193）
上年提到创业次数	−0.011 2*	−0.011 0	−0.011 8*	−0.010 4*	−0.006 18	−0.011 7*
	（0.006 37）	（0.006 85）	（0.006 37）	（0.006 21）	（0.012 3）	（0.006 35）
上年信贷总量 / 社会融资规模	0.000 859	0.000 675	−0.000 161	0.003 31	0.010 6	0.003 02
	（0.001 57）	（0.001 55）	（0.001 93）	（0.002 76）	（0.010 3）	（0.004 19）
上年对数 VC 总额	−6.91e−05	−0.001 83	−0.000 452	−0.002 86	−0.024 5	−0.009 57
	（0.016 9）	（0.017 1）	（0.020 0）	（0.015 9）	（0.029 1）	（0.026 4）
N	121	121	121	121	121	121
R^2	0.838	0.829	0.825	0.796	0.297	0.667
Wald-F 值				12.377	2.008	5.928
FAR 检验 P 值				0.035 7	0.041 1	0.036 3

最后，如果数字金融是通过扩大金融覆盖程度而影响创业，那么过去正规金融机构未能触达的地区，可以通过数字金融享受到现代金融体系的服务，进而促进这些地区的创业行为，属于"雪中送炭"。而发达地区传统金融机构网点众多，数字金融的作用

更多是丰富了创业者的选择，属于"锦上添花"。为了验证这个机制，沿用之前的模型，加入城镇化率来衡量地区发达程度，并用数字普惠金融指数与城镇化率的交互项来着重刻画数字金融发展程度和地区发达程度之间的交互如何影响创业。表 6.4 报告了回归结果，我们分别报告采用基准模型和工具变量模型的回归结果，其中第一列和第三列考察对企业数量的影响，第二列和第四列考察对创业企业增速的影响。对新增企业数量和新增企业增速的回归显示，数字普惠金融指数与城镇化率的交互项都显著为负，说明城镇化程度越低的地方，数字金融的边际效用越大。因此，可以看到数字金融的发展对不发达的地区的创业企业数量的增加有更大的促进作用。这说明了数字金融是具有普惠性的。

表 6.4　数字普惠金融与城镇化率

	第一列	第二列	第三列	第四列
	固定效应		固定效应 +IV	
	新注册企业对数	新注册企业增速	新注册企业对数	新注册企业增速
上年总指数	0.008 17*** （0.002 59）	0.018 0*** （0.002 58）	0.009 24*** （0.002 98）	0.016 6*** （0.003 03）
上年总指数 × 城镇化率	−0.008 41** （0.003 41）	−0.009 33*** （0.002 85）	−0.009 08*** （0.003 28）	−0.008 44*** （0.002 78）
上年城镇化率	9.238** （4.154）	6.425 （4.692）	9.382** （3.982）	6.235 （4.233）
上年人均 GDP	−0.913 （1.461）	−0.961 （1.194）	−1.123 （1.378）	−0.684 （1.123）

续表

	第一列	第二列	第三列	第四列
	固定效应		固定效应 +IV	
	新注册企业对数	新注册企业增速	新注册企业对数	新注册企业增速
上年实际利率	−0.015 1 （0.051 9）	0.053 3 （0.052 8）	−0.029 1 （0.046 1）	0.071 8 （0.048 9）
上年人均小贷余额	0.090 9 （0.494）	0.159 （0.548）	0.110 （0.468）	0.134 （0.491）
上年信贷总额 / GDP	0.109 （0.244）	0.078 4 （0.213）	0.093 4 （0.218）	0.098 7 （0.201）
上年提到创业次数	−0.007 93 （0.006 72）	−0.011 4* （0.005 90）	−0.008 06 （0.006 29）	−0.011 3** （0.005 40）
上年信贷总量 / 社会融资规模	0.001 64 （0.002 28）	0.000 702 （0.002 63）	0.001 75 （0.002 14）	0.000 559 （0.002 42）
上年对数 VC 总额	0.001 25 （0.013 1）	−0.005 32 （0.018 2）	0.001 43 （0.012 3）	−0.005 56 （0.016 8）
N	121	121	121	121
R^2	0.914	0.833	0.914	0.832
Wald-F 值			56.739	56.739

注：Wald-F 检验临界值为 19.93（10% 水平），11.59（15% 水平），8.75（20% 水平），7.25（25% 水平）。

数字金融创新支持高质量经济增长的原理和模式

一、数字支付降低金融服务成本，构建全球领先的数字金融基础设施

随着以支付宝和微信支付为代表的移动和数字支付迅速发展和快速普及，中国的数字支付行业不论是在规模和技术上都已经领先全球。数字支付作为传统支付体系的有益补充，成为现代支付体系的最新主导力量。根据中国互联网络信息中心数据显示：2014—2017 年，中国第三方移动支付交易规模由 6 万亿元增长至 102.1 万亿元，三年间增长 16 倍。

数字支付的快速发展极大提升了中国金融服务的基础设施建设水平，在扩大服务覆盖范围的同时还提升了获客和服务效率。在数字支付发展之初，二维码技术凭借低廉的部署成本和"红包返现"等营销手段，迅速培养起人们数字支付的习惯。据普华永道《2019 年全球消费者洞察力调查》显示，中国移动支付普及率高达 86%，位居全球第一，比排名第二的泰国高出 20%。首先，二维码的铺设、部署成本更为低廉，更容易复制扩张，将线上的支付体系和线下商业活动打通。其次，基于移动 App 的扫码支付更容易嵌入"支付红包"等营销返利活动，从而迅速获取用户流量。最后，扫码支付可以增加支付机构 App 的使用频率和用户粘性，增加为客户提供其他金融创新服务的机会。

随着数字支付的快速发展，其平台效应和规模效应逐渐显现，通过整合多种服务，金融机构能降低服务的边际成本，改善用户体验。例如，光大银行在 2010 年推出"云缴费"平台，把全国各地的水、电、燃气、有线电视、宽带、供暖、通信等各类缴费资源进行了全面整合并统一接入平台，同时联合支付宝、微信、京东、全国性股份制银行、城商行等 120 余家机构输出缴费业务，建立全国集中的公共事业缴费开放平台，为居民和金融机构节省了巨大的支付费用、人工费用和时间成本。

数字支付激活了以用户为核心的场景化金融服务，为共享经济和创新经济提供了支付基础。作为国内互联网科技行业巨头，BATJ（百度、阿里巴巴、腾讯、京东）等企业拥有其平台业务所形成的大量用户数据，如百度的搜索数据、阿里巴巴和京东的交易数据、腾讯的社交数据等，这些数据是提供场景化金融或类金融服务的基础。即通过大数据分析，一方面有利于实现精准营销，满足个性化需求；另一方面可以构建基于大数据的风控模型提高金融服务效率。依托于数字支付基础设施，一系列创新型和共享型的商业模式和政务、交通、医疗、旅游等领域的便民服务得以涌现，而这些又构成了高质量经济增长的重要基础。

二、网络借贷改善中小微企业融资问题，完善社会征信体系

网络借贷服务是数字金融领域的重要创新，有效缓解了个人和中小微企业的借贷需求，有力推动了数字普惠金融的发展。一方面，各类 P2P 网贷平台利用各自不同的技术优势、风控模式和

场景渠道来获取信贷资产和管理借贷风险。截至 2018 年底，网络借贷平台上的个人信贷在当前贷款余额占比高达 84.49%，是当前网络借贷最主要的业务形态，其次是企业贷（占比 10.14%）。由此可见，网络借贷的创新对个人及企业信贷需求的补充具有重要意义。另一方面，一批新获批的民营银行依托合作平台的金融科技和数字技术大力发展网络借贷业务，在短时间内服务了大量的个人和企业普惠金融用户。

（一）金融大数据分析改善风险定价，缓解中小微企业融资难、融资贵问题

大数据分析使信息采集、风险识别以及用户管理变得更准确和易获取，使风险定价更加科学化。不同于传统风控依靠抵押物、收入流水证明等风控模式，大数据风控往往依赖平台累计的业务数据，通过系统调阅电子化交易历史信息，完成信贷调查、用户信用评级、风险定价、审批决策及放款审查等一系列信贷流程，从而大幅度地降低中小微企业的融资成本。同时，互联网技术的应用也打破了传统信贷行业的地域限制，使金融资源能够在全国乃至全球得到优化配置，有效缓解了中小微企业的融资难、融资贵的问题。

案例　网商银行的网络借贷业务

蚂蚁金服旗下的网商银行是中国首批试点的民营银行之一，它凭借数字驱动的信贷模式已服务了中国约 15% 的小微企业，普惠实践成效显著。截至 2018 年底，网商银行普惠了中国约 1/6 的

小微企业（累计服务1 227万家），即每6家小微企业中，就有1家在网商银行贷过款，并连续两年为小微企业降低贷款利息。

数字驱动的信贷模式不断改善在准入、授信和定价方面因信息收集和处理能力不足而采取审慎原则提高准入门槛的状况。首先，移动支付的普及使每个人的支付、交易等行为都能转化为数据，从而形成多维海量的信息集。其次，基于这些数据，借助云计算和大数据技术，网商银行汇总出10万多项指标体系，创建100多个预测模型和3 000多种风控策略。最后，基于以上风控技术，小微企业可以无须担保和抵押便能获得贷款，网商银行也可将不良率控制在1%以内。以网商银行针对"码商"群体的"多收多贷"模式为例，随着扫码支付广泛应用，当小微企业使用支付宝扫码收款时，网商银行便能获得海量的流水数据并评估其盈利状况等，以此为基础再结合风控模型从而有效控制不良率。截至2018年底，网商银行已为600多万码商群体提供服务，不同于传统银行基于POS机流水放贷的先例，扫码支付的低成本扩大了终端覆盖范围，大数据风控提高了贷款通过率，数据显示网商银行对码商的贷款通过率约为73%。

此外，借助海量数据优势和风控技术，网商银行创造了"310"线上贷款模式并结合场景不断满足小微企业"金额小、期限短""弹性洪峰"的需求。其中，"310"模式指的是3分钟申贷、1秒钟放款、整个过程中零人工干预，这主要得益于阿里巴巴B2B、淘宝、天猫、蚂蚁金服支付宝等平台上的数据优势，使利用大数据分析授信成为可能，同时也能更好地捕捉"小而急"

的贷款需求。数据显示，2018年网商银行96%的贷款发放给了贷款金额为100万元以下的小微经营者，大部分贷款金额集中在3万至5万元，笔均贷款金额约为1.1万元，笔均贷款时长为90天左右。同时，网商银行结合消费周期调整贷款额度，满足小微企业金融需求的"弹性洪峰"。2016年"双十一"期间，网商银行为133万家卖家累计提供贷款超500亿元。

同时，研究表明网商银行的信贷供给显著缓解了中国小微企业信贷市场供给摩擦，使信用分数较低的小微企业也能获得融资。此外，获得信贷的小微企业在销售和交易方面也表现出较好的增长，信贷供给激励其提供更好的服务，并提高其对风险的抵御能力。总的来说，金融科技下新的信贷模式提升了信贷市场的普惠性。

（二）数字金融利用大数据中的信息价值，构建用户信用画像，有效控制风险

除了中小微企业借贷创新以外，数字金融在个人借贷领域的创新主要体现在利用机器学习和人工智能等方法有效使用社交大数据，构建更加全面的用户信用画像，从而有效地控制风险。首先，金融科技公司通过电子商务和数字支付提供海量和多样化的数据来源。其次，大数据分析技术从快速更新的、多维度的、大规模的数据库中挖掘潜在的信息价值，应用于产品推荐、资讯推送、信贷审批的环节。基于海量的数据挖掘，嵌入机器学习和人工智能等方法，能够进一步处理模糊的信息，提高协作能力和学习能力，处理非线性问题。一方面通过智能投顾和交易预测提供

更便利的金融服务，另一方面有利于精准识别用户身份，完善用户信用评估降低产品风险。

依托微信平台社交大数据的微众银行成为个人消费信贷的典型创新。微众银行主要瞄准无抵押消费金融市场，其核心产品"微粒贷"便是其旗下的现金贷产品。一方面，凭借微信的流量入口，微粒贷拥有了海量的用户数据作为精准获客和风控的基础，完成信用白名单的筛选和评级；另一方面，也吸引了多家其他传统金融机构与微粒贷合作进行联合发放贷款，服务更大规模的用户。截至 2017 年底，员工人数约为 1 200 人的微众银行已经累计向 1 200 万人在线放贷 8 700 亿元，且在风控方面，微众银行贷款的不良率为 0.64%，显著低于银行业的平均水平。

（三）数字金融完善社会征信系统，改善社会信用环境

高质量经济增长和创新经济依赖于良好的社会信用环境，而数字金融的快速发展催生了新的大数据征信，在覆盖广度和信息来源等方面完善了社会征信体系。传统的央行征信体系主要基于商业银行和持牌消费金融机构的借贷业务，未能有效覆盖海量长尾用户。而网络借贷、网络消费金融和金融科技平台在向长尾用户提供借贷和其他准借贷服务的同时，也沉淀了海量的信用信息，这能够作为传统征信的有效补充，有助于解决征信覆盖不足的问题。和传统征信相比，大数据征信通过互联网实时抓取客户行为信息，能够实现征信数据库的实时更新。此外，大数据征信还丰富了数据的维度，在原有数据基础上加以补充，使征信更加全面和准确。根据人民银行征信中心数据，2018 年我国个人征信系统记录自然人 9.9 亿人，个人信用报告日均查询次数达到 555 万次，比 2015 年的 173 万次增长 221%，年均复合增长率超过 47%。

2018 年 3 月，中国互联网金融协会与芝麻信用、腾讯征信、前海征信、考拉征信、鹏元征信、中诚信征信、中智诚征信、华道征信 8 家市场机构共同发起组建市场化个人征信机构——百行征信有限公司，由此推动传统金融机构的信用信息和金融科技平台上产生的信用信息的互联互通与共享共用，以满足经济社会发展多层次、专业化的信用服务需求。截至目前，百行征信已与包括小贷公司、融资租赁、融资担保、消费金融、P2P 网贷等在内的 17 类 700 余家机构签订了业务合作和信息共享协议，并计划推出个人征信报告产品的查询服务试点。

三、数字金融赋能商业银行，提升金融体系支持高质量经济增长的能力

尽管金融科技企业高速成长并成为数字金融创新的先锋，但坐拥雄厚的资本、人力及客户规模的传统商业银行仍是为中国经济发展提供金融支持的主力军。因此科技赋能商业银行数字化转型才是提升金融支持高质量经济增长的关键。数字金融的快速发展显著提升了商业银行支持高质量经济增长的能力。第一，在基础设施方面，数字支付降低了传统商业金融机构对物理网点的依赖，提升了金融服务的覆盖和触达能力。第二，在风险控制方面，基于大数据、人工智能的智能风控体系不断促进传统商业银行向智能化、高质量发展。第三，在金融业务方面，以余额宝为代表

的数字金融理财产品不断提高小额资金的投资收益，推动利率市场化进程。其中，走在数字金融创新前列的第三方数字支付系统在一定程度上分担了央行小额结算的职能，拓宽了清算渠道，使整体的支付效率进一步提升，同时倒逼传统支付系统提高相关技术安全标准，促使支付系统的安全高效运行。

商业银行的数字化转型主要体现为两种形式：与金融科技公司合作或自建金融科技子公司。受限于技术壁垒或银行自身实力，商业银行与金融科技公司合作成为科技赋能中国商业银行最为常见的模式。例如，国有四大行纷纷与BATJ四大金融科技公司合作，将自身在客户资源、金融数据、资金等方面的优势，与后者在科技、流量、场景等优势结合，推动商业银行数字化进程。而大部分中小银行受限于自身实力，也多以合作方式实现科技赋能。例如：2018年8月，重庆银行与阿里云合作全面启动"金融智能化转型战略合作"；2019年5月，江苏银行与中国联通成立"5G创新实验室"探索金融科技新应用；截至2018年底，超过500家银行等金融机构已与度小满金融在金融科技领域展开合作，提升金融服务效率。

除与金融科技公司合作以外，许多商业银行学习科技公司的创新文化和组织结构，创建独立的金融科技子公司，采用更符合创新活动的组织结构、开放模式和激励机制。目前，银行系金融科技子公司已有10家（详见表6.5），并在战略、技术以及机制上全面推进商业银行数字化转型。例如，2018年4月，建设银行在"TOP+"战略下成立建信金融科技公司，其中"T"代表科技驱动（Technology），"O"代表能力开放（Open），"P"代表平台生态（Platform），"+"（Plus）代表培育鼓励创新和支持创新的文化。招商银行自建的"招银云创"主推智能风控技术，作为科技输出平台已与16家公司合作，成功赋能8家银行。同时，招商银行建立容错机制，充分鼓励创新，旗下的摩羯智投成为智能投顾领域的明星产品。平安银行在年报中提出要建立金融科技领军人才队伍。光大银行与互联网巨头共同成立"金融科技创新实验室"，全力推动银行数字化转型。

表 6.5　十大银行系金融科技子公司[①]

成立时间	银行	金融科技子公司
2015 年 12 月	兴业银行	兴业数字金融服务（上海）股份有限公司
2015 年 12 月	平安银行	上海壹账通金融科技有限公司
2016 年 2 月	招商银行	招银云创（深圳）信息技术有限公司
2016 年 12 月	光大银行	光大科技有限公司
2018 年 4 月	建设银行	建信金融科技有限责任公司
2018 年 5 月	民生银行	民生科技有限公司
2018 年 5 月	华夏银行	龙盈智达（深圳）科技有限公司
2018 年 8 月	北京银行	北银金融科技有限责任公司
2019 年 5 月	工商银行	工银科技有限公司
2019 年 6 月	中国银行	中银金融科技有限公司

① 统计时间截至 2019 年 5 月，其中北银金融科技有限责任公司此前名为北京京辉投资管理有限责任公司（成立于 2013 年 8 月），在 2018 年 8 月 24 日变更为北银金融科技有限责任公司，因此表格中以 2018 年 8 月作为其成立时间，标志其业务在此之后侧重于金融科技应用。

数字金融风险的形成与发展：以网络借贷为例

近年来，数字金融（互联网金融、金融科技）在推动经济转型升级、推动金融体系升级换代、促进数字普惠金融和经济可持续发展等方面有很大发挥空间，是中国高质量经济增长的重要推手。但这一过程中行业风险事件频发，成为经济、社会风险源头，也给监管带来了前所未有的新挑战。北京大学金融科技情绪指数在过去几年剧烈地上下振荡，反映了一个既有发展潜力、又有庞氏骗局风险的行业现实（见图 6.5）。如果不能很好地解决风险问题，数字金融发展前景堪忧。本节以网络借贷为代表，在梳理网络借贷发展历程的基础上，梳理网络借贷风险的形成与发展，并探讨其对数字金融如何支持高质量经济增长的启示。

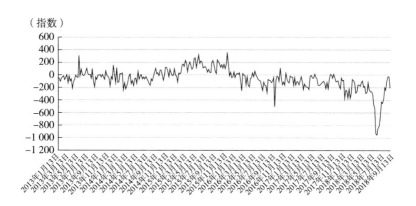

图 6.5　北京大学金融科技情绪指数

一、我国网络借贷发展历程

世界上第一家 P2P 平台 Zopa 是 2005 年在英国成立的。随后，Prosper 于 2006 年在美国上线，P2P 也随着拍拍贷在上海上线于 2007 年进入中国。图 6.6 中梳理了我国网络借贷市场在 2007—2018 年的主要事件和问题平台出现的情况。根据这些事件和问题，可将中国 P2P 行业的发展大致分为三个阶段：2007—2012 年是萌芽期，2013—2016 年是快速生长期，2016 年 8 月至今是监管规范期。

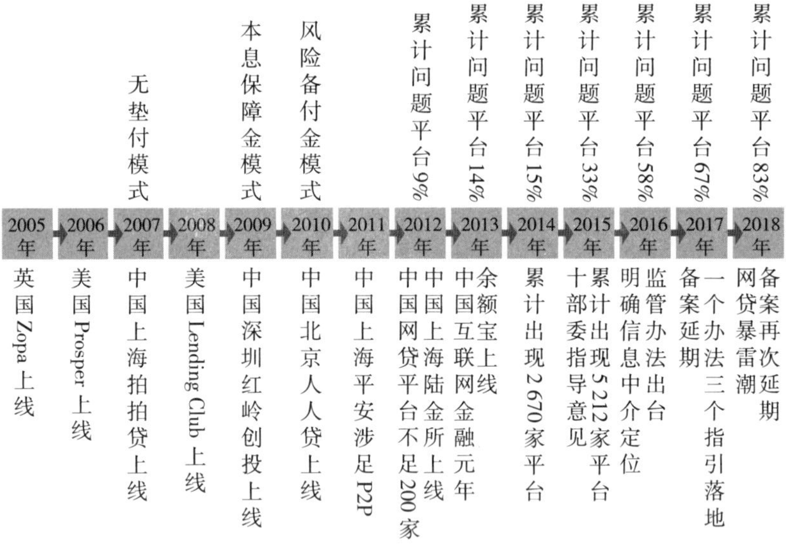

图 6.6　我国网络借贷发展历程

2007—2012 年可被视为我国网络借贷发展的萌芽期。2007 年 6 月，总部位于上海的拍拍贷正式成立运营，这是中国首家经工商部门批准，获得金融信息服务资质的无担保网络借贷平台。

此后，红岭创投于 2009 年在深圳上线；人人贷于 2010 年在北京上线；上海陆家嘴国际金融资产交易市场股份有限公司（陆金所）于 2011 年 9 月在上海注册成立，并于 2012 年 1 月上线；成立于 2006 年的宜信在 2012 年上线宜人贷。在这一阶段，我国网络借贷的主要业务模式都已出现，问题平台数量较少。根据网贷之家数据，截至 2012 年底，我国累计出现的网贷平台为 166 家，其中有 150 家正常运营。

2013—2016 年为网络借贷快速生长期。2013 年 6 月，蚂蚁金服推出了余额增值服务和活期资金管理服务产品"余额宝"，该产品实质上起到了对数千万人进行"线上理财"启蒙教育的效果。在网上理财被热捧的同时，网络借贷也从小众产品进入公众视野，到 2013 年底累计出现的 P2P 平台数量增至 679 家。这一阶段，"互联网 +"金融的发展理念得到了鼓励。在 2014 年和 2015 年，政府工作报告均提出要"促进互联网金融健康发展"。与此相应，2014 年新增 1 991 家平台、2015 年新增 2 451 家平台，到 2015 年底，累计出现的平台数已达到 5 121 家。

上述快速生长是在极端宽松的监管环境下发生的。在 2015 年 7 月人民银行等 10 部门发布《关于促进互联网金融健康发展的指导意见》之前，并无广泛可知的监管文件。从 2016 年起，网络借贷的监管被提上日程，并建立起网贷行业"1+3"（一个办法三个指引）制度框架。其中，2016 年 8 月 24 日，银监会出台《网络借贷信息中介机构业务活动管理暂行办法》。根据规定，银监会会同相关部门分别于 2016 年底、2017 年初和 2017 年 8 月，发布了《网络借贷信息中介机构备案登记管理指引》《网络借贷资金存管业务指引》《网络借贷信息中介机构业务活动信息披露指引》。

经过十多年的发展,我国网络借贷行业至少存在以下三个特征:体量大,问题平台多,涉及人员广泛。图 6.7 刻画了 2012—2018 年间网络借贷交易量和待还金额的变化。在 2012 年,网络借贷总金额仅为 212 亿元,到 2014 年达 2 528 亿元,超过同期的美国(104 亿美元)和英国(24 亿美元),成为全球最高;截至 2015 年末增长到 9 823 亿元,到 2017 年网络借贷交易量继续上冲到 28 050 亿元、待还金额上升到 12 250 亿元。该趋势于 2018 年掉头转下,2018 年底交易量降至 17 948 亿元、待还金额也下降到 7 890 亿元;与此同时,累计问题平台占比却从 2015 年的 33% 攀升到 2018 年的 83%。

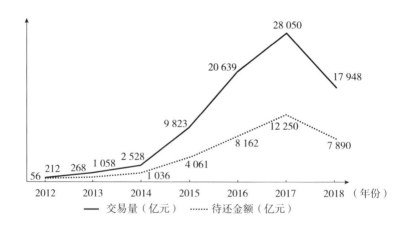

图 6.7 网贷行业交易量与待还金额

我国网络借贷的另一个重要特征是,网络借贷涉及的出借人和借款人分散在全国各地，并且人数广泛。图 6.8 显示，2014 年底，总出借人和借款人尚不足 200 万，但到 2016 年底总数已经超过两千万。2017 年，出借人数与借款人数分别约为 1 713 万人和 2 243 万人，较 2016 年分别增加 24.58% 和 156.05%。我国参与网络借贷市场总人数远远超过英美等发达国家。

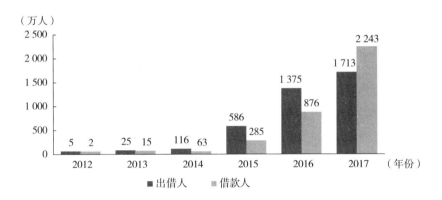

图 6.8　网络借贷平台当年出借人数和借款人数

二、我国网络借贷风险的形成和发展

P2P 的理想模式是"指个体和个体之间通过互联网平台实现的直接借贷"。[①] 即借款人在 P2P 平台上发起借款标的，借款金额较小；出借人通过竞标向借款人放贷，平台撮合成交的直接融资业务模式。这里，出借人指通过平台向借款人提供资金、并希望按期收回本金和利息的自然人或法人。借款人是指通过平台获取所需资金的一方，包括自然人、非上市的私营企业、集体企业、股份制有限公司、小微企业等。平台作为信息中介，收取信息服

① 引自《关于促进互联网金融健康发展的指导意见》。

务费但是不承担借贷风险。如果可以利用大数据和互联网技术做好风控，有效降低匹配借贷双方的成本，那么 P2P 模式为解决中小企业"贷款贵、贷款难"的问题、促进普惠金融提供了无限可能。本小节旨在从平台、出借人、借款人、地方政府、监管部门、相关其他部门（如银行、上市公司等）之间的互动，梳理分析我国网络借贷风险的形成与发展。

（一）网络借贷平台：从直接借贷平台向间接借贷的演化

最早成立的拍拍贷采取真正的点对点直接借贷模式，即采用纯线上运作模式，将具体借款信息包括借款金额、期限、利率、投标进度及剩余金额等列示在网站上，供投资者进行投标和选择。该模式下拍拍贷不参与借贷双方资金往来、不承担违约风险。最初拍拍贷也获得较快速的发展，注册用户从 2009 年 10 月的 10 万人增长到 2016 年底的 3 261 万人，成为国内用户规模最大的 P2P 平台之一。

但总体上网络借贷行业规模增长缓慢，主要是由于两个因素。一是出借人识别合格借款人的成本很高。从金融基础设施来看，大批个人和中小企业都没有完善的征信记录。截至 2015 年末，有信贷记录的自然人为 3.8 亿人，有信贷记录的企业为 577 万户。没有征信记录的借款人违约成本低，打击了风险自担出借人的出借意愿。二是由于直接投资渠道较为有限，居民缺乏有效的投资工具，普通出借人习惯刚性兑付。大多数出借人认为，P2P 项目与银行存款和理财产品类似，平台必须确保自己拿到预期的本金和利息。一旦出现亏损，出借人再次出借意愿会被严重打击。所以，本质上由出借人承担全部风险的投资模式难以保障资金的稳步增长。

为解决资金来源问题，网络借贷平台演化出两种新模式。一是以红岭创投为代表的"全兜底"模式。二是以人人贷为代表的，风险备付金与组合产品分散风险的"半兜底"模式。"全兜底"模式下，平台给出既稳定又具有吸引力的平均年化回报率，同时为不同级别的出借人提供分类保障计划，如 VIP 会员可享受本息全额垫付保障，非会员的本金垫付保障为 50%。当在借款人不能按期偿付时，由平台担保向投资者完成兑付。"半兜底"模式下，平台一方面设立风险备付金，另一方面将不同收益与风险的标的分拆打包，相当于平台为购买相应理财产品的出借人做了分散风险的资产配置。如果风险定价总体上可以覆盖违约损失，那么大多数投资者可以按期收回本金和相应收益。在资产配置未能实现完全分散风险的情况下，一旦出现损失则由平台从风险备付金中拨出一部分偿付出借人。"半兜底"模式成为大部分平台采用的业务模式，在实践中帮助平台拓展了业务规模，扩大了利润空间，但代价是将借款人预期、违约等相关信用风险全部或者部分集中到平台自身。

为解决资金来源问题而广为采用的拆标打包模式带来了三个新问题。第一，对出借人的专业能力、时间、精力要求高。由于借款期限常在 24 到 36 个月不等，等额本息是最为常见的还款方式，出借人不仅需要对无数细分标的做出是否借贷的决策，还需要为一笔投资会带来的多次、陆续还款再次做决策。

第二，如果按照拆分的细标和分期付款支付，平台支付成本高。例如，一个出借人将 100 元打散在五个标的上，假定这五个标的期限都是 24 个月，在不考虑出借人将收回的款项继续出借的情况下，那么每个标的会产生 1 次借和 24 次还的支付行为，这 100 元在 24 个月内将出现 125 次支付。若考虑收回款项继续借出、再收回之后又复投等情况，则仅 100 元的出借都会衍生出数百次乃至上千次小额支付行为。因为 P2P 平台多为互联网背景企业，一般都不具有支付牌照，小额海量支付成本高昂。

第三，出借人与借款人期限错配。中国 P2P 出借人往往倾向于投资较短期限的标的而借款人希望借款期限较长。一个典型的例子是出借人希望 6 个月后收回本息，而借款人 3 年后才能完全还本付息。这种情况下，平台要实现快速拆标打包，就需要有大量出借人和贷款人，来实现多样化需求的匹配。但现实中平台的出借人数和借款人数远远不能达到大量的程度。这一出借人自行在同一平台匹配到借款人的难度很大。即便平台愿意仅仅做居中撮合、并且具有高超的匹配能力，无奈巧妇难为无米之炊。

作为解决上述问题的工具，自动投标、资金池、滚动募资开始进入公众视野。为提高资金使用效率和投资收益、方便出借人管理出借期内的回款，平台为出借人提供了自动投标，即出借人可以选择在标的满期或还款到账后，由平台自动帮助做出投标的安排。为降低支付成本，平台将同一出借人或借款人在一段时间内的若干笔支付合并成一笔，再分别支付给出借人或借款人，这样就出现了资金池。此时，出借人只需将自己出借资金一揽子支付给平台，平台再将不同标的的资金汇集支付给借款人。这样，出借人不需要多次决策，大幅降低了支付次数。至于期限错配问题，网贷平台通过如下居间服务来解决：当原出借人需要流动性的时候，就在平台示意要转让债权；经过平台撮合，新出借人受让原有出借人持有的借贷债权，并获得其后的债权收益。这样如果转让成功，原出借人可以实现退出，否则就需要持有债权直至到期，这就形成了滚动募资。

自动投标、资金池和滚动募资虽然解决了资金来源、支付成本和期限匹配的问题，但却将个体与个体的直接借贷关系转化成借贷双方分别与平台间的支付关系。这就带来了两个主要后果。

第一，出借人与借款人之间的现金流不再穿透。借款人不清楚出借人实际获取的投资利率、出借人也无法直接观察到借款人的实际还款。这为平台通过阴阳合同，在服务费之外赚取更多利润，甚至挪用客户资金提供了空间。

第二，出借人自担风险不再可行。当出借人不再完全自主做决策后，要求出借人承担全部风险就不合情理。业务模式就逐渐由点对点居间服务转化为平台为出借人提供固定收益、平台为相关风险提供担保的模式。也就是，出借人购买定期理财，将资金一揽子投放到 P2P 平台管理的资金池中，平台将这些资金自动匹配并放款给通过审核的借款人。如果借款人违约，平台从风险备付金等担保方式中先行偿付，并从借款人处追索本息。定期理财到期后，如果出借人想提取本息或活期理财中的余额，就将其名下的债权自动转让新出借人，并将从新出借人处募得的资金转给该出借人。

网络借贷平台经营模式转变为间接借贷后，又衍生出不少新的违规发展模式。如资金端会从一些农村商业银行或者农信社获取较大额的资金，资产端对接金融交易所产品、融资租赁公司产品、典当行、保理公司、小额贷款公司等。于是，直接融资服务的信息中介逐渐转变为实质上的无牌照信用中介，借贷的信用风险就由分散的出借人集中到平台。我们将上述演化过程总结在图 6.9 中。

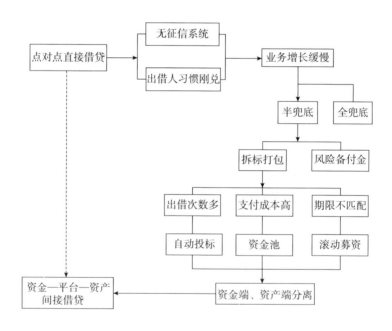

图 6.9　直接借贷往间接借贷的演化

（二）地方政府的鼓励和优惠政策：网络借贷平台的快速激增

随着 2014 年和 2015 年政府工作报告传递的鼓励信号，各地政府均以包容的态度，支持互联网金融行业的发展。北京、上海、贵阳、深圳、广州、南京、武汉、青岛、成都、浙江等地均出台相应鼓励政策。这些政策主要包括以下几个方面。

一是直接支持互联网金融企业的政策，如上海设立战略性新兴产业发展专项资金、服务业发展引导资金、高新技术成果转化专项资金等财政资金予以重点支持，并支持进行软件企业、高新技术企业、技术先进型服务企业等方面的认定。或根据实收资本，给予一定金额的奖励扶持资金，如贵阳设置贵阳市互联网金融创新奖。二是对产业园、孵化器、孵化园等的支持，如深圳符合条件的互联网金融产业园区，可申报科技型企业孵化器项目资助。南京对经领导小组认定的互联网金融孵化器一次性给予 50 万元的资金补贴等。另外，还有落户奖励、办公用房补贴、财政贡献补贴、小微服务奖励等举措。

各地政府对互联网金融的鼓励和支持态度，为网络借贷提供了快速发展的土壤。这种爆发式增长的背后，网络借贷平台经营策略往重流量轻风控方向转变，风险逐渐累积，具体表现在以下三个方面。

第一，平台对资金采取来者不拒的态度，出借人适当性甄别不足。由于网络借贷风险较高，发达国家如美国的网络借贷出借人以机构投资人和具有雄厚资金的合格投资人为主。例如，英国模式中，出借人年龄在 35 岁以上的超过了 85%，其中年龄超过 55 岁的出借人在这两类贷款中都已经过半。而我国却有大量识别与承受相关风险能力很弱的普通出借人涉足 P2P 领域。根据网贷之家的调查，2017 年网络借贷投资人至少有 40% 在 40 岁以下，八成投资人月收入在 1 万元以下，三成以上投资人月收入不超过 5 000 元。他们将 P2P 当作高息的储蓄机构，购买平台发行的活期或定期理财产品。

第二，平台重快速扩张轻风控的经营策略，导致不少不合格借款人获得资金。网络借贷行业进入门槛低，导致大批平台涌入。随着竞争加剧，平台的借款人逐渐从优质借款人向不合格借款人蔓延，平台贷款业务也向自己不熟悉的领域拓展。一些平台的客户申贷通过率已超过 50%，大量缺乏稳定现金流、不具备偿还能力的在校学生和没有固定职业的借款人获得贷款。

第三，出现重复借贷和多头借贷。在外部竞争加剧，内部获客成本高等因素的推动下，网络借贷平台的业务模式逐渐由通过做好风控、赚取贷款利差的方式，向多发展新借款人，通过借新还旧的庞氏模式来维持运营、赚取利润。在合格借款人数量有限的情况下，平台除了鼓励同一借款人重复借贷外，还容忍甚至鼓励同一借款人同时向其他平台借款，导致借款人多头借贷成为近年来行业中的普遍现象。

如果平台确实具有强大的数据分析能力和风控能力，那么网络借贷的风险或可缓释。但是北京大学数字金融中心课题组的调研显示，大部分网络借贷平台缺乏有效的贷前、贷后风控和数据分析能力。由于网络借贷平台不能调用央行征信系统数据，所谓"风控"至多也就是收集一些简单的个人信息。由于缺乏合规的催收办法，贷后要么干脆不催收，要么实行野蛮催收。结果，越来越多本来不符合借款条件的人群进入市场，本来有偿还能力的部分人群也选择不偿还。市场进入恶性循环。

（三）监管历程

对网络借贷的监管姗姗来迟。2015 年 7 月 18 日，央行会同有关部委牵头、起草、颁布了《关于促进互联网金融健康发展的指导意见》（以下简称《意见》），提出了"鼓励创新、防范风险、趋利避害、健康发展"的总体要求，提出了"依法监管、适度监管、分类监管、协同监管、创新监管"的原则，确立了互联网金融主要业态的监管职责分工。对网络借贷，《意见》明确要由银监会负责监管，其定位为信息中介性质，"不得提供增信服务，不得非法集资"。对于具体网络借贷的业务，《意见》提出应设立客户资金第三方存管制度，和信息披露、风险提示与合格投资者制度。同时，要加强行业自律，由人民银行会同有关部门，组建中国互联网金融协会。

虽然《意见》的出台旨在为互联网金融提供基本监管框架，但总体要求中"鼓励创新"在"防范风险"前面，在监管原则中，"依法监管"之外又强调了"适度监管"和"创新监管"等，而信息中介定位似乎意味着只需备案、并不需要满足一定的资本金等门槛，网贷行业不少高管普遍将《意见》解读为行业的重大利好，是身份合法化的前奏。

2015 年 12 月，银监会出台了《网络信贷信息中介机构业务活动管理暂行办法（征求意见稿）》。该办法坚持了 P2P 的信息中介定位，对 P2P 平台不设注册资本金门槛和杠杆率上限等要求，严禁其提供增信服务、设立资金池和从事非法集资，并给出了18 个月的整改期限。2016 年 8 月 24 日，银监会正式颁布《网络借贷信息中介机构业务活动管理暂行办法》（以下简称《办法》）。在定位上，《办法》坚持网贷机构回归信息中介，不允许设立资金池。《办法》还对借款额度做了进一步限制，要求同一自然人在同一网络借贷信息中介平台的借款余额上限不超过人民币 20 万元，在不同网络借贷信息中介机构借款总额不超过人民币 100 万。《办法》和后续三项《指引》的实施，向公众表明了监管部门鼓励发展合规企业，严厉打击取缔非法企业的决心。

但是，监管落地实施过程中，三度出现了整改延期。2016 年，国务院办公厅发布《互联网金融风险专项整治工作实施方案》，并于同年 10 月公告成立以央行主导下的互联网金融整治工作领导小组，全面部署安排互联网金融风险专项整治工作，计划在 2016 年 4 月到 2017 年 3 月底完成整治。但这为期一年的专项整治效果并未完全达到预期。2017 年 6 月，中国人民银行等国家 17 个部门联合印发了《关于进一步做好互联网金融风险专项整治清理整顿工作的通知》以及整治办函［2017］84 号文《关于落实清理整顿下一阶段工作要求的通知》，互联网金融进入第二次专项整治阶段（2017 年 6 月至 2018 年 6 月）。2018 年 7 月 9 日，人民银行近日会同互联网金融风险专项整治工作领导小组有关单位召开互联网金融风险专项整治下一阶段工作部署动员会，宣布再用一到两年时间完成互联网金融风险专项整治。

伴随备案再次延期的是 2018 年七八月的爆雷潮。这一阶段出现的问题平台有规模大、生存期限较长的特征，北京大学互联网金融情绪指数也随之跌至历史最低的 -639，而 2013—2016 年的平均值为 -5。为避免触发更大规模的爆雷，2018 年 8 月中旬，全国 P2P 网络借贷风险专项整治工作领导小组办公室向各省市的网贷整治办下发《关于开展 P2P 网络借贷机构合规检查工作的通知》，并同时下发 108 条《网络借贷信息中介机构合规检查问题清单》，全国的 P2P 平台开始了合规检查。合规检查总体会分为几个步骤：平台自查、协会检查、行政核查。当平台自查期限截止时，递交合规自查报告的平台已不足 200 家。

三、网络借贷对数字金融支持高质量经济增长的启示

我国网络借贷经历了从 2012 年底的不足 200 家发展到鼎盛时期的近 6 000 家，又到 2019 年可以参与合规检查的平台不到 200 家的变迁。梳理上述过程可知，我国网络借贷是在没有完善征信系统、没有对相关业务详细统计、民众习惯刚性兑付的情况下，出现在大量个体出借人和大量个体借款人间展开的，从直接借贷逐渐演化为间接借贷的业务。在宽松的监管环境和各地政府的积极扶持下促进了网络借贷的快速发展。但当行业中重流量轻风控的不可持续模式成为主流时，爆雷潮和大批网络借贷平台退出市场已经不可避免。

网络借贷的发展历程，为数字金融如何避免重蹈覆辙、支持高质量经济增长提供了以下启示。

第一，加强金融基础设施建设。网络借贷行业健康发展的一

个重要条件是能否以较低的成本甄别出优质借款人。这一方面需要加强对征信系统的建设。另一方面，需要制定统一标准，建立及时、全面的相关业务统计数据库。数字金融其他领域的健康发展，也离不开相关金融基础设施的建设。

第二，设立监管沙箱，大力发展监管科技以实现穿透式监管。监管部门对网络借贷发展过程采取审慎和宽松的监管态度有其苦衷。一方面，如果监管部门与企业保持一定距离，那么就不容易深入了解数字金融领域的具体业务模式创新，就难以甄别哪些企业真实致力于创新、哪些企业寄希望于庞氏骗局。另一方面，如果监管部门和一些企业密切接触，又易于被解读为监管部门替某类企业背书。这种两难境地使监管部门选择对金融创新采取审慎观察态度而任由平台自行做出各种创新，在运行一段时间后发现不合规再叫停。这一做法的好处是为创新提供了最大的空间，坏处是增加了平台的合规风险、加大投资人的损失。要平衡创新和风险防范，可以考虑借鉴英国等国的经验，引入"监管沙箱"，先行测试创新产品，对通过测试的就准予推向市场，规定未能通过测试的在一定时期内不得再次申请，以在鼓励创新和防范金融风险方面获得必要的平衡。同时，通过大力发展监管科技，实现对金融科技企业的穿透式监管，尽快了解业务模式的实质，并尽早出台相应监管法规，让各界对行业的准入门槛、定位、相关业务的经营资质要求等有清晰的认知，实现监管与金融创新同步。

第三，地方政府发布优惠扶持政策前需要有清晰的发展规划。

地方政府鼓励某类数字金融创新时，应研判该创新对目前的金融体系和高质量经济增长能实现哪些提升和具有哪些风险，并进一步明确本地发展该技术的独特优势、企业在本地的业务范围等，并在此基础上探讨哪些政策能更好地服务新业态，从而支持高质量经济增长。最终，根据发展规划制定相应优惠政策，实现稳健发展，达到鼓励创新和防范风险之间的平衡。

中国数字金融走向 2.0 时代

　　经过几年的快速发展，中国的数字金融已经形成了一定的规模，特别是移动支付已经成为大多数国人日常生活中不可缺少的金融工具，一些稳健的网络贷款模式也充分展示出普惠的优势。数字金融触及的客户数量，远远超越了传统金融时代的想象。利用移动终端和大数据分析为解决金融决策面对的信息不对称难题提供了一种解决方案，这很可能是一场重大变革。同时，中国的数字金融在国际上也形成了很大的影响，不少国家的数字金融运营商主动来中国寻找合作伙伴，既是因为中国的一些头部平台做出了令人骄傲的业绩，也是因为这些新的业务模式可以实实在在地解决它们在发展普惠金融中的一些痛点问题。在 H2 Ventures 和毕马威共同发布的 2018 年全球金融科技 100 强名单上，中国占到了前 10 强中的 4 位。如果把中外数字金融发展做一个简单的比较，我们会发现欧美的企业主要集中在区块链与加密货币，而中国的企业更多的是解决金融的普惠性问题和提升金融服务的触达能力。这种差异的背后，是一系列的金融现状与政策框架方面的因素。

　　中国的数字金融为解决小微企业融资难问题提供的解决方案，可能具有普遍意义。中国金融体系的两大特征是政府干预多、银行占比大，这样的金融体系擅长支持大企业、制造业和粗放式扩张，因为传统的风控办法就是看历史数据、抵押资产和政府担保。也就是说，小微企业融资难是这个金融体系与生俱来的一个重要特征。但过去小微企业对"融资难、融资贵"问题的抱怨没有现在这么大，主要在于过去这些企业在经济中的作用相对有限。但人均 GDP 从 2007 年的 2 600 美元上升到 2018 年的近 1 万美元之后，这意味着中国经济已经从中低收入水平晋升到中高收入水平，这个变化的直接含义是中国已经不再具有低成本优势，而是面临中等收入陷阱的挑战。而克服这个陷阱的唯一途径是从过去的要素投入型增长转变到创新驱动型增长。在企业层面，民营企业或者小微企业是创新的主力。因此，改善对小微企业的金融服务，其实就是直接支持经济创新的重要手段。过去金融体系对小微企业的歧视仅仅是一种效率损失，现在却演变成一种系统性的障碍，如果金融体系仍然不能很好地服务小微企业，创新就会受到影响，高质量经济增长的可持续性就无法实现。

数字金融对于经济创新与高质量经济增长的支持，起码可以从两个方面来观察。一方面，已有研究表明，利用机器学习和大数据分析做信用评估的方法，与传统银行利用历史财务数据的方法比较，可靠性更高一些。在金融体系面临监管政策冲击之后，这一结论依然成立。当然，这个方法也是经历了一个比较长的学习与成熟的阶段，一些平台在做网络贷款的初期，不良率其实是比较高的，但现在几家主要的网络银行的不良率都已经控制在 1%~2% 之间，说明这个风控手段是基本有效的，甚至比传统方法做得更好。另一方面，本章在一开始的分析已经表明，数字金融的发展，包括覆盖面、使用深度和数字技术支持等因素，这些都对新注册公司的数量及其增速产生了正面且稳健的作用。利用家户数据的研究也发现，移动支付的使用，会大大提高一个普通农民转型为非正规甚至正规企业拥有者的概率。而这种身份的转化，往往也伴随着收入水平的大幅提高。当然，这些都还是比较初步的结论，但它们与我们的理论推测和实际观察是高度一致的，传统金融机构更加擅长支持要素投入型的增长，对创新型的增长多少有点束手无策。而数字金融可以在这方面做出独特的贡献。

但无论从哪个角度看，中国的数字金融业务都还处于幼稚产业的状态，远未成熟。第一，不少数字金融业务刚刚经历过野蛮生长的阶段，这些业务形态是不是真的有长期的生命力，还有待观察。比如中国先后出现了6 000家个体网络借贷平台，在业务模式上也是五花八门。现在监管部门给它们的定位是做纯粹的信息中介，而在总体信用文化薄弱、征信体系不发达的环境里，大部分个体网络借贷平台可能都无法生存。同样，智能投顾的业务模式一度也十分活跃，利用大数据分析为千千万万的普通百姓提供专业的投资顾问服务，这是一个十分有吸引力的业务模式。但在现实中，很多所谓的"智能投顾"都还没有形成成熟的做法，有不少是挂羊头卖狗肉，而且很多是无证上岗。毫无疑问，智能投顾是一个具有重要潜力的行业，但将来行业还会面临洗牌，业务模式还有待成熟。

第二，中国的数字金融尚未经历过完整的金融周期的考验，现在下结论可能还为时过早。比如一些网络银行以机器学习和大数据分析的方法做风控，目前来看效果不错。但其实它们刚刚开始做的时候，不良率并不低，后来风控的可靠性才不断提升。将来一旦经济、金融环境发生大的动荡，这些风控模型是否依然可靠还有待时间的检验。数字保险行业也面临同样的问题。

第三，数字金融对金融体系的影响还有待进一步的分析与理解。在一些领域，数字金融可能会增强金融体系的稳定性，比如大数据分析可以实时跟踪市场变化、随时调整金融策略，为把风险遏制在萌芽时期提供了可能性。比如网络贷款大多是无抵押的信用贷款，这就相当于取消了伯南克说的"金融加速器"，可以增强金融稳定性。但从另一方面看，数字金融的特点就是快速反应而且传播人群和区域都非常广阔，一个很小的波动都可能演变成一场系统性的冲击。更何况数字金融的技术性风险比如停电或者黑客等造成严重后果的可能性也大大提高。

第四，中国尚未形成一套适合数字金融的监管体系。毫无疑问，目前分业监管、机构监管为主的框架已经不再合适，但合适的框架只能在实践中不断地摸索，需要数字金融机构与监管部门共同努力。

我们认为当前中国数字金融正在从过去的野蛮生长走向新的2.0时代，而这个新时代的一个基本特征是监管全覆盖，不管从事什么样的数字金融交易或者服务，都必须受到严格的监管，需要有明确的进入门槛，设置具体的资质要求，同时规定稳健的运行规则。过去买一台电脑、通上电就开始提供金融服务的做法已经一去不复返了。在这样一个新的发展时期，很可能会出现擅长做金融的专注做金融、擅长做技术的专注做技术的局面。与数字技术一样，数字金融也是一门专业化很强的业务。很多个体网络借贷平台出了问题，要么是因为运营商不懂金融原理，要么是因为平台缺乏做风控的必要条件。未来也许传统的金融机构会在数字金融领域发挥更加重要的作用，而一些互联网公司可以专注为金融决策提供技术解决方案，但不一定要亲自去提供金融产品或者服务。最近蚂蚁金服将自我定位从 Fintech 转向 Techfin，就是决心向金融机构开放技术平台。京东金融改名京东数科，应该也是出于同样的考虑。而建设银行、平安保险、广发证券以及其他很多传统、非传统金融机构可以利用数字技术更好地解决金融决策中的难题，提供更好的金融产品与金融服务。当然，可能也有不少互联网公司仍然会留在金融领域，那它们就应该满足同样的牌照和其他监管要求。

目前，中国的一些数字金融业务已经走在了世界的前列，同时也为中国实现高质量的经济发展做出了一定的贡献，未来中国的数字金融能否持续引领全球发展并且更好地支持中国经济的创新与发展，需要数字金融机构与金融监管部门的共同努力甚至密切合作。我们提出以下几个方面的政策建议。

第一，考虑到数字金融风险高速度、跨行业、跨区域传导的特点，对数字金融的监管框架必须强化统筹与协调的功能，打破传统地区与行业之间的界限，实现监管全覆盖，同时利用监管科技实时监测风险因素。过去数字金融发展出现了很长一段时期的野蛮生长，原因之一就是分业监管的原则，谁发牌照谁监管。因为谁也没有向数字金融机构发牌照，所以都不想承担十分麻烦的监管责任。这个局面必须打破，建议在国务院金融稳定发展委员会的框架下设立一个数字金融监管委员会，统一监管规则，同时有效协调银保监会、证监会以及地方金融监管局的监管政策。中国数字金融领域的一些独角兽机构在打破传统金融机构的垄断和改善普惠金融的服务方面做出了巨大的贡献，但大科技公司的技术特点意味着它们很容易形成新的垄断格局，而且多数已经走向了事实上的混业经营。监管部门需要及时地设计一些监管措施，尽可能地限制独角兽的垄断力量，保护消费者利益。对这些新型的金融控股公司设计新的监管措施，有效控制不同领域之间的风险传导。同时尝试识别具有系统重要性的数字金融机构，防范引发系统性的金融风险。

第二，建立具有可操作性的"监管沙盒"机制平衡支持创新、保护消费者利益与维护金融稳定之间的关系。过去监管部门对数字金融创新采取相对容忍的立场，确实给数字金融的发展创造了一个十分宽松的环境，但也造成了鱼龙混杂、风险频发的局面。建议监管部门借鉴世界各国特别是英国监管部门的"监管沙盒"的实践，设计一套适合中国国情的政策机制。这个机制应该包括以下几个方面。一是由金融稳定发展委员会下面的数字金融监管委员会设立统一的政策目标与实施规则，能够成功进入"监管沙盒"机制的申请，应该包括改进对经济的金融服务、突破现行监管规则以及潜在风险的处置机制等几个方面的条件。二是具体的试验可以由央行、银保监会、证监会或者地方金融监管局负责实施，发放有限牌照，同时实时监测试验情况。三是在监管沙盒到期前，由相关监管部门做全面的评估，对于成功的业务模式应该修正原有的监管规则，同时发放正式牌照。对于不成功的业务模式应该收回临时性的有限牌照。

第三，努力平衡大数据效率与隐私保护之间的关系，同时为大数据分析支持金融决策创造良好的信用环境与基础设施。大数据是数字金融的重要生命线，但个人隐私保护同样重要，政府应该逐渐建立一套关于大数据的规则，包括大科技公司平台上的数据的所有权归属问题。同样重要的是建立一套有效的大数据信用体系，支持数字金融健康、良性的发展。传统金融机构不能很好地服务普惠金融的潜在客户，一个重要的原因就是银行的征信体系不能很好地覆盖这些潜在客户。而大数据征信能比较有效地帮助弥补这个空缺。但这个征信体系也在不断地演变，其中有两个问题是值得进一步思考的。一是政府其实有很强的进一步加强信息的集中、处理和分析能力，比如政府掌握税收、水电、社保等信息，如果合理利用，可以进一步加强征信系统的效率。二是征信系统的构架问题，目前有两套征信体系，一套由央行主导的以银行数据为主的系统，另一套是市场形成的征信系统。现在央行将两套系统合到一起，数据集中也许是一个好的思路，但两套系统都由央行主导是不是最合理的做法，值得进一步思考。

第四，监管部门对传统金融机构与数字金融机构要一视同仁，实现公平竞争。过去数字金融的一些业务实践因为没有受到监管全覆盖，使移动支付和网络贷款的业务实现了高速发展。但现在的一些监管措施，实际上将数字金融机构置于相对不利的竞争地位，比如网络银行不能远程开户，实际上就无法真正展开商业银行的业务。下一步监管改革的目标应该是对传统金融机构与数字金融机构实行统一的监管标准。既要求数字金融机构满足金融交易的监管要求，又鼓励传统金融机构更多地运用数字技术支持金融决策。

07

人民币国际化再出发

人民币国际化再出发

2019 年是跨境贸易人民币结算试点暨人民币国际化启动 10 周年。10 年来，人民币从仅在我国周边地区有限使用的货币，到 2016 年 10 月正式加入国际货币基金组织 SDR 货币篮子，这取得了历史性的成绩。从现在看，这一过程恰逢 2008 年全球金融危机爆发之后，这并非巧合，而是危机为人民币国际化提供了宝贵的历史机遇。在主要储备货币受到质疑、国际社会普遍欢迎新兴的国际货币崛起、人民币市场需求较大的时间点启动人民币国际化，是一个最佳时机。更早启动则条件尚未成熟，更晚启动则错失有利的外部环境，都很难取得现在的成绩。也正是因为当时果断推动了人民币国际化，目前我国在参与全球治理、应对复杂多变的外部环境时也有了更多的选择和主动权。

但也应认识到，人民币国际化水平与主要储备货币尚有距离，这与中国全球第二大经济体、第一大贸易国的地位并不匹配。人民币国际化发展过程中暴露出的缺陷和问题，很值得深入总结。一是前期人民币国际化更多的是需求拉动的追赶型国际化，重在顺应 2008 年国际金融危机之后蓬勃发展的市场需求。我国在金融市场发展开放、金融机构国际化、支付清算体系等金融基础设施建设、制度规则与国际接轨等货币国际化的"家庭作业"准备并不到位，对人民币国际化的供给侧支持力度不足。二是人民币国际化需要与多项制度、政策和改革措施更紧密地统筹协调。深化金融改革开放是因，人民币国际化是果。人民币国际化在很大程度上反映了相关改革和政策的结果。更好地统筹协调需要更准确地定位人民币国际化，而不是将其置于政策制定的从属地位。三是企业和居民在人民币国际化中的获得感有待提升。国际货币具有"国际化水平越高，收益越大"的特点，从当前的人民币国际化程度来看，企业和居民有明显的福利改善，但总体看还是有限的。

从国际经验看，只有极少数发达国家中的佼佼者才能成为主要储备货币发行国。这些国家有以下共同特点。一是不仅具备较强的硬实力（人均收入、经济体量等），同时也具有较强的软实力，即政策和制度环境，包括透明、可预期、易理解的政策框架，完善的产权保护和法治体系等。二是通常具有稳定开放的宏观经济、开放发达的金融市场、具备国际竞争力的金融机构。三是在计价、支付和储值三大职能上全面发展，没有明显的短板。四是均有大量的离岸使用和交易。

当前我国经济已进入高质量发展阶段，金融以服务实体经济为根本出发点和落脚点，应当对新形势下人民币国际化有准确的定位。

首先，高质量发展需要人民币国际化再出发。一方面，只要有利于人民币国际化再出发的政策就是有利于高质量发展的政策。一是向主要国际化货币靠拢的努力无一不有利于高质量发展。人民币国际化亟须做好"家庭作业"，补上短板，需要透明和可预期的政策框架、开放和发达的金融市场、国际化的金融机构、更有效的政策传导机制、完善的产权保护和法治等作为支持和保障，这与高质量发展的要求具有逻辑一致性。二是人民币国际化和资本账户的有序开放可以并行不悖。我国面临资本流动压力，根源并不在于人民币国际化，而是我国政策框架的内在张力所致。防范跨境资本流动冲击，关键是做好本外币一体化管理和短期资本流动管理，而非限制本币的使用。同时，只有实现了人民币国际化，中国才能真正掌握汇率及资本流动问题的主动权。三是人民币国际化再出发离不开向高质量发展的成功转型。货币国际化以实体经济的发展为根本，只有成功实现向高质量发展的转型才能保证中国经济持续健康发展的势头，从而有力支持人民币国际化。另一方面，人民币国际化也支持高质量发展。人民币国际化可以降低交易成本和汇率风险、减少货币错配，增加应对金融风险的手段和政策空间，最终走出新兴市场货币的"原罪"，大大降低汇率波动、资本流动波动和他国"长臂管辖"的负面影响。此外，人民币国际化也有利于"一带一路"资金融通的发展。

其次，人民币国际化过程中可能面临一些挑战，但总体来看利大于弊。货币国际化过程中，可能出现短期资本流动波动加大、汇率升值压力、市场主体因本币国际优势而出现过度借贷等不审慎行为等。这些挑战客观存在，但完全可以通过深化金融改革开放、完善金融风险防控体系加以缓解甚至避免。

再次，人民币国际化是对国际货币体系的有效补充，并非要取代美元。更加多元的国际货币体系可以为市场主体提供更多的选择，有利于增强国际货币体系的韧性，是解决单一储备货币"特里芬难题"等挑战的一种探索。

最后，坚持问题导向与目标导向相结合，在总结前期经验和不足的基础上，对标经济高质量发展的要求，我们对人民币国际化再出发提出以下建议。

一是将人民币国际化作为中国金融改革开放之锚，实现供给侧驱动的人民币国际化。保持战略耐心，人民币国际化不设时间表，不刻意地追求人民币国际化一时一刻的进展。关键是深化金融改革开放，将人民币国际化作为中国金融改革开放之锚，着力创造合适的政策环境、市场环境和制度环境。货币政策、汇率政策、资本流动政策等应以是不是在中长期有利于人民币国际化来检验其合理性，不合理的政策应三思，合理的应勇于推进。

二是构建清晰、透明、易懂、稳健的金融政策体系。我国深化金融改革开放，可以保留中国特色，货币政策未必是单一目标，汇率也未必完全清洁浮动，可保留跨境资本流动管理，但相关政策体系应向清晰、透明、易懂、稳健的方向努力，使市场主体对相关政策环境有基本的理解和较为清晰的预期，以巩固其信心。

三是实现从正面清单管理模式到负面清单管理模式的转变，实现系统化、制度性的开放格局，构建有利于人民币国际化的金融市场体系和金融机构体系。

四是努力增加人民币作为计价货币的功能，可将大宗商品计价作为突破口推动人民币计价职能发展。

五是人民币国际化与上海国际金融中心建设相统一。上海成为国际金融中心，必然是以人民币为中心的，而非其他币种。上海国际金融中心建设要在人民币金融资产配置业务及风险管理业务上进一步发力，巩固上海作为全球人民币业务中心的地位并助推人民币国际化。

六是扩大"一带一路"建设中人民币的使用并与金融科技相结合。"一带一路"建设为人民币国际化带来了广阔的发展空间。不断完善"一带一路"建设人民币金融服务，既推动资金融通的深化，又有效助力人民币国际化。同时，人民币作为新兴的国际货币，具备后发优势，有能力利用新技术。金融科技的发展也将助推人民币国际化。二者是一个相互强化的过程。

七是有效地防控金融风险。要建立本外币一体化的监管框架，对本外币"一视同仁"，从根本上消除不同币种的监管套利。要加强对短期跨境资本流动的监测及风险防控。监管方式上，更多地采用宏观审慎而非行政管制。同时，科学合理配置金融监管资源，不断提高监管效率。

人民币国际化的回顾

我们首先对人民币国际化的历程进行梳理，对人民币作为国际化货币的支付、计价、储值三大职能的发展现状以及相关政策体系和基础设施进行了评估，并试图归纳总结出人民币国际化取得巨大成就的经验与规律、目前存在的短板与不足。

一、人民币国际化的四个阶段

第一阶段：2008 年全球金融危机前，人民币缓慢地在周边地区使用，国际化进展有限。

人民币国际化首先是以人民币区域化的形式逐步开始的。这既是由于中国与周边国家有密切的贸易往来，也因中国相对多数周边国家有一定经济优势。早在改革开放后，中国就逐渐放开了边境贸易。1993 年以来，人民银行先后同越南、蒙古、老挝、尼泊尔、俄罗斯、吉尔吉斯斯坦、朝鲜和哈萨克斯坦 8 个国家的中央银行签署了边贸本币结算的协定。此后，随着中国加入世界贸易组织，边贸规模进一步扩大，人民币在边境贸易中作为直接支付货币的需求不断扩大。但不同地区的人民币边贸结算发展程度参差不齐，且整体规模相对有限。据人民银行不完全统计：2008 年人民币结算量约占广西中越边贸结算总额的 80%，而在中俄边贸结算中仅占 0.1%；2006 年，人民币在越南、老挝、缅甸的存量仅为近 70 亿元。

香港和澳门回归后，港澳地区与内地经贸联系、人员流动日益频繁，港澳人民币业务不断深入。2003 年和 2004 年，中国分别批准了香港和澳门设立人民币清算行，港澳居民个人人民币存款、兑换、汇款和银行卡业务相继开办，人民币资金池逐步建立起来。为了满足香港地区人民币持有者的投资需求，从 2007 年开始，中国允许境内金融机构赴港发行人民币债券，并逐步扩大了发债主体范围和发债规模。不过，尽管香港地区的人民币业务发展较快，但总体来看规模依然有限，2008 年末香港人民币存款余额仅有 561 亿元。

第二阶段：2008 年全球金融危机后，尤其是 2009—2015 年，人民币国际化大幅提速。

2008 年全球金融危机爆发后，一些亚洲国家和地区的国际收支和外汇市场都受到了较大的冲击，特别是韩国和印度汇率波动较大，外汇储备下降，面临流动性困境。同时，美元及欧元汇率相继经历了剧烈波动，而在全球美元短缺最为严重的危机初期，美国仅与少数发达经济体签署了互换协议，将广大新兴市场经济体排除在美元流动性供应之外。这些因素共同促使新兴市场经济体产生了寻求其他国际货币的需求。

在这一背景下，新兴市场经济体将目光转向了中国。当时，虽然危机对中国也产生了一定冲击，但中国金融体系总体稳健，经济快速企稳回升，对外贸易也很快出现反弹并持续增长。作为全球大多数国家和地区的主要贸易伙伴，中国企业在跨境贸易中使用人民币作为结算货币获得了越来越多的认同，人民币作为一种国际流动性来源，也受到越来越多外国中央银行的认可。同时，中国外汇储备持续快速增长，人民币升值预期较强，刺激了境外投资者投资中国金融市场的需求。综合各种有利因素，国际上对人民币使用的需求快速增加。

在境外人民币需求显著增加的历史机遇面前，中国顺应市场的需求，顺势推动人民币在跨境贸易和投资中的使用。从 2009 年开始，中国政府有步骤地对人民币跨境使用中存在的制度障碍进行了清除。从贸易结算到投资结算、从直接投资到证券投资、从国内市场开放到离岸市场建设，人民币跨境使用从各个方面迅速发展起来，各类交易结算金额迅猛增长，人民币国际化经历了"黄金时期"。

这一黄金时期的顶峰是人民币加入 SDR 货币篮子。2015 年国际货币基金组织进行五年一次的 SDR 例行审查，此时正值人民币国际货币化的第一轮高潮。为抓住这一难得的历史性机遇，中国 2014 年下半年就启动了相关研究论证工作，并针对与国际货币基金组织磋商中出现的问题推动了一系列工作，尤其是部署和推动国内金融改革和开放，推动人民币真正实现"可自由使用"，包括开放银行间市场，允许境外机构进入中国金融市场进行资产配置和风险对冲操作，为境外机构开展人民币业务及相关业务的清算、结算提供进一步的便利，提高数据透明度，正式加入国际货币基金组织 SDDS 标准等。2015 年 11 月 30 日，国际货币基金组织认定人民币为可自由使用货币，同时决定将人民币纳入 SDR

货币篮子，并于 2016 年 10 月 1 日正式生效。人民币储备地位正式获认。

第三阶段：2015—2017 年人民币国际化步伐有所放缓。

这一阶段，受新兴市场经济体金融市场动荡以及中国金融市场波动等各方面影响，中国面临较为严峻的资本流出形势，同时海外投资者对人民币走势及中国经济金融形势也存在不确定性，进而对部分人民币跨境业务产生了一定影响。这一时期，中国政府对人民币跨境业务的管理相应收紧，具体表现在以下几个方面。一是控制资金流出，包括进一步引导和规范境外投资方向，减少非理性海外投资，加强人民币 NRA 账户境外人民币汇入的贸易真实性审核和人民币参加行购售汇业务的真实性审查等。二是对境外人民币业务参加行存放境内代理行人民币存款执行存款准备金率，锁定部分境外人民币流动性。三是增加离岸市场套利与做空成本，离岸人民币拆借市场在一段时间内供不应求，拆借利率大幅飙升，最高时香港人民币隔夜拆借利率曾达到 66.81%。

从数据看，这一阶段货物贸易人民币结算量有一定下滑，服务贸易及其他贸易结算量先增后降，人民币跨境直接投资收付额经历了较明显的下滑，特别是 2017 年对外直接投资人民币结算量下降较快，人民币标价的国际债券规模也从 2015 年底的 1 250 亿美元小幅下降至 2017 年的 1 025 亿美元。

这也从政策层面反映了一个事实，即人民币国际化快速推进的进程和支撑其发展的政策框架不尽匹配。人民币国际化在这一阶段遭遇的困难一定程度上正是其退让于其他当时更紧迫目标的结果，是多重政策目标下其他政策调整的从属。

第四阶段：2017 年以来人民币国际化有所恢复。

2017 年以后，中国经济保持了稳中向好的态势，金融市场恢复稳定。同时资本流动管理政策有一定的放松，提供了政策利好。2017 年以来，跨境货物及服务贸易人民币结算、跨境外商直接投资及对外直接投资收付额、香港人民币存款、离岸人民币债券发行均有所回升。

中国金融市场国际化水平进一步提高。2018 年 3 月彭博宣布将逐步把人民币计价的中国国债和政策性银行债券纳入彭博巴克莱全球综合指数，6 月 A 股被正式纳入 MSCI 新兴市场指数。这些举措均有利于提振外界对人民币的信心，并增加人民币的相关资产配置。

二、人民币国际化的一些基本事实

货币的职能可分为三个层次，即交易媒介、储藏手段和计价单位。货币的国际化不仅意味着该货币成为货币发行国在跨境贸易和对外投资中广泛使用的结算货币，更是成为在大宗商品、金融交易、资产配置中广泛使用的计价与投资货币，不仅涉及发行国居民与非居民之间的交易，更涉及该货币在第三方（即离岸市场）非居民之间的交易。因此，本部分拟从交易媒介、储藏手段、计价单位与离岸市场四个维度对人民币国际化的现状展开论述，勾勒人民币国际化的全貌。

（一）人民币作为交易媒介

人民币国际化在这一领域的发展最为迅速，主要体现为跨境贸易结算、跨境直接投资、发债、外汇交易和国际支付方面。

一是人民币跨境贸易结算。据人民银行统计，2009 年跨境经常项目人民币结算金额仅为 25.6 亿元，但随着试点的不断推开，到 2015 年这一数字已达到 7.2 万亿元，其中货物贸易人民币收付额 6.4 万亿元，占同期货物贸易本外币跨境收付金额的比重为 22.6%。2016—2017 年，货物贸易人民币结算量有所下滑，服务贸易及其他贸易结算量先增后降。但 2018 年，人民币结算的服务贸易、服务与其他贸易均有所回升（见图 7.1）。

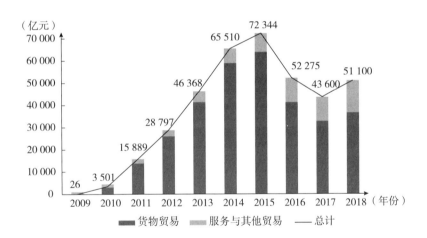

图 7.1　年度经常项目人民币收付金额

资料来源：中国人民银行。

二是人民币跨境直接投资。据人民银行统计，人民币跨境直接投资由 2010 年的 280.3 亿元迅速增长到 2015 年的 2.3 万亿元。其中，2015 年对外直接投资人民币收付金额为 7 361.7 亿元，外商来华直接投资人民币收付金额为 15 871 亿元。2016—2017 年，受相关政策调整影响，人民币跨境直接投资收付额经历了较明显的下滑，特别是 2017 年对外直接投资人民币结算量下降较快。但 2018 年亦有明显回升（见图 7.2）。

图 7.2　年度跨境直接投资人民币收付金额

资料来源：中国人民银行。

　　三是发行人民币计价的国际债券。根据 BIS 的国际债券统计①，截至 2007 年 3 月底，以人民币计价的国际债券余额仅为 8.95 亿等值美元，但到 2009 年 3 月底就已升至 91.02 亿美元。2010 年以来人民币计价的国际债券规模迅速扩大，到 2015 年底已经达到 1 250 亿美元。此后，发债规模有所萎缩，到 2017 年中一度降至 1 032 亿美元。此后人民币计价的国际债券余额有一定的回升。截至 2018 年底，相比 2017 年底增加 49.7 亿美元至 1 075.5 亿美元（见图 7.3）。

---

① BIS 定义的国际债券指非居民发行人在所有市场（包括本国市场）发行的债券。

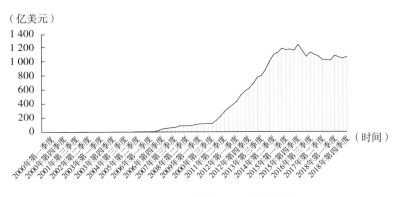

（亿美元）

（时间）

图 7.3　人民币计价的国际债券余额

资料来源：BIS。

　　特别是 2015 年以来，人民银行积极推动境外机构在银行间债券市场发行人民币债券（"熊猫债"），熊猫债市场取得快速发展。截至 2015 年底，仅有 8 家境外机构（包括国际开发机构、政府类机构、金融机构和非金融企业等 4 类）在银行间市场发行过 175 亿元人民币熊猫债。到 2019 年 4 月底，共计 51 家境外机构发行了 2 126.6 亿元人民币的熊猫债。[①] 此外，国际复兴开发银行和渣打银行还于 2016 年分别发行了价值 5 亿 SDR 和 1 亿 SDR 的"木兰债"。

　　四是人民币外汇交易。根据 BIS 三年一次的外汇市场交易调查，从 1998 年到 2007 年 4 月，人民币在全球外汇市场上的日均交易额由几乎为零升至约 150 亿美元，占全球外汇交易额的 0.5%（总额为 200%）。而到 2019 年 4 月，人民币日均交易额已升至

————————

① 　资料来源：Wind。

约 2 840 亿美元，占全球外汇交易额的比重达到 4.3%（见表 7.1）。但相比美元、欧元、英镑和日元等传统国际储备货币，人民币在全球外汇交易的规模和比重仍相对较低。

表 7.1　主要货币日均外汇交易额占比（%）

年份 币种	2001	2004	2007	2010	2016	2019
美元	89.9	88.0	85.6	84.9	87.6	88.3
欧元	37.9	37.4	37.0	39.0	31.4	32.3
日元	23.5	20.8	17.2	19.0	21.6	16.8
英镑	13.0	16.5	14.9	12.9	12.8	12.8
澳元	4.3	6.0	6.6	7.6	6.9	6.8
加元	4.5	4.2	4.3	5.3	5.1	5.0
瑞郎	6.0	6.0	6.8	6.3	4.8	5.0
人民币	0.0	0.1	0.5	0.9	4.0	4.3

资料来源：BIS。

五是人民币国际支付情况。从 SWIFT（环球同业银行金融电信协会）数据来看，人民币在国际支付中占据的份额自 2011 年 7 月的不足 0.5% 以来不断上升，至 2015 年 8 月达到历史最高比例 2.79%，此后有一定滑落。截至 2019 年 4 月，人民币的国际支付使用比例为 1.88%，落后于日本的 3.47% 与英镑的 7.11%，与美元 40.76%、欧元 33.16% 的比例差距较大。从排名看，2010 年 10 月人民币国际支付在全球仅排名 17，2014 年 11 月之后排名基本在全球第 5、第 6，位于美元、欧元、英镑、日元之后（见图 7.4）。

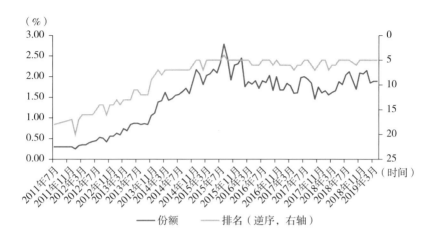

图 7.4　人民币作为国际支付货币的使用份额

资料来源：SWIFT RMB Tracker，Wind。

（一）人民币作为储藏手段

价值储藏的主要模式有两种，一是人民币作为其他经济体的官方外汇储备，二是非居民主动持有人民币资产。在这一领域，人民币国际化取得了一定进展，特别是人民币加入特别提款权以后，人民币国际储备货币的地位得到认可，不少海外机构加大了人民币资产配置力度。

将人民币作为外汇储备。根据国际货币基金组织的数据，截至 2018 年末，在国际货币基金组织 COFER（官方外汇储备货币构成）调查报送国已明确计价币种的外汇储备总量中，参与 COFER 报送的各国持有的人民币外汇储备共计折合 2 027.9 亿美元，较 2016 年底人民币刚刚加入 SDR 时增加了 1 125 亿美元，占比由 2016 年的 1.07% 上升至 2018 年的 1.89%，位列美元、欧元、日元、英镑储备之后（见图7.5）。据人民银行不完全统计，截至目前，已有60多个国家和地区将人民币纳入外汇储备。

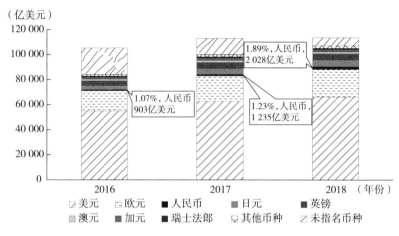

图 7.5　人民币在官方外汇储备中的数量与占比

资料来源：IMF。

非居民持有境内人民币金融资产。截至 2018 年末，境外主体总计持有境内人民币股票、债券、贷款以及存款等金融资产余额合计 4.85 万亿元，处于历史最高水平，较 2013 年末增加 1.99 万亿元。从结构来看，非居民持有股票、债券等证券数量增加，持有存款数量下降（见图 7.6）。在 2018 年末，持有股票市值 1.15 万亿元，较 2013 年末增加 0.81 万亿元；债券托管余额 1.71 万亿元，较 2013 年末增加 1.31 万亿元；人民币贷款余额 0.92 万亿元，较 2013 年末增加 0.39 万亿元；人民币存款余额 1.06 万亿元，较 2013 年末下降 0.54 万亿元。

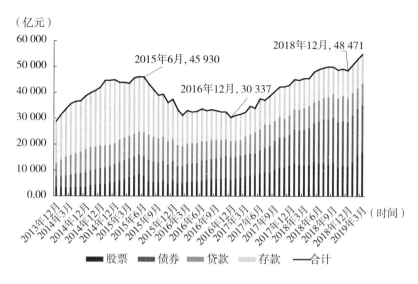

（亿元）

图 7.6　境外机构和个人持有境内人民币金融资产

资料来源：中国人民银行。

（三）人民币作为计价单位

货币的计价职能主要体现为国际贸易中的计价货币（Invoice currency），包括一些国际主要大宗商品的计价单位。总体上看，相关统计较为稀缺，从已有研究来看，人民币国际化在这一领域的发展较为有限。

从现有相关统计来看，人民币在国际贸易中的计价比例与我国进出口总量尚不能匹配。例如，一项对日本企业的调查数据显示，日本企业在华子公司与母公司之间的贸易中，以人民币作为计价货币的企业比例有所上升，其中自日本进口以人民币计价的企业比例由 2010 年的 3.8% 上升至 2014 年的 10.4%，对日本出口以人民币计价的企业比例由 2010 年的 0.4% 上升至 2014 年的 13.9%，但这项调查并非统计人民币计价的金额占比。此外，2016 年澳大利亚储备银行统计显示，澳大利亚出口中人民币结算的比例由 2011—2012 财年的 0.1% 上升至 2015—2016 财年的 0.2%，同期澳大利亚出口中对华比例则从 28.0% 升至 30.9%；澳大利亚进口中人民币结算比例则由 0.2% 升至 0.6%，同期澳大利亚进口中自华比例由 18.1% 升至 23.4%。

在主要大宗商品计价方面，近期主要探索是在国内大宗商品交易中引入国际投资者，一定程度上为区域提供定价标准。2018 年 3 月 26 日，首个以人民币计价的国际化期货品种原油期货合约在上海期货交易所挂牌交易。自上市以来交易量不断扩大，2019 年月均交易量约在 300 万手，日均交易量不足 20 万手，与纽约轻质原油期货等国际主要品种尚有一定差距，例如，纽约轻质原油期货交易量通常每日即在 100 万手以上，个别交易日还可超 200 万手[①]（见图 7.7）。2018 年 5 月，铁矿石期货成为中国第二个对外资开放的期货品种。

（四）离岸人民币市场

离岸存款方面，香港是境外人民币存款沉淀的主要地区（见图 7.8）。自 2009 年以来，香港人民币存款快速上升，由 2009 年初的 543 亿元增长到 2014 年底的 1 万亿元。2015 年以后，香港人民币存款出现下降趋势，到 2017 年 3 月降至 5 072 亿元的近年低点。随后，香港人民币存款开始缓慢恢复，到 2018 年底

---

① 中国原油期货与纽约轻质原油期货一手均为 1 000 桶。

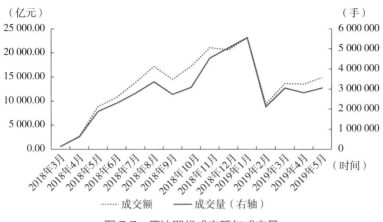

图 7.7　原油期货成交额与成交量

资料来源：中国期货业协会。

注：成交额为名义本金，1 手 =1 000 桶。

升至 6 150 亿元。除香港外，台湾地区离岸人民币存款近年来也有较大增长，截至 2018 年底，台湾人民币存款余额约 2 984 亿元。其他较为重要的离岸人民币存款中心包括伦敦（2018 年末余额约为 562 亿元，2015 年第二季度末为 600 亿元[①]）与新加坡（2018 年末余额约 1 300 亿元，2013 年第一季度末为 1 147 亿元）。截至 2018 年底，上述离岸中心人民币存款合计 10 996 亿元，较 2013 年初有较大增长，但低于 2015 年中的峰值 16 121 亿元。

离岸债券主要的托管地为欧洲或香港，离岸债券同样经历了发行量的快速上升与下降，近期开始有所恢复（见图 7.9）。

[①]　资料来源：伦敦人民币业务季报。

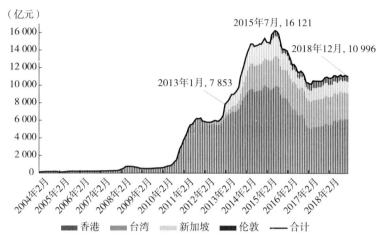

图 7.8　主要离岸中心人民币存款

资料来源：香港金管局、新加坡金管局、英格兰银行与台湾地区货币政府主管部门。

注：台湾地区人民币存款自 2012 年 1 月开始统计；新加坡人民币存款自 2013 年 1 季度开始统计，每季度发布，最新至 2019 年 1 季度末；伦敦人民币存款自 2015 年 2 季度开始统计，每季度发布，最新至 2018 年 4 季度。

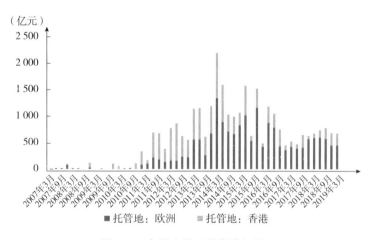

图 7.9　离岸人民币债券发行量

资料来源：路透。

总体来看，2008 年全球金融危机以来人民币抓住机遇，在支付媒介、价值储藏、计价单位等货币职能上的国际化程度均有较大发展，也培育了香港等活跃的离岸市场，其阶段性成果便是人民币成果加入 SDR 货币篮子。但在 2015—2017 年，受内外冲击影响，人民币国际化步伐有所放缓，并反映在跨境贸易、投资人民币结算量、人民币国际债券余额与发行量、离岸人民币存款、境外个人机构持有人民币金融资产等各个方面。2017 年之后，人民币的国际化进程有一定恢复。

渣打银行编制的人民币国际化指数基于离岸人民币存款、贸易与国际支付中的人民币量、离岸人民币债券及人民币外汇交易量等指标来衡量人民币国际化情况（见图 7.10）。该指数趋势与我们的上述观察较为吻合：自 2012 年开始，人民币国际化经历了

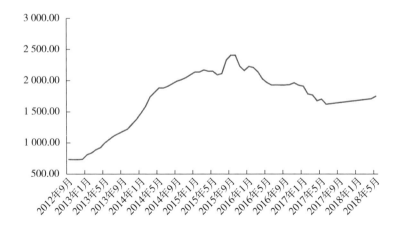

图 7.10　渣打银行人民币国际化指数（2010 年 12 月 =100）

资料来源：渣打银行，Wind。

一个快速发展时期，于 2015 年达到阶段性顶峰后又有所下降，近期略有复苏。

三、人民币国际化的政策体系和基础设施

人民币国际化近 10 年来的快速发展，与 2009 年以来中国政府采取的便利人民币国际化的举措密不可分。从这些举措中，我们可以看到一条清晰的主线：顺应市场需求，清除不必要的行政障碍，构建人民币跨境循环的完整链条。尽管这些措施中的很多只是顺应市场需求，但一国政府如此密集且方向明确地推动货币国际化，还是比较少见的，这也成为人民币国际化的特点之一。

首先，在 2008 年国际金融危机的背景下，中国通过双边本币互换为许多新兴市场经济体提供了急需的流动性保障。其次，在跨境贸易人民币结算市场需求的驱动下，中国于 2009 年 7 月启动了人民币跨境贸易结算试点，开启了人民币国际化提速的起点。随着人民币在海外的日益沉淀，中国又陆续启动了跨境人民币直接投资试点及沪港通、深港通等间接投资模式，为人民币回流国内创造有利条件。最后，在人民币跨境支付、结算的交易规模逐步扩大后，中国进一步完善了人民币清算系统等金融基础设施建设，使人民币的跨境流动更加便利、顺畅。

（一）深化双边货币合作，提供流动性支持

危机期间，中国与其他国家和地区签署本币互换的主要目的是提供紧急流动性支持，帮助一些亚洲周边国家和地区提振市场信心，维护金融稳定。2008 年底至 2009 年初，人民银行分别与

韩国和马来西亚的央行或货币管理当局达成了双边本币互换协议。人民币一定程度上承担了区域性货币的角色，有效地缓解了这些国家和地区流动性紧缩的局面。

危机以后，更多国家和地区开始寻求与中国开展本币互换，一方面是为巩固和发展本国和本地区的金融安全网，另一方面是为便利与中国的贸易和投资往来。迄今为止，人民银行已先后与韩国、阿根廷、新加坡、新西兰、土耳其、澳大利亚、英国、瑞士、俄罗斯、加拿大等 38 个国家和地区的中央银行或货币管理当局签署了双边本币互换协议，截至 2018 年底总规模约 3.7 万亿元。

此外，双边本币互换也是中国进行国际救助的方式之一。尽管大多数互换协议并不需要实际动用，但其能够有效提振市场信心，减少受援国资本外逃，减缓危机扩大。特别是人民币被纳入 SDR 货币篮子后，人民币的国际储备货币地位初步确立，进一步提高了双边本币互换的价值。近年来，中国与蒙古、埃及、乌克兰、阿根廷等国签署的双边本币互换协议，均被国际社会视为国际救助的一部分，有效地缓解了这些国家面临的经济金融风险，并成功帮助一些国家走出了危机。

（二）顺应市场需求，便利人民币跨境使用和结算

一是跨境贸易人民币结算。起初，人民币只是零散地在边境贸易中使用，并没有成规模地在跨境贸易中用于结算。2009 年 7 月，人民银行联合其他有关部门正式启动跨境贸易人民币结算试点，上海市和广东省的 4 座城市（广州、深圳、珠海、东莞）成

为首批试点城市。2010 年 6 月和 2011 年 8 月，人民银行持续扩大试点范围，将试点企业和地域扩大至境内外所有企业。2012 年 6 月后，跨境贸易人民币结算业务全面铺开，拓展至全部经常项目。2014 年，人民银行又对人民币跨境贸易结算的各项政策进行了优化，并先后在上海自贸区和广西、云南沿边金融综合改革试验区开展人民币的跨境结算创新试点。在这一过程中，境外金融机构越来越多地开办人民币业务，显示出人民币作为一种保值增值货币被逐渐接受，人民币经常项目跨境结算额快速增长。

二是跨境人民币直接投资。跨境贸易人民币结算试点开展后，人民币在境外的接受程度逐渐提升，中资企业在"走出去"过程中使用人民币的需求上升，特别是在以政策性项目为基础的境外直接投资中，境外企业购买中国设备或向中方支付劳务费的人民币需要也在增加。此外，一些境外企业通过贸易结算积累了一定的人民币，也需要来中国开展直接投资。使用人民币开展直接投资，可使境内外企业避免汇率波动带来的汇兑损失，实现共赢。为此，人民银行于 2010 年开展了人民币境外直接投资个案试点，并于 2011 年启动了境外直接投资（ODI）人民币结算和外商直接投资（FDI）人民币结算，将人民币的使用从经常账户拓展到资本账户。2012—2014 年，人民银行又陆续在深圳前海、江苏昆山、上海自由贸易试验区等地开展境外人民币借款、跨国企业集团人民币资金池等跨境人民币业务试点，使境内外企业利用人民币跨境投资更加便利。

三是跨境人民币证券投资。海外金融机构、企业和居民在获得人民币后，急需将这些沉淀资金投资于人民币资产。同时，中国金融实力的增强和居民财富的增加，也增加了境内金融机构、企业和居民在境外投资人民币金融产品的需求。为满足境内外机构投资者开展人民币证券投资的需求，中国政府积极扩大金融市场双向开放，促进境内外金融市场互联互通。除 2011 年和 2014 年启动 RQFII（人民币合格境外机构投资者）和 RQDII（人民币合格境内机构投资者）机制外，中国还先后启动"沪港通""深港通""债券通"，中国还不断推动中国银行间债券市场和外汇市场向越来越多的机构投资者开放，以进一步完善人民币的跨境投资和避险功能。其中，债券市场开放力度最大，2010 年，允许境外央行、港澳人民币清算行、跨境贸易人民币结算境外参加行在核定额度内在银行间市场从事债券交易。2015 年，对境外央行类机构投资者推出更为便利的政策，取消其投资额度限制，扩展投资范围至债券现券、回购、借贷、远期、利率互换、远期利率协议等。2016 年，将银行间债券市场境外投资主体由央行类机构进一步扩大至境外机构投资者。

四是双边本币直接交易。为促进双边贸易和投资发展，满足经济主体降低汇兑成本的需要，人民银行还推动了人民币对新兴市场经济体和周边国家货币汇率在银行间外汇市场挂牌，并逐步将范围扩大至多个主要发达经济体。目前，人民币与韩元、沙特里亚尔、土耳其里拉、俄罗斯卢布、日元、欧元、英镑等 24 种货币开展了银行间外汇市场直接交易，与哈萨克斯坦坚戈、蒙古图格里克开展了银行间外汇市场区域交易。

（三）完善人民币跨境交易和结算的基础设施

一是建立人民币清算行网络。在境内外都使用人民币的情况下，境外市场上的人民币有时候多、有时候少，多的时候应该可以回流到境内，少的时候可以调剂出去，这个机制需要由清算行来完成。2003 年和 2004 年，人民银行在港澳分别指定了当地人民币清算行。危机后，随着国际上人民币跨境使用的快速增加，迫切需要设立更多的人民币清算行来便利人民币跨境交易和结算。不仅是一些地区和发展中国家，英国、德国、法国、澳大利亚等一些发达国家也要求设立人民币清算行，人民银行为了顺应这一需求，在 24 个国家和地区建立了人民币清算安排，覆盖东南亚、欧洲、中东、美洲、大洋洲和非洲，进一步促进了贸易投资便利化，为人民币跨境使用和结算提供了有力支持。

二是建立 CIPS（人民币跨境支付系统）。人民银行自 2012 年开始组织建设人民币跨境支付系统，旨在整合人民币跨境支付结算渠道和资源，提高人民币跨境支付结算效率。CIPS 于 2015 年正式上线，并适应债券通业务需要，于 2018 年 5 月升级为 CIPS（二期），实现了对全球各时区金融市场的全覆盖，并具备实时全额结算和定时净额结算两种机制。截至 2018 年 6 月底，CIPS 共有 31 家直接参与者，738 家间接参与者，实际业务覆盖 155 个国家和地区的 2 395 家法人金融机构。

（四）支持离岸人民币市场发展

如前所述，离岸人民币市场，特别是香港离岸市场的发展，是人民币国际化进程中的重要一环。这与香港地区的天然优势密不可分。香港地区人民币业务发展较早，中国批准设立人民币清算行以后，跨境人民币清算和结算更加方便。危机后，香港依靠与大陆紧密的经贸关系和发挥本地清算行的优势，吸引了大量的人民币资金流入，人民币离岸业务迅速发展。为顺应香港人民币使用需求的快速增长，内地给予了更多的政策支持，包括丰富香港人民币金融产品，给予充足的RQFII额度，通过"沪港通""深港通""债券通"，以及基金互认等措施推动金融市场互联互通等，进一步巩固了香港人民币离岸市场的地位。

危机过后，新加坡、伦敦等其他人民币业务发展较多的国家和地区也更加积极地发展本地人民币离岸市场，中国在给予相关政策支持的同时，也积极通过强化双边金融合作逐步消除人民币跨境流动的障碍，促进了离岸人民币市场的发展。经过多年发展，人民币离岸资金池不断扩大，人民币债券、大额可转让存单、基金、期货、保险等离岸人民币金融产品也日益健全，离岸市场的产品体系基本建立起来。在全球布局上，香港是规模最大的离岸人民币中心，伦敦、新加坡、法兰克福等其他国际金融中心离岸人民币业务也得到快速发展，全球人民币离岸市场的网络体系初步形成。

四、人民币国际化的现状评估

第一，人民币国际化已经取得重要进展，抓住了难得的时间窗口。尽管人民币国际化在不同的阶段出现过曲折和起伏，但将目前的水平与起点相比，人民币国际化取得了举世瞩目的重大成就，在诸多领域实现了从无到有的巨大跨越。从贸易结算看，2009 年跨境经常项目人民币结算金额仅为 25.6 亿元，2018 年达到 5.11 万亿元，10 年增长了 1 995 倍。从国际支付看，人民币使用比例排名从 2011 年 7 月的第 17 名上升至 2018 年 4 月的第 5 名，取得了长足进步。从国际债券计价看，2007 年 3 月底以人民币计价的国际债券余额仅为 8.95 亿美元，2018 年底达到 1 075.5 亿美元，增长了 119 倍。取得如此巨大的成绩来之不易，一个重要原因是抓住了 2008 年国际金融危机的时间窗口。事后的发展历程证明，在主要储备货币受到质疑、国际社会普遍欢迎新兴的国际货币崛起、人民币市场需求较大的时间点启动人民币国际化，这是最佳的时间节点。更早则条件尚未成熟，更晚则错失有利的外部环境，都很难取得现在的成绩。也正是因为当时果断推动了人民币国际化，我国在参与全球治理、应对复杂多变的外部环境时也有了更多的选择和主动权。

第二，人民币仍是一个正在向第二梯队靠拢的国际货币，与中国全球第二大经济体、第一大贸易国的地位不匹配。2018 年，人民币在官方储备占比仅 1.89%、在国际支付中占比仅 1.88%，在国际债券计价中占比仅 0.4%，这与中国经济全球占比 16.0%、中国贸易全球占比 11.8% 相去甚远，与主要储备货币也有比较大的差距。国际货币中，美元仍独占第一梯队，是最主要的储备货币。欧元、日元、英镑位于第二梯队。人民币与第二梯队货币仍有一定的距离。2018 年欧元、日元、英镑在官方外汇储备中占比分别为 20.7%、5.2% 和 4.4%，均明显高于人民币的 1.89%。

　　第三，人民币国际化是需求拉动的追赶型国际化，未来需加强系统性并补齐短板。此前，人民币国际化发展主要是顺应市场需求并解除人民币使用的限制。2008 年全球金融危机导致主要国际货币汇率波幅增加，一些新兴市场经济体遭遇了外币流动性困难，对主要储备货币存在质疑，对人民币的市场需求快速增长。在此背景下，中国解除人民币使用限制并出台相关措施，顺应和满足市场需求，包括签订本币互换协议、推动跨境贸易投资人民币结算、建立完善金融基础设施等，从而推动人民币国际化发展。这在人民币国际化初期被证明是成功的。目前，需求拉动的追赶型国际化已经暴露其内在缺陷,亟须加强系统性并补短板。一方面，需求拉动的人民币国际化，改革顺序、改革推进的速度和力度上主要是以满足当时人民币国际化使用的市场需求为考量，与汇率市场化、资本项目可兑换、金融业开放等金融制度改革的统筹配合不足，没有形成系统性深化金融改革开放的局面，亟须加强统筹协调和改革的系统性。另一方面，金融市场发展开放、金融机构国际化、支付清算体系等金融基础设施建设、制度规则国际接轨等货币国际化的"家庭作业"准备并不到位，对人民币国际化的支持力度不足。应加快练好内功，补上"家庭作业"的短板。

　　第四，企业和居民在人民币国际化中的获得感有待提升。国际货币具有"国际化程度越高，收益越大"的特点。以当前的人民币国际化程度而言，企业和居民有明显的福利改善，但总体看还是有限的。需要继续提高人民币国际化水平，从而增进企业和居民的获得感。同时，人民币国际使用的区域分布尚不均衡，香港是最主要的境外人民币中心。这固然与内地和香港更为紧密的经贸关系有关，但这也说明人民币与第三方广泛交易和使用的、国际化程度较高的货币仍有较大的差距。

第五，人民币国际化进程是曲折和可逆的。从人民币国际化历程看，货币国际化进程本就是曲折和可逆的，会有起伏和波折，国内外经济环境的变化是主要原因。从国内因素看，人民币国际化受到诸多政策的影响。有观点认为，汇率制度和政策取向是人民币国际化进程的一大影响因素。2009—2015 年之前的人民币国际化，张明等认为存在套汇和套利，部分反映了当时人民币汇率较大的升值压力和不够灵活的汇率调节机制。2015—2017 年人民币国际化进程回调，一定程度上也反映了当时稳汇率、收紧资本流动的政策取向。这一方面反映了人民币国际化尚未形成稳定的结构性、趋势性力量，会因为政策周期的变化而出现摇摆。另一方面也表明，我国宏观政策制定中并没有将人民币国际化作为优先考量，人民币国际化更多的是配合和适应其他政策目标的调整，处于从属地位。从国际环境看，有利于人民币国际化的条件和因素也在不断地发展变化。人民币国际化由初期的快速发展到遭遇波折，也在很大程度上反映了 2008 年国际金融危机之后有利于人民币国际化的外部因素发生了很大的变化。人民币在国际货币体系中的地位尚不稳固，如果自身不积极主动地维护和巩固其国际地位，很可能因为外部因素的冲击而"不进则退"。现有的人民币国际化成果不是可以自满的"功劳簿"，而是进一步深化改革开放的新起点。

主要储备货币的特点

可以观察到，当前及历史上的主要储备货币发行国不仅均为发达国家，也都是发达国家中的佼佼者，并在宏观经济、金融市场、制度框架等方面有其自身特点。在考虑下一阶段人民币国际化之前，我们有必要考察和总结主要储备货币的特点，厘清人民币国际化的差距、不足以及努力的方向。

一、货币的国际地位既依赖一国的硬实力，也依赖一国的软实力

从根本上看，一国货币的国际地位是由其经济规模和实力决定的，领先的国际货币向来都是由领先的国际大国发行的，这不仅要求该国有较高的人均收入，还要求其具备相当的经济体量（见图7.11和图7.12）。1850年，英国在世界工业生产中所占比重为39%，在国际贸易中所占比重为21%，均居于各国首位，全球各国之间大部分贸易都使用英镑计价。两次世界大战后，美元超越英镑成为全球最主要的储备货币并保持这一霸权地位，从根本上也是因为其牢牢占据着全球第一大经济体的位置，1960年美国在全球GDP和贸易中的份额分别为40%和16%，后来虽然下降，但经济体量始终保持第一，2017年其GDP和国际贸易占全球份额分别为24%和12%。欧元的诞生虽有较强的政治动

361

机，但其对应的经济体量和发达的贸易不可忽视。成立之初，欧元区占全球经济总量和贸易额的比重分别为 22.8% 和 31.5%，后虽有所下滑，但到 2017 年仍然分别保持了 15.6% 和 25% 的份额，经济体量仅次于美国。日本为全球第三大经济体，日元的兴衰与其经济发展也密切相关，从 1970 年到 20 世纪 90 年代初，在日本经济高速发展、金融开放水平不断提升的背景下，日本占全球经济的份额由 7% 上升至 1993 年的 17%，日元的国际地位快速上升。此后，受本土经济泡沫破裂、产业结构升级缓慢等因素影响，日本在全球经济中的地位下降，占全球经济的份额在 2017 年降至 6%，日元的国际地位也逐年弱化，目前落后于美元、欧元和英镑。由此，经济实力是货币国际化的重要驱动因素，经济规模大的经济体更容易与更多国家产生贸易和投资往来，有助于提升国际社会对该货币的需求，也更容易形成深度和广度较高的金融市场，而这是货币国际化的又一重要因素。

当然，硬实力只是影响货币国际化的一方面因素，成为主要的储备货币甚至"避风港货币（即安全资产和避险货币）"最终还依赖于一国的软实力，即政策和制度环境，包括透明、可预期、易理解的政策框架，以及完善的产权保护和法治体系等，这些要素使任何人在使用该货币时，都能对该货币所处的政策环境、使用便利程度以及更广意义上的安全性有稳定清晰的预期和充分的信任，无须猜测或承受较高的不确定性。

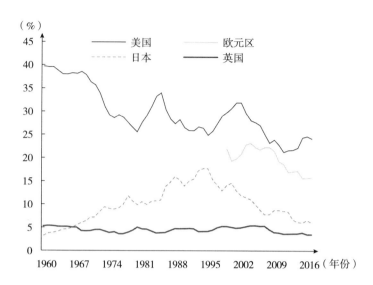

图 7.11　1960—2016 年美、欧、日、英占全球 GDP 份额

资料来源：世界银行。

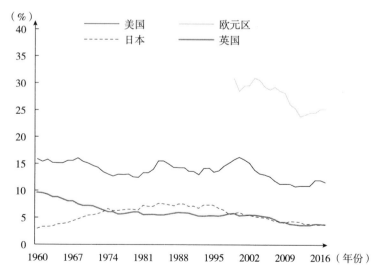

图 7.12　1960—2016 年美、欧、日、英占全球贸易份额

资料来源：世界银行。

从我们的观察看，美、日、欧、英都具有相对清晰和稳定的货币、资本流动、汇率及监管等政策框架。货币政策方面，这些国家或地区都具有可信度较高的中央银行，普遍以物价稳定为职责，货币政策目标及工具清晰，实施通胀目标制并设定显性目标。美联储被赋予物价稳定和就业最大化的双重职责，明确设定了 2% 的对称通胀目标。欧央行具有维持物价稳定的单一职责，并将"物价稳定"定义为中期通胀水平低于但接近 2%。英格兰银行的目标是保持稳定而较低的通胀，并将通胀目标设定为 2%。日本央行单一职责是保持物价稳定，设定了 2% 的通胀目标。汇率方面，这些国家和地区均实施清洁浮动汇率制度，2000 年后的美、欧、英外汇干预仅有数次，且均为对日元或欧元在极端情况下的联合干预，日本近年来也基本保持了清洁浮动。资本流动方面，这些国家和地区基本允许资本跨境自由流动，对资本流动的限制低，政策也保持了较高的稳定性。根据国际货币基金组织的资本账户开放度指数（1 代表完全开放，0 代表不开放），2013 年美国（0.82）、英国（0.8）、日本（0.91），以及欧元区重要成员国德国（0.82）、法国（0.95）等资本账户开放程度均较高，且过去 10 年基本保持了稳定水平。

此外，美、日、欧、英也都形成了完善的法律体系和产权保护体系等，提高了国际投资者对其货币的长远信心。埃斯瓦尔·普拉萨德（Eswar Prasad）指出，"避风港货币"国家应具有独立的司法体系，开放、透明的政府，稳健的公共机构，确保宏观政策负责任，产权也能得到保护。2008 年全球金融危机后，美国作为金融危机的震源，仍得以在较低的利率水平上发行债券，从根本上依靠的正是投资者对美元仍具有信心。

二、主要储备货币发行国通常具有稳定开放的宏观经济、开放发达的金融市场、具备国际竞争力的金融机构

（一）稳定开放的宏观经济

一是主要储备货币发行国的经济增长更为稳定。1980—2018 年，美国 GDP 年均增长 2.64%，增速基本在（-2%，4%）的区间，5 个年份出现经济衰退，平均下降 1%。新兴市场经济体经济增速不稳定。以巴西为例，1980—2018 年，GDP 年均增长 2.35%，9 个年份增速超过 5%，7 个年份陷入经济衰退，平均下降 2.8%（见图 7.13）。

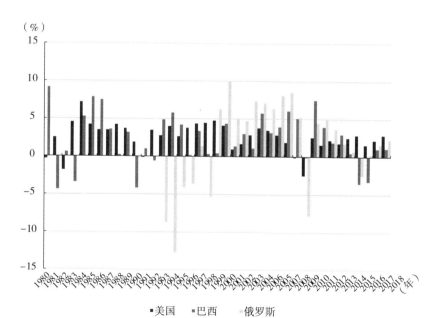

图 7.13　美国、巴西、俄罗斯的经济增速比较

资料来源：Wind。

经济增速的起伏在货币的国际地位上有所反映（见图 7.14）。日本经济在 20 世纪七八十年代快速崛起，一度成为全球第二大经济体，日元国际化程度快速提升。但由于日本在 20 世纪 90 年代泡沫经济破灭，日本经济陷入较长时间的低迷，经济增速滑落，日元的国际地位下降。欧债危机导致欧元国际地位下降。欧元区成立之初，凭借对德国马克的国际地位的继承，以及欧元区较大的经济体量和市场一体化红利，欧元的国际地位快速攀升，一度出现欧元能否挑战美元主导地位的争论。欧债危机成为欧元国际地位的分水岭，欧元区经济增长乏力，也导致欧元的国际地位提升受挫。

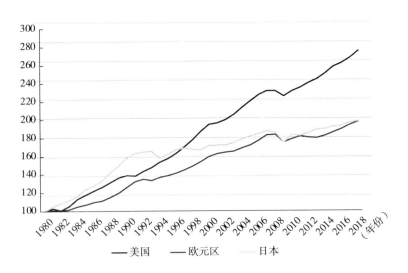

图 7.14　主要储备货币发行国实际 GDP（1980=100）

资料来源：Wind。

注：欧元区 GDP 数据始于 1996 年，之前的 GDP 增速以德国为代表的计算。

二是主要储备货币发行国币值更为稳定。稳定的币值决定了国际投资者持有该货币的长期意愿。从通胀看，20世纪90年代以来，主要储备货币发行国的通胀在大多数时间内是控制在4%以下（见图7.15）。而新兴市场经济体的通胀率波动较大，80年代巴西CPI同比一度蹿升至近3 000%，90年代俄罗斯CPI也曾达到894%。进入21世纪之后，主要新兴市场经济体通胀水平有一定回落，但仍然高度不稳定，2008年国际金融危机之后一度升至10%以上。从汇率看，主要储备货币均采取浮动汇率制度，汇率弹性强，且汇率水平相对稳定。主要储备货币汇率年化波动率基本上在10%以内，个别年份受金融危机的影响有一定放大。新兴市场经济体汇率波幅较大，巴西雷亚尔、俄罗斯卢布、南非兰特的汇率年化波动率多次突破20%（见图7.16）。

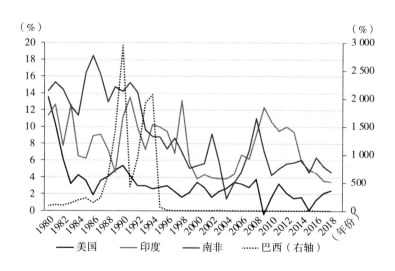

图7.15　美国、巴西、印度、南非的通胀表现

资料来源：Wind。

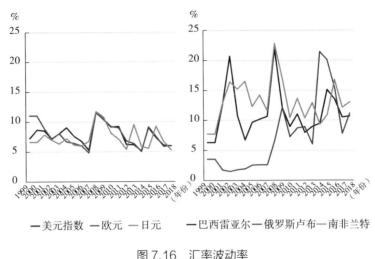

—美元指数 —欧元 —日元　　—巴西雷亚尔—俄罗斯卢布—南非兰特

图 7.16　汇率波动率

资料来源：Wind。

（二）发达开放的金融市场

主要储备货币发行国拥有发达的境内金融市场。从债券市场看，2017 年末美国债券余额 37.1 万亿美元，占 GDP 比重达190%，其中公司信用类债券余额约 9 万亿美元，占 GDP 比重达46.2%。同期，日本债券市场余额占 GDP 比重达到 207%，中国债券市场余额占 GDP 比重为 91.3%（见图 7.17）。

主要储备货币发行国金融市场高度开放。从 Chinn-Ito 指数看，美、欧、日等经济体保持了较高的资本项目开放程度，跨境资金流动较为便利，金融市场双向开放水平较高，为境外投资者持有本币提供了良好的服务。中国的资本项目开放程度相对较低（见图 7.18）。

经济学理论认为，货币国际化程度与本国金融市场的发展

与开放的水平息息相关。朴孝奎（Chey Hyoung-kyu）指出早期
英镑之所以能主导国际货币体系，与其发达的金融市场有关。加
拉蒂·加布里埃尔（Gabriele Galati）和菲利普·伍德里奇（Philip

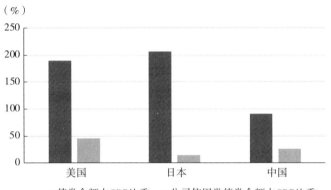

图 7.17　债券余额占 GDP 的比重

资料来源：Wind。

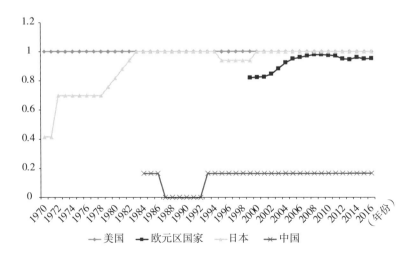

图 7.18　Chinn-Ito 指数

资料来源：Chinn-Ito。

Wooldbridge），利维亚·奇图（Livia Chitu）、巴里·艾肯格林（Barry Eichengreen）和阿诺德·梅尔（Arnaud Mehl）认为，美元不会被欧元所取代，因为美国金融市场的发展程度超过欧洲。孟奇·钦（Menzie Chinn）进一步指出，金融市场的开放程度和深度尤为重要，纽约在这些方面强于伦敦与法兰克福，因此美元的国际地位高于英镑和欧元。

（三）金融机构的国际竞争力

美、欧金融机构国际竞争力全球领先。根据人民大学、浙江大学联合发布的《2018全球银行国际化报告》，综合考虑境外资产负债、境外分支机构和雇员数量、境外收入及利润等因素，渣打、花旗、汇丰等排名前三。排名前10的银行，除了阿拉伯银行1家外，全部为美国和欧洲的银行，优势明显。中资四大行，从资产规模看占据全球银行的前4位，但国际竞争力上明显落后（见图7.19）。

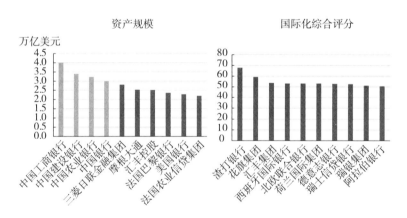

图 7.19　全球前 10 大银行（资产规模排名和国际化程度排名）

资料来源：中国人民大学国际货币研究所、浙江大学互联网金融研究院与浙江大学金融研究所共同发布《2018全球银行国际化报告》。

三、主要储备货币计价、支付和储值三种功能相辅相成

第一，货币计价职能与支付职能相互促进。实证研究发现，贸易中计价货币往往也是支付（结算）货币。理查德·弗里伯格（Richard Friberg）和弗雷德里克·威兰德（Fredrik Wilander）对瑞典企业的调查发现，计价货币与结算货币完全一致的出口企业占比达到68%，计价货币与结算货币重合度在90%~99%的出口企业占比达到24%。理论上看，如果交易以一种货币计价，而以其他货币支付，交易过程中的汇率波动将会导致以支付货币表示的支付金额出现波动，大幅的汇率波动甚至可能导致违约。如果计价货币与支付货币一致，能有效降低交易的汇率风险和违约风险。

第二，储备职能与支付职能相互促进。主要储备货币与主要的支付货币高度重合，2018年美元在全球官方储备和国际支付中分别占比61.7%和47.0%，欧元为20.7%和31.7%，日元为5.2%和4.2%，英镑为4.4%和4.1%，人民币为1.9%和1.2%（见图7.20）。

第三，计价职能与储备职能相互促进。计价促进储值，货币当作储值工具是为了保证未来的购买力。如果大多数的商品和服务都是以国际货币计价的，市场主体会自然地持有该货币用于储值，满足未来支付的需求。储值也会促进计价。有关学者指出，由于市场主体存在大量的持有储备货币（美元）资产的需求，市场供不应求，大幅压低储备货币（美元）资产的预期收益率，储备货币融资成本较低。企业会自动选择成本更低的货币进行融资，并推动其生产的商品、提供的服务以储备货币计价和结算，实现企业资产负债的币种匹配，避免货币错配。

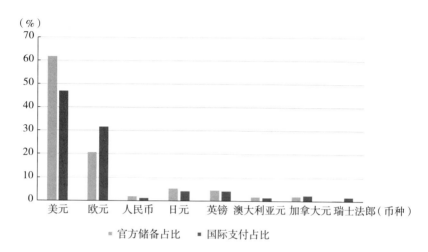

图 7.20 主要储备货币在官方储备和国际支付中的占比

资料来源：SWIFT。

总体看，主要储备货币在计价、支付和储值三大职能上是全面发展的，没有明显的短板。国际货币如果在一些职能上存在明显缺陷，就会制约其国际化水平。

四、主要储备货币均有大量的离岸使用和交易

从数据看，目前 83% 的美元交易、88% 的欧元交易、79% 的日元交易、43% 的英镑交易都在离岸市场发生。这是因为，主要国际货币需要大量"第三方交易"（与本国贸易和投资不直接相关的第三国使用本币，主要用于国际贸易与投资结算、国际商品计价、外汇储备等），也都有大量非居民持有该货币计价的资产，实践中这些交易基本上都发生在离岸市场（见表 7.2）。

表7.2　主要国际货币在岸和离岸外汇交易日均交易量（单位：亿美元）

货币种类	在岸	离岸	加总
美元	12 163	61 365	73 528*
欧元	3 223	23 661	26 884
日元	2 923	11 151	14 074
英镑	5 927	4 443	10 370
人民币	1 012	2 591	3 603

资料来源：BIS 的研究报告。

注：73 528 亿美元未对同一交易商内部的跨境交易进行调整。包括即期、远期、货币互换、外汇互换、期权及其他外汇产品的交易。

　　以美元为例，研究表明，非美国居民有强烈的偏好在美国本土之外进行美元交易，具体表现为海外投资者倾向于将美元存入海外银行而非美国银行，也更倾向于购买非美国居民发行的美元债券等（见图 7.21 和图 7.22）。事实上，货币国际化与离岸市场发展互相促进，比如，离岸美元市场伴随着"石油美元""马歇尔计划"等国际贸易与投资活动而诞生发展，离岸美元市场的流动性、市场深度和广度又反过来极大地便利了境外美元的交易和投资，从而促进美元的国际化进程。随着离岸市场不断发展，大部分离岸美元主要在离岸市场"体外循环"，而非在离岸和在岸之间"双向往返"，这也降低了对美国货币政策的冲击。可以说，如果没有发达的离岸市场，美元等主要储备货币的国际化程度将大打折扣。

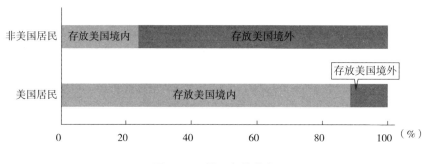

图 7.21　美元存款分布

资料来源：He Dong，McCauley Robert（2010）。

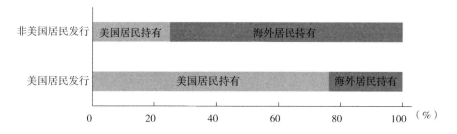

图 7.22　不同发行人发行美元计价债券的持有人分布

资料来源：He Dong，McCauley Robert（2010）。

为什么高质量发展需要人民币国际化再出发

当前我国经济已进入高质量发展阶段，金融以服务实体经济为根本出发点和落脚点，在新形势下应对人民币国际化的定位已有新的、更全面的认识。我们认为，人民币国际化再出发与中国经济高质量发展具有内在的一致性，即只要有利于人民币国际化再出发的政策就是有利于高质量发展的政策，而人民币国际化也支持高质量发展。

一、只要有利于人民币国际化再出发的政策就是有利于高质量发展的政策

（一）向主要国际化货币靠拢的努力无一不有利于高质量发展

高质量发展需要更多地依靠创新驱动和效率提升，这就要求金融资源更有效地识别并承担风险，提高资源配置效率。高质量发展也意味着更好地利用"两个市场、两种资源"，这就要求我们建立市场化、法治化、国际化的制度安排。而做好人民币国际化的"家庭作业"、补上短板，需要透明和可预期的政策框架、开放和发达的金融市场、国际化的金融机构、更有效的政策传导机制、完善的产权保护和法治等作为支持和保障。可以看到，两者对我国金融市场、金融政策框架、产权保护和法治等提出的要求是高度统一的，向主要国际化货币靠拢的努力无一不有利于高

质量发展。

（二）人民币国际化和资本账户的有序开放可以并行不悖

一是我国出现资本流动波动并不是因为人民币国际化，而是我国政策框架的内在张力所致。需指明，无论是 2015 年以前我国面临的人民币升值压力和资本流入压力，还是 2015—2017 年面临的人民币贬值压力和资本流出压力，与人民币国际化没有直接的关联，主要原因还是国内外经济环境的变化和宏观政策的调整，涉及我国在汇率制度、宏观政策及多个目标之间的取舍。从客观规律看，没有任何一种政策组合能够逃避"蒙代尔不可能三角"的基本约束。

二是资本账户开放的重点是要做好本外币一体化管理和短期资本流动管理。虽然资本账户是否开放在理论上可以清楚界定，但实践中，只要有充足的套利空间存在，资本总可以通过各种形式和方式跨境流动，我们需正视这一现实。安娜·王（Anna Wong）对比中美两国旅游出入境数据后发现，在人民币贬值压力较大的 2015—2016 年，中国境外旅游支出增长异常，很可能是购买境外资产的一种"伪装"。换言之，我国目前实施的资本管制措施或许只能增加资本流动的摩擦系数和阻力，并不能很好地起到控制资本流动的效果，反而对经济金融造成了诸多扭曲。这一观点对我国有一定的借鉴意义。资本账户开放最好是顺势而为，有序地"开前门""堵后门"，并在此过程中处理好短期资本跨境流动的问题，这是资本账户开放过程的关键。而在人民币国际化的背景下，资本账户开放还需要额外关注对本币和外币建立一致的监管框架，避免创造监管套利空间。

三是只有实现了人民币国际化，中国才能真正掌握汇率及资本流动问题的主动权。美国之所以不那么担心美元汇率和资本流动，是因为国际贸易大多通过美元计价和支付，美国公共部门和企业的资产负债表也基本都以美元计价。当出现国际收支等各方面问题时，美国可以用本币举债弥补，其自身也可以创造美元。这种国际"硬通货"的地位就直接导致了"美元是我们的货币，但却是你们的难题"情况的出现。而新兴市场经济体面临国际收支挑战时，最终需要依靠自身无法创造的国际硬通货解决问题，主动权并不在自己手中。当前，人民币正从一种新兴市场货币向储备货币转型，如果未来人民币能成为主要的储备货币，那么中国就可以在很大程度上摆脱国际收支、汇率以及资本流动带来的苦恼。

（三）人民币国际化再出发离不开向高质量发展的成功转型

从以往经验看，人民币国际化的发展速度依赖于经济发展的势头：人民币国际化的快速发展发生在中国经济增长势头较好的时期；之后，经济发展势头有所减弱，资本管制有所收紧，人民币国际化也随之有所回调。中国经济已经从高速增长阶段转向高质量发展阶段，只有成功实现向高质量发展的转型才能保证中国经济持续健康发展的势头，有力支持人民币国际化。

（四）人民币成为主要储备货币，将是衡量我国综合国力的重要指标

一国货币被全球认可，代表着其他经济体对该国经济实力、

军事实力、文化、制度等的充分肯定，是一国硬实力和软实力在国际上都处于领先地位的重要体现。如果人民币成为主要储备货币，这意味着我们在各方面都达到较高的水平，并受到国际社会的充分认可。

二、人民币国际化再出发也支持高质量发展

（一）可以降低交易成本和汇率风险，减少货币错配

一国货币成为储备货币，意味着其既可以在国际贸易支付中被广泛使用，直接满足国际收支需要；又可以在金融市场广泛交易，以相对较低的成本兑换其他货币，满足各种支付需要，减少货币错配。人民币国际化程度的提高将意味着我国企业可以更多地使用人民币在国际上进行投资和交易，降低成本和汇率风险，有利于我国企业在交易和定价中通过更多的手段实现自身利益，从而提升在国际贸易和金融投资中的定价权、话语权和竞争力。

（二）可以增加应对金融风险的手段和政策空间

人民币如果成为主要的储备货币，将意味着人民币本身具备国际清偿能力，会极大地增强境内外对人民币的信心和中国经济金融体系的信心，降低中国发生经济金融风险的可能。从历史经验看，如果非储备货币发行国经济出现波动，很容易使国内外对本国货币失去信心，本币出现贬值，推升国内通胀水平，甚至引发恶性通货膨胀等一系列问题。比如 20 世纪 80 年代末秘鲁等南美国家、90 年代初期波兰和白俄罗斯等东欧国家均出现本币被大

量抛售并最终形成恶性通货膨胀的现象。反观国际储备货币发行国，由于国际社会对储备货币的信心，在危机期间，不仅不会大量抛售，反而会因避险情绪上升增加对储备资产的需求，这有利于保持汇率平稳，降低经济金融风险的可能。

同时，储备货币发行国受其他国家溢出效应的影响程度要小于非储备货币发行国，人民币国际化有助于根据本国情况更加独立地制定货币政策，危机期间还可以创新运用各种政策工具来缓解危机，增加我国应对经济金融危机的手段。反之，在相同的危机条件下，非储备货币发行国如采取储备货币国的一些做法，会引发较高的通胀和货币贬值。2008 年国际金融危机后，一些新兴市场经济体采取的宽松货币政策负面效果较大，在拉动经济方面也收效甚微。

（三）可以最终走出新兴市场货币的"原罪"，大大降低汇率波动、资本流动波动和别国"长臂管辖"的负面影响

巴里·艾肯格林和里卡多·豪斯曼 (Ricardo Hausmann) 曾提出货币"原罪"，认为由于发展中国家的货币不是国际化货币，无法用于国外借款甚至国内长期借款，导致国内投资出现货币错配（以美元融资）或期限错配（以短期资金为长期项目融资）。如果人民币成为主要的国际货币，将打破新兴市场货币"原罪"，大大降低汇率波动、资本流动波动。此外，他国"长臂管辖"往往依赖的正是其货币在中短期内的不可替代性。加快促进人民币国际化有助于降低中国金融机构和企业对其他货币的依赖程度，降低"长臂管辖"对相关机构的负面影响。

（四）人民币国际化有利于"一带一路"资金融通

"一带一路"倡议遵循"共商、共建、共享"的原则，使中国的储蓄资源更有效地全球配置，深化沿线国家和地区之间的产能合作，促进贸易和人员交流。资金融通是"一带一路"建设的重要内容。目前"一带一路"建设货物、服务以及资本等生产要素的循环主要是以美元这一第三方货币完成的，如果人民币国际化程度进一步提高，"一带一路"建设中人民币的使用将更加便利和顺畅，这将有助于各方共赢，有效缓解币种错配，规避汇率风险，促进贸易和投资的发展，实现优势互补、资源共享和风险共担。

三、人民币国际化再出发是对现有国际货币体系的加强和补充

历史经验表明，储备货币发行国必须在充足的国际流动性和稳定的货币价值之间取得平衡，美元与黄金脱钩后，国际货币体系的稳定更加依赖美联储的货币政策，这种过度依赖单一主权货币的国际货币体系具有内在的不稳定性，2008年爆发的国际金融危机就深刻地反映了这种缺陷。危机过后，发达经济体长期实施的宽松货币政策及其退出又加剧了新兴市场和发展中经济体金融市场震荡和跨境资本的无序波动风险。短期来看，国际社会可以通过建立完善各层金融安全网、完善资本流动的监测和管理来缓解上述缺陷。但从长期来看，只有推动建立多元化的国际储备货币体系，才能从根本上消除导致缺陷的体制性因素。如果储备货

币结构足够多元且互相补充，储备货币之间的替代弹性将明显增加，从而有利于国际货币体系的稳定。巴里·艾肯格林指出，世界经济的庞大规模意味着可降低交易成本的流动性市场将会不止一个，技术变革也使原本认为是自然垄断的行业有了更充分的竞争，未来的世界将是多种国际货币共存的世界。

人民币国际地位进一步提升将促进国际货币体系多元化，在经济世界多极化的背景下，有助于国际货币体系向着更加合理、均衡与公平的方向发展，改善以往单纯以发达国家货币作为储备货币的格局，提高国际货币体系的稳定性和韧性，促进全球经济金融的健康发展。在这一过程中，人民币将对现有储备货币体系起到加强和补充的作用，是一个多赢的局面，而不是零和博弈。

四、人民币国际化总体上收益大于成本

在一国货币国际化的过程中，不可避免会付出一定成本：一是本币的国际化可能直接导致本币升值；二是可能增加资本流动波动性增加，如果金融市场深度和广度不足，可能影响一国金融稳定；三是储备货币地位给发行国带来的优势可能掩盖其自身的结构性问题，导致出现不可持续的政策，例如对储备货币资产的高需求及低预期回报率导致部分储备货币发行国债务水平较高且债务路径缺乏可持续性。此外，储备货币面临的特里芬难题亦可能导致货币当局无法同时兼顾国内外的不同目标。

从历史上来看，德国政府就曾因担心德国马克的国际化会导致货币升值和资本流入而减缓其国际化步伐。20 世纪 80 年代之

前，由于担心日元国际化可能对国内贸易和金融市场产生消极影响，日本政府亦对日元国际化的态度较为消极。

尽管这些挑战客观存在，但人民币国际化总体上仍是利大于弊。一方面，人民币国际化对资本流动、金融稳定等带来的压力完全可以通过有序推动金融改革开放、完善审慎管理框架以及更好的监管方式加以缓解；另一方面，人民币在国际化过程中也应注重防范对储备货币地位的滥用，避免过度举债等不审慎行为。

人民币国际化再出发的具体建议

坚持问题导向与目标导向相结合，在总结前期经验和不足的基础上，对标经济高质量发展的要求，我们对人民币国际化再出发提出以下建议。

一、将人民币国际化作为中国金融改革开放之锚，实现供给侧驱动的人民币国际化

实现供给侧驱动的人民币国际化首先要保持战略耐心，不设时间表。人民币国际化必然是一个长期的过程，不可能一蹴而就，重点是进一步深化改革开放，不能把人民币国际化程度本身作为直接的政策目标，不刻意地追求人民币国际化一时一刻的进展，坚信做好自己的事情，人民币国际化会水到渠成。

实现人民币国际化转向供给侧驱动的基本做法可以是将人民币国际化作为中国金融改革开放之锚，着力创造人民币国际化合适的政策环境、市场环境和制度环境。人民币国际化不应再作为其他政策目标的从属，成为其他政策调整的结果。人民币国际化在2015—2017年遭遇的困难在一定程度上正是因为人民币国际化退让于其他当时更紧迫的目标。下一步，应该将人民币国际化作为全面深化金融改革开放之锚，即充分认识到人民币国际化与高质量发展的内在一致性，货币政策、汇率政策、资本流动政策等

383

应以是不是在中长期有利于人民币国际化来检验其合理性，不合理的应三思，合理的应勇于推进，更好平衡短期与长期的关系，确保政策的方向感、保持政策定力，减少短期因素带来的扰动。

二、构建清晰、透明、易懂、稳健的金融政策体系

上文我们总结到，主要储备货币发行国的金融政策体系都具备清晰、透明、易懂、稳健的特点，这与货币国际化的要求相适应。这样的政策框架特点能够使持币者对货币所处的政策环境有基本的理解和较为清晰的预期，使其能够放心持币。

目前，我国金融政策体系在上述方面还有待改进。一是我国货币政策框架存在目标多、工具多的特点，这固然与我国作为转轨经济体的发展历程相关，货币政策在传统职能之外往往还身兼推动金融改革、促进金融市场发展等功能，但客观上不利于公众对货币政策框架的理解，也会影响市场沟通的效率和预期引导的效果。二是我国汇率制度改革尚在进行中，既不是固定汇率制度，也不是完全的浮动汇率制度，与传统意义上的有管理的浮动汇率制度也存在一定的差异，这会影响国内外投资者对于人民币汇率的预期。三是我国资本项下的开放以 QFII、QDII、RQFII、沪港通、深港通等为主，整体安排较为复杂，便利性和政策可预期性有待提高。

下一步，应当进一步完善我国的金融政策体系，使之逐步具备清晰、透明、易懂、稳健的特点，更符合人民币国际化的内在要求。需要说明的是，主要储备货币发行国普遍采用的通胀目标

制、清洁浮动汇率、资本自由流动等政策只是具备上述特点中的一类制度，并非符合上述特点的唯一制度安排。货币国际化不必然要求采用特定的宏观政策安排，我国未来的货币政策可以不是单一目标，但货币政策框架应当更容易被理解，货币政策目标、工具、传导应当更为清晰，并保持顺畅的市场沟通及政策协调。我国也未必要采用完全的清洁浮动汇率，但进一步增强汇率弹性是更为自然的选择，人民币汇率的管理方式、规则和沟通应当更加简洁。我国可以保留合适的资本管理措施，有序开放资本账户，但资本账户的管理方式应当稳定、可预期，当需要应对突发、大规模的无序跨境资本流动时，应采用透明、基于市场、临时性的资本管理措施，而非通过"一刀切"的行政方式来干预，后者将不利于投资者的信心。只有金融政策框架实现了清晰、透明、易懂、稳健的要求，境外投资者才不会因为对我国政策的不理解和政策框架预期的不稳定而不敢放心持有人民币资产。

三、真正实现从正面清单管理模式到负面清单管理模式的转变，实现系统化、制度性的开放格局，构建有利于人民币国际化的金融市场体系和金融机构体系

我国金融业尚未形成系统性、制度化的开放格局，尚未完成从正面清单到负面清单的模式转变。应当切实转变开放模式，制定真正符合国际规范的金融业负面清单，实现非禁即入。不论内资还是外资，只要达到统一的标准，均可依法平等进入负面清单之外的领域。

针对目前部分领域存在"个案式""碎片化""管道式"开放的倾向，应设立统一、公平、合理的准入和监管标准，允许符合标准的内外资机构制度性地进入中国市场，不符合标准的依法合规退出市场，减少依赖个案审批的模式。还应当做好跨业态跨部门的制度衔接，实现系统有序、整体协调的对外开放，改变按部门、按业态各自开放、补丁式开放的局面。还应优化各类开放"管道"，借鉴 QFII 和 RQFII 在资格准入、投资品种、额度获取、外汇对冲等方面实行统一标准的经验，有条件合并的尽量合并，暂时不能合并的在管理方式上采用统一标准，减少分割。

为让持币者有增值机会，中国应发展出成熟的金融市场，丰富市场参与主体和交易产品，并完善配套的会计、审计、税收等制度。其中最重要的是要培育兼具深度、广度和流动性的人民币债券市场，并进一步扩大对外开放水平，这是实现人民币从结算货币向投资货币转变的关键。中国还要丰富完善衍生品工具，使国际投资者可以有效管理风险。当然，成熟的资本市场需要中介能力强大的金融机构，还应构建实力雄厚、定价及中介能力强大、国际化的金融机构体系。

四、努力增加人民币作为计价货币的功能

可以将大宗商品计价为突破口推动人民币计价职能发展。大宗商品具有一般商品和金融两种属性，其计价货币的选择以实际商品供求为基础，也受金融交易的影响。比如，石油主要以美元计价与美国长期作为全球第一大石油进口国有关，也以美国发达

的石油期货交易为支撑。当前，全球大宗商品格局深刻调整，中国正在成为大宗商品全球最大的进口国，这决定了大宗商品长期看有潜力更多以人民币计价。目前的短板在于中国大宗商品金融交易市场发展和开放程度不足。近年来已有一些突破，2018年3月，以人民币计价的原油期货在上海国际能源中心正式挂牌交易。应加快市场的建设，提升人民币计价的大宗商品的影响力，推动人民币计价职能发展，补上人民币国际化的短板。

五、人民币国际化与上海国际金融中心建设相统一

主要的国际金融中心均以主要储备货币为依托。如果人民币不能成为主要国际货币，那么上海也很难成为国际金融中心。同时，上海若成为国际金融中心，必然是人民币中心，而非其他币种。人民币是上海建设国际金融中心的优势所在，天然决定了上海与纽约、伦敦等传统金融中心的定位差异。建设上海国际金融中心应充分发挥人民币业务上的优势，在人民币金融资产配置业务及风险管理业务上进一步发力，创新更多的人民币金融产品，形成活跃的人民币市场。巩固上海作为全球人民币业务中心的地位并助推人民币国际化。

六、扩大"一带一路"建设中人民币的使用，同时将人民币国际化与金融科技的发展紧密结合起来

"一带一路"建设为人民币国际化带来了广阔的发展空间。一方面，随着中国经济发展水平提高，国内投资机会趋向饱和，较高水平的国内储蓄需要向外投资，特别是对"一带一路"沿线国家和地区，这是"一带一路"建设的重要背景。此过程中，以人民币的形式对外投资是国内人民币储蓄多元化配置非常自然的选择。另一方面，沿线国家和地区并非主要储备货币发行国，也很容易接受人民币，随着经贸往来的密切，贸易投资将更多地使用本币，有利于降低风险，具备商业合理性。应不断完善"一带一路"建设的人民币金融服务，既推动投融资合作与资金融通的深化，又有效助力人民币国际化。

同时，人民币国际化应与金融科技的发展相结合。作为新兴的国际货币，人民币具备后发优势，有能力利用新技术，大胆尝试，助力人民币国际化。当前，金融科技在跨境支付上显示出明显的优势，其他国家和相关机构也在尝试将金融科技运用于跨境支付领域，金融科技将对国际货币体系的运作方式、运行效率带来极大的改变。我国应抓住机遇，加大金融科技的研发和应用，这与人民币国际化将是一个相互强化的过程。

七、有效地防控金融风险

在扩大金融业开放和人民币国际化的过程中，不断完善金融监管体系，使之与开放水平相适应和匹配。

一是建立本外币一体化的监管框架，对本外币"一视同仁"。既不歧视本币，也不歧视外币，让市场主体在统一的监管规则下自主选择交易币种，从根本上消除不同币种的监管套利。

二是加强对短期跨境资本流动的监测。短期跨境资本流动的大幅波动会冲击市场信心，形成金融市场共振，对金融体系造成系统性冲击。应对此保持警惕，要运用现代科技手段和支付结算机制，适时动态监管国际国内的资金流向流量，使所有资金流动都置于金融监管机构的监督视野之内。

三是监管方式上，更多地采用宏观审慎而非行政管制。行政管制的危害在于扭曲市场，降低资源配置效率，同时短期管制行为难退出，往往自我固化为持续性的制度安排，不利于市场长期的稳定发展。宏观审慎专注风险，对不同市场主体保持中性，在有效防控风险的同时减少对市场的扭曲。同时，微观市场监管应尽量保持跨周期稳定，为市场主体提供稳定的政策预期。

四是科学合理地配置监管资源，提高监管效率。金融监管资源不宜在行政区划和不同部门之间平均分配，而应向金融要素集聚、潜在金融风险点集中的地区和领域倾斜。同时，金融监管不仅要有合规检查，也要有主动发现潜在风险点的能力。近年来主要经济体开展的压力测试的相关经验值得我国借鉴。

综上所述，基于当前的国际政治经济形势和我国向高质量增长的转型需求，人民币国际化应该再出发。此次再出发，应该立足长远，从过去需求驱动型的国际化变为供给驱动型的国际化，着眼点是创造适应人民币国际化的政策环境、市场环境和制度环境。同时，保持战略耐心，不为人民币国际化设定短期目标，但时时处处以是否有利于人民币国际化作为权衡政策的参考，以人民币国际化为锚。

点评1　我国金融业发展远超想象，如何形成最优政策组合是关键

谢平①

金融创新分为两类，一类是大型的制度创新，另一类是小型的工具创新或商业模式创新。在过去的10多年，我国出现了移动支付、注册制、互联网保险、网络贷款这四项真正的大型制度创新。人民币国际化尚在发展之中，只能算是半项制度创新。未来可能实现的制度性金融创新有三项：一是数字货币，二是人工智能股票交易，三是应用区块链技术的智能合约。

不能单纯地从国际标准的角度来评价我国的金融抑制程度，更应多加考虑我国的实际情况。我国非正规金融业发展远超想象，如何评价金融市场现状还需考量。

目前银行业、保险业、资本市场三个方面都在出台措施服务实体经济，但问题在于三者如何形成最优政策组合，以支持高质量发展。

---

① 谢平，CF40常务理事会副主席。本文为作者在2019年9月22日的《2019·径山报告》闭门研讨会"金融创新支持经济高质量发展"上做的点评，由中国金融四十人论坛秘书处整理，经作者审核。

未来可能实现的三项制度性金融创新

我认为金融创新分为两类：第一类是大型的制度创新，第二类是小型的工具创新或商业模式创新。

第一类，大型的制度创新。在过去 10 多年，我国实际上只出现了 4 项或 4 项半真正的大型制度创新：一是移动支付，如微信支付、支付宝支付；二是资本市场的注册制；三是互联网保险，指以互联网和电子商务技术为工具进行保险计划的设计和销售；四是网络贷款，指微众银行、网商银行和新网银行等互联网银行通过智能风控算法实现小微贷款的模式，并非指 P2P。

理论上来讲，P2P 也属于制度性的金融创新，但 P2P 后来走向了失败。这样看来，我国金融创新出现了 4 项成功的制度创新，1 项失败的制度创新。人民币国际化也应属于一项制度创新，但人民币国际化尚在发展之中，并未创新完全，只能算半项制度创新。

第二类，小型的工具创新或商业模式创新。这些都不属于制度上的金融创新，例如上海自贸区推出的金融 20 项措施以及刚刚推出的临港新片区 "50 条" 等。各家商业银行都在做的金融科技也属于工具类创新。

制度性金融创新是无法预见的，我认为在目前能够预见的、人类未来可能实现的金融创新中，真正意义上的制度创新有三项。第一项，最主要的制度创新就是数字货币，而且是非主权数字货币，目前还不确定其能否成功。第二项，纯粹通过人工智能进行股票交易也是可能实现的金融创新。就像 AlphaGo（阿尔法狗）

能够击败人类职业围棋选手一样，未来人工智能炒股也有可能推翻砝码定律，击败人类基金经理。第三项，区块链技术的智能合约，它也值得期待。这种智能合约直指大数据金融市场，能够盯住每一笔贷款，任何违约行为都能自动触发合约终止条件。

我国金融业发展远超想象，如何评价金融抑制现状还需考量

大家习惯用哥德史密斯指标或格雷、肖的理论来看待中国金融抑制现象，但我们还应从不同的视角审视中国的金融抑制问题。

根据易纲在 2019 年 9 月 30 日《中国金融》的文章，我国金融业已形成了覆盖银行、证券、保险、基金、期货等领域，种类齐全，竞争充分的金融机构体系。我国银行业金融机构达到 4 588 家，其中政策性银行 2 家、开发性银行 1 家、国有大型商业银行 6 家、全国性股份制商业银行 12 家、城市商业银行 134 家、农村商业银行 1 427 家、农村合作银行 30 家、农村信用社 812 家、村镇银行 1 616 家、民营银行 17 家、信托公司 68 家、金融租赁公司 69 家、企业集团财务公司 253 家、汽车金融公司 25 家、消费金融公司 23 家、金融资产管理公司 4 家、住房储蓄银行 1 家、贷款公司 13 家、农村资金互助社 45 家、外资法人银行 41 家、货币经济公司 5 家、其他金融机构 14 家。证券公司 131 家，基金公司 120 家，期货公司 149 家。保险公司 229 家。全国金融业总资产 300 万亿元，其

中银行业总资产 268 万亿元，规模位居全球第一，证券业总资产 7 万亿元，保险业总资产 18 万亿元。民间资本在股份制银行股本中占比超过 40%，在城市商业银行中占比超过 50%，在农村合作金融机构中占比超过 80%。

债券市场方面。目前我国已经形成了以银行间债券市场为主导，包括交易所市场、商业银行柜台市场在内的多元化、分层次的债券市场体系，债券市场托管余额超过 90 万亿元，成为全球第二大债券市场。

股票市场方面。近年来在先后设立中小板、创业板、新三板后，于 2019 年 6 月在上海证券交易所推出科创板，开始探索股票市场注册制改革，逐步形成了多层次的股权市场体系。目前沪深两市上市公司近 3 700 家，总市值 54 万亿元，是全球第二大股票市场。

此外，还有地方政府批准的 9 000 家小贷公司，5 000 家典当行，1 万多家租赁公司。

再看其他与金融业相关的指标。各地还有 100 多个"股权交易中心"和"金融资产交易中心"，还有无数的非法融资机构，地方政府和监管当局的"打非办"打了十几年都没有解决问题。还有 2 000 多家工商注册的"金融控股公司"，城市街道到处可以看见数不清的"理财中心"，还有 800 多家"P2P"公司。除上海之外，还有 12 个城市说自己是"金融中心"，每个省要配一个"金融副省长"。有约 30% 的省地市高考状元报金融专业。甚至到目前为止被抓的腐败官员中，金融业腐败官员高于其他行业，习近平主席和赵乐际书记在近一年的讲话中都强调要严惩金融腐败。但是，在2019年中华人民共和国70周年的国家勋章和荣誉称号的名单中，还有2018年"改革开放40周年100人"中，没有金融从业人员，真是"金融业无英雄"。然而，无论从什么角度看，我国金融发展的程度仅次于美国。因此也有观点认为我国已经出现了"金融过度"。我认为，金融业还是处在"乱象发展"中。

部分学者认为我国存在着金融抑制现象，这是从国际标准的角度来看的，一个直观的指标就是我国直接融资占比较小。但从其他角度来看，我国金融业发展涉及企业和人数之多已经超出想象，许多上市公司已经忽视实体经济转而专门从事房地产或金融业。由此看来，已经不能单纯地从国际标准的角度来看待我国的金融发展了，更应多加考虑我国的实际情况，思考为什么会有这么多企业和个人在从事金融。另外，近年来68家信托公司不断发展分支从事通道业务，可能有500家以上各省市的信托公司分支机构承包融资项目。

银行业、保险业、资本市场如何组成
最优政策组合是关键

关于"最优金融结构"，我认为我国金融结构当中最有特色的是政策性金融。国开行和进出口银行是全世界规模最大的政策性银行，能够提供低利率的长期贷款，且风险容忍度非常高。在支持我国高质量发展方面，政策性银行发挥了很大作用，其次才是国有银行，然后是城商行、农商行等。

我国现有中小银行数量已经不少。这些中小银行应把主要业务放在服务当地小微企业上。近日央行宣布降准，对仅在省级行政区域内经营的城商行额外定向降准 1 个百分点。此外财政部也将对支持当地小微企业的行为进行税收补贴。目前看来，我国金融业支持实体经济的举措主要就是这一系列政策体系。

此外，小微企业具有天然的不确定性，大量上市可能危害股民权益。我国的创业板、科创板尽管采用准入制，但还是设有一定门槛的，不能让小微企业大量上市。那么，如何支持小微企业融资呢？就此问题，银保监会的措施是允许银行在隔离风险、保证存款安全的前提下提高不良资产容忍度。财政部的措施是提高商业银行税前核销额度。

对于最优金融结构，保险业也正在努力，银保监会也出台了相关措施。问题在于，银行业、保险业、资本市场这三个方面的措施如何形成政策组合，以支持实体经济、支持高质量发展。这实际上很难做到。

近日的一项政策组合是，发改委和银保监会联合发文，鼓励各地区各部门及各金融机构要充分认识深入开展"信易贷"工作，要求进一步加强信用信息共享，充分发挥信用信息应用价值，加大对守信主体的融资支持力度，提高金融服务实体经济质效。中央银行给中小银行利率较低期限和较长的"资金便利"，财政部给予税收优惠。

关于最优金融结构和最优政策组合，中国的路还在慢慢走。

现在政策性银行的支持力度正在慢慢下降，国有银行、中型银行、小型银行的作用在不断增加。特别是国有银行，最新政策要求五家国有大型商业银行要确保 2019 年小微企业贷款余额增长 30% 以上。

点评2 金融市场良性发展也需要市场主体自我平衡

朱云来[①]

绝大多数小微企业在经济中的主体作用是本地基础服务和补充。金融市场对待小微企业需要平常心，避免揠苗助长带来隐患。金融市场行为的价值评判需要市场机制下的自我平衡，一味保护风险主体可能导致反向激励，放大风险。市场机制是一种系统的价格发现、价格确定机制，它与资本主义没有直接关系，当前收入分配的两极分化更值得思考。市场机制的失灵需要量化分析，金融市场对高科技的判断比对基础性服务的判断更容易出现偏差。以市场机制为核心，金融才能真正有效。市场机制如果确定，方法手段正确，市场是会有足够的发展积极性的。

小微企业的主体作用是本地基础服务

我们总是希望积极推动发展，但有时候也需要一点辩证法。例

---

① 朱云来，CF40特邀嘉宾，金融专业人士。本文为作者在2019年9月22日的《2019·径山报告》闭门研讨会"金融创新支持经济高质量发展"上所做的点评，由中国金融四十人论坛秘书处整理，经作者审核。

如，我们想尽办法用各种贷款扶持小微企业。小微企业中确实有一些非常出色，富有创造力，甚至可能是由名校学生创立或者有诺贝尔奖得主支持的。但这种极具创新性的小微企业毕竟是凤毛麟角，属于极少数。绝大多数的小微企业在经济中的主体作用还是提供本地性的服务，其特性需要适应本地需求。所以，提供良好的本地性服务，才是银行或者金融系统面对的大量实体企业的主要特征。

比如，当前存在 3 000 万私营企业和 6 000 万个体户。个体户人数按 6 000 乘以 2，约有 1 亿人。私营企业中人数的计算，还有改革历史的痕迹——当年讨论企业要不要雇工、雇工是不是剥削的问题，据说当时有人在马列经典中发现少于 8 个人不算剥削。在对小微企业、私营企业的研究中，发现统计数字显示，私营企业平均雇工人数为 7 点几。现在理论有所更新，但这样的结构依然存在，这是事实。如此计算，3 000 万私营企业乘以 8，得出有 2.4 亿人，加上个体户 1.2 亿，已经有近 4 亿人了。当前总的就业人数约为 7.8 亿，去除掉第一产业的 2 亿就业人口，可想而知，私营企业雇工和个体户占了多数。试想一下就在杭州街头，5 个人中很有可能就有 3 人至 4 人在小微企业就业。这是就业人口结构的基本特点。

我们按照对待极少数创新能力极为突出的小微企业的方式，去对待绝大多数的小微企业，会存在许多不合理之处。从经济上来看，小微企业依靠补充、适应本地情况而发展。这个发展带动其他行业、产业赚钱。尤其金融市场，这不用别人操心。真正怕的还是金融市场创造的动力太强，制造出来一系列窟窿。谢平副主席提到，银保监会公布过一个数据，工农中建交五大行在贷款市场上的比重从 2005 年的 51% 降到目前的 37% 了。一个原因是通过各种衍生形式转化，不叫作贷款。在固定资产投资的资金来源中，贷款占比才占 12%，这些很多来自自筹，导致了一些非银金融问题。

金融价值的评判需要市场主体的自我平衡

金融的价值应该如何评判？什么投资是对的，什么贷款是对的？难道所有贷款都对吗？最终的评判标准是市场定价。目前我们采取市场定价的一个不便是利率因各种原因还无法实现完全市场化。中国目前可能确实有许多特殊情况，需要采取一些特殊的方法手段。但是我们要区分清楚，什么情况是特殊的，特殊情况所占比例有多少。如果特殊情况占比较小，对整体影响不大，特殊对待是可行的。如果普遍采取特殊方法，可能会引发所谓的道德风险，造成反向激励机制。

化解金融风险之所以比较困难，很大程度上是因为出现问题要保风险主体，但实际上越保它风险越大。这种保护已经改变了决策函数。决策函数的逻辑本来是，采取一个风险较大的行为有可能导致破产，潜在的危险可以实现自我平衡。现在风险主体一旦破产，相关机构就来救它，这样反而会使风险最大化，因为风险主体会认为当时赌博赌小了，相关机构反正会救它的。这样上述的自我平衡就被打破了。

市场机制发现价值，市场制度需要系统分析

过去大家谈到市场机制，就容易联想到资本主义，而社会主义就似乎意味着需要政府参与或干预。其实资本主义和社会主义的区别更多在于社会分配问题，社会主义最终希望较高程度的共同富裕。其实市场机制只是一种较为有效的经济运行方式，是一种系统的价格发现、价格确定机制。社会主义的特性表现在最终分配方面而不是市场价格的确定。目前我们大众的收入分配占比相对降低，收入差距拉大，这值得关注。

报告认为目前市场还存在失灵，不是完全市场机制，还需要政策辅助。应该说市场失灵肯定是存在的，但对于这个问题，我们缺少量化分析，我们需要研究在哪些情况下市场是失灵的，这类情况的占比有多少。有人认为现在银行体系对小微企业的支持可能是失灵的。小微企业的服务大多数是基础性的，贷款并不难做，银行的分行支行也能处理这种状况。但是银行体系难以判断的是对高科技等科技创新型的小微企业贷款，对于这类贷款判断，风险投资者都存在困难，更不要说银行分行、支行的人。

总而言之，以市场机制为核心，金融才真正有效。市场机制如果确定，方法手段正确，市场就有足够的积极性，不需要过多推动各种发展。体系架构对了，发展就会动力十足，稳定高效。改革开放40年以前我们的经验不够多，现在已有了很大改善，积累了不少的经验，思路也更加开阔，体系架构的正确设定就更加重要和有效。

点评3 反思金融创新，加强金融监管能力建设与制度建设

王毅[1]

第一，金融创新需支持实体经济，实体之变应引领金融创新。第二，政府正在转变思路，尝试以新型融资方式支持实体经济，但要注意是否会引发新问题。第三，实体经济创新无界，但金融创新应该有界，金融创新要秉持效率提升和风险管控两个原则。第四，在创新过程中，政府要加强金融监管的能力建设与制度建设。

金融创新支持实体经济，实体之变引领金融创新

在第五次全国金融工作会议之前的几年时间，社会各界普遍对金融创新持"鼓与呼"的支持态度，各种金融创新层出不穷。现在看来，由此产生的问题也非常多。现在应该冷静反思，到底应该怎样创新以服务实体经济。其实，金融本身就是生产要素之

---

[1] 王毅，CF40成员，财政部金融司司长。本文为作者在2019年9月22日的《2019·径山报告》闭门研讨会"金融创新支持经济高质量发展"上所做的点评，由中国金融四十人论坛秘书处整理，经作者审核。

一，优化生产要素配置才是金融创新支持实体经济之路。反思这几年的情况，"人间正道是沧桑，金融正道是实体"。本书是对这几年金融服务实体经济不足和补短板的一个检讨，值得肯定。

金融要支持实体经济，实体之变应该引领金融创新。实体经济中已经出现了许多现象性的变化。一是实体企业混业经营趋势明显。一些实体企业做大之后开展多元化经营，跨主业、跨领域扩张，出现了很多混业经营的现象。二是服务业大幅增长推高轻资产需求。近年来，我国服务业发展迅猛，目前所占国民经济比重超过60%，大量的轻资产需求不断涌现。比如，四川回乡农民工想要养猪创业，但因所持资产都是流动性资产，就无法贷款。再比如，目前知识技术也迫切希望能够作价入股，从而获得融资支撑。三是新兴战略性行业需要支持。从国家层面来看，一些新兴的、弥补技术创新不足的行业的发展迫切需要金融支撑，但具体如何支持，落实在哪个环节，也存在较大困难。

政府资金运用的思路也在转变。过去政府的思路是"有多大的能力干多大事，有多少钱干多大的事"。现在这一思路也在转变。通过设立各种政府性基金、PPP、专项债用作项目资本金的政策，可以一定程度上提高资金运用规模。这些政策已经开始实施，但是否会引发新的问题，需要予以关注。

在实体经济变革中，所有制歧视是一个绕不开的问题。一方面，国企在信贷市场上的优势不可否认。有学者研究指出，国企平均融资成本要比实体经济低好几个点，这实际上就是政府的隐性补贴。另一方面，我们要反思这些较容易得到信贷的市场主体是否都是优质资产或企业，是否应该获得金融支持，是否应该坚持市场定价。如果坚持市场定价，可能也会引发不少问题。

提升效率和管控风险是金融创新的最基本原则

实体经济创新无界，但金融创新应该有界。反思这些年的金融创新，可总结出诸多教训。比如，中国从国外引进了ABS（资产支撑证券化）、CDS（信用违约互换）等大量金融工具，甚至衍生出了比国外更多的品种。从对国外金融产品、工具的模仿，到现在区块链、大数据等新技术、新概念的应用，各类"金融创新"层出不穷。

不少金融创新其实是传统工具改头换面的"伪创新"。比如P2P办不下去了，最近供应链金融就盛行，但实际上它在资产管理端没有实现任何创新。供应链金融的概念在1993年就出现了，并非新生事物。当时朱镕基总理要求清理产业链上下游三角债，否则中国经济或将崩溃。上下游三角债的本质就是应收应付账款，就是供应链金融。20多年后，供应链金融又成了新的风口，能否持续，并真正成为创新，这值得观察。

还有一个值得注意的金融创新就是影子银行。我们应该思考，为什么在华外资银行从未从事影子银行的任何业务，而中国影子银行却体系庞大、发展快速。在过去10年，有的银行辛辛苦苦干表内，资产规模发展到1万亿。近三年金融创新大热，其表外资产又发展了1万亿，增速太快。

反思以上现象，金融创新恐怕也应有原则性的衡量。一是金融创新要能提升原有效率。如果创新模式在金融的支持下能够提升效率，那么就可以创新。二是金融创新要能够管控风险。如果不能管控风险，即便收益巨大也不能创新。之前很多炒期货的人爆发风险，就是因为叠加太多杠杆，最后造成风险失控，损失巨大。因此，提升效率和管控风险是金融创新的最基本原则。如果不能提升效率，金融创新就是假创新。如果不能管控风险，金融创新就不应该推行。

政府要加强金融监管能力与制度建设

当前中国金融面临的问题，是如何从计划下的需求向市场化的需求转变。近期有几个问题值得探讨。一是中国是否存在金融抑制。我同意"中国不存在金融抑制"的看法。中国金融不但没有受到抑制，反而有着比国外更加放松的监管环境。以产融结合为例，印度的金融监管水平不如中国，但印度人严格管制产融结合，大国中也少有产融不分的，反而中国在这方面较为宽松。对金融监管过于宽松的问题，已经有不少的教训。

二是民营银行、中小金融机构应该如何发展。发展民营银行的方向是对的，的确不应该歧视民营银行，但近年来的事实表明，不少民营银行实质上在用别人的资金来为自己套利，最后捅出窟窿。弥补这些窟窿，最终还是要求助国资和财政。这是否成了市场化的倒退呢？受 AI 和互联网技术高速发展的影响，美国许多中小微金融机构和社区银行无法生存，仅 2018 年就有千余家中小微金融机构倒闭。在这一背景下，我国中小微金融机构逆势而动，是否能够成功还有待观察。

三是市场化出清受阻。目前中国遇到的最大的制度建设问题，是市场化出清问题。如果市场化出清问题不能有效解决，资源优化配置、金融发挥作用就都无从谈起。现在，质押的资产被封存冻结、无法流动，国有企业、民营企业无法破产，债券不能打破刚性兑付，中小银行不能倒闭，各个环节出了事情都寄希望通过央行再贷款救助或者财政出资兜底来解决，市场化出清无法实现。这样下去，金融的效率、经济运行的效率只会越来越差。

上述事实说明，政府未能有效监管金融创新的一个重要原因，是金融监管能力还有待加强。现在的监管模式相对传统，管理能力滞后于金融风险的发展，甚至有时要等到金融乱象爆发之后才出手监管。亡羊补牢得多，未雨绸缪得少。因此，在创新过程中，政府金融监管的能力建设和制度建设一定要提上去。回溯过去的监管思路可以发现，对于当前出现的各种金融乱象，第一次全国金融工作会议文件中提到的 15 条规定就可以应对。那为什么还会有金融乱象出现。归根结底，还是要加强能力和制度建设。

附录　问答与讨论

金融创新支持经济高质量发展

参与嘉宾：

黄益平　CF40 学术委员会主席、北京大学国家发展研究院副院长

林毅夫　CF40 学术顾问、北京大学新结构经济学研究院院长

田　轩　CF40 特邀成员、清华大学五道口金融学院副院长

杨凯生　CF40 学术顾问、中国工商银行原行长

肖　钢　CF40 资深研究员

黄　卓　CF40 特邀嘉宾、北京大学数字金融研究中心副主任

谢　平　CF40 常务理事会副主席

张晓慧　CF40 资深研究员、清华大学五道口金融学院院长

朱云来　CF40 特邀嘉宾、金融专业人士

王　毅　CF40 成员、财政部金融司司长

张晓晶　CF40 成员、中国社会科学院经济研究所副所长

李正强　CF40 常务理事、大连商品交易所理事长

刘晓春　上海新金融研究院副院长

瞿秋平　上海新金融研究院常务理事、海通证券总经理

任春生　CF40 特邀嘉宾、中保投资有限责任公司董事长

吴英敏　CF40 特邀嘉宾、恒生银行中国环球市场部主管

殷剑峰　CF40 特邀嘉宾、浙商银行首席经济学家

金融未能很好地服务于实体经济的原因

问题一： 近年来，我国金融支持实体经济的力度不断加大，但资金分布不合理的问题仍然存在，不少企业仍面临融资难、融资贵的问题，与经济结构调整和转型升级的要求不相适应。金融未能很好地服务于实体经济的原因有哪些呢？

林毅夫： 首先，关于结构扭曲的问题。从新结构经济学的角度来看，金融是服务于实体经济的。从实体经济的结构来反推金融结构的合理形态，我们可以看到当前的金融结构中存在不少扭曲。其原因在于，经过了 20 世纪 80 年代的"拨改贷"改革后，我们以银行贷款替代原来财政拨款支持国有企业的功能，并主要围绕着服务于大型国企的需求，建立了大银行体系。后来我们也进行了不少改革，但主要受到国外现代金融理论和经验的影响。国外的现代金融主要是服务于发达国家，以资本密集型、技术先进的产业为主，成立股票市场、风险资本、公司债等。因此，当前我们的金融结构中的各种机构对于农户和中小企业的金融服务严重不足。对于金融结构和实体结构配套上的扭曲，我们要思考进一步改革以提升金融服务实体经济的效率。

第一，结构扭曲中实体经济金融需求的客观存在，催生了各种创新，其中包括影子银行。虽然这种创新在一定程度上有助于改进金融服务实体经济的功能，但它是在扭曲状况下产生的，可能会出现意想不到的问题。同时，影子银行仍然无法解决对农户和小微企业的金融服务问题。

第二，通过互联网等技术的改进可以起到降低信息不对称程度及交易费用的效果，帮助金融服务渗透到小农户和微型企业，但不可能从根本上解决问题。

第三，通过政策调整的方式。过去我们在银行里设立中小企业贷款部，规定新增贷款中的 30% 必须贷给中小企业，但我觉得此举效果有限。如今给中小企业的那部分贷款，绝大多数都给了中型企业，而且是资质相对较好的中型企业。而那些银行愿意贷款的中型企业原来就不难获得银行贷款。因此，这一结构上的扭曲仍需要从结构层面进行改革。一方面是数量问题，当前我国有 3 000 多家中小型金融机构，相比于美国的 8 000 多家，数量上还远远不够。另一方面是激励问题，我们的小银行都想向大银行靠拢。但中小银行的属性决定了它必须扎根于服务当地的中小企业，如美国规定中小银行不能跨区经营。因此我们对于中小银行的激励结构要进行改变。

其次，关于高质量发展的问题。我们通常认为过去的发展靠投入要素数量的增加，现在必须改为以创新驱动的发展，我不完全认同这个看法。因为中国在过去 40 年发展制造业固然是依靠投资的拉动和要素的增加，但每个新的投资都购买了包含有新技术的设备。我们理解创新的定义时，要区分创新不等于发明。生产时所用的技术比过去的好，这就是创新。而只有当技术在全世界处于前沿地位时，才必须依靠发明实现技术的更替进步。但如果当前技术仍与世界前沿水平有一定差距，那么创新其实有两种渠道：自己发明或引进更好的技术设备。通常是买设备和引进更好的技术较便宜，风险也较小。在这两种方式中，后者更应优先考虑。我们不能简单地认为过去的发展中没有创新，仅仅是数量的扩张，所以是低效的增长，而现在必须推动高质量增长，必须自己发明新技术。我把中国的实体经济分为五大类，事实上，以产值和就业情况为标准，其中绝大多数都属于追赶型产业。而追赶型产业的创新方式主要是引进新设备、购买专利，并购国外具有高技术的企业和设立研发中心。并且研发中心的大部分任务不是发明新技术，而是在现有技术的基础上进行改进。这是我们能以最低成本取得技术进步、提高竞争力的最佳方式。

　　李正强：第一，关于金融创新和经济高质量发展的问题。实现经济高质量发展的一个基本前提是解决微观企业持续稳健经营的问题，这在很大程度上取决于微观企业应对市场价格波动的风险管理能力。我们应当考虑如何让微观企业利用好现有的衍生品市场，从而提高应对价格波动的能力。因为即便融资市场的发展、融资结构的优化能帮助大量企业解决资金来源的问题，但如果企业不能应对原材料和产品价格的大幅波动，则全社会的资金使用效率和全要素生产率仍然得不到提高。总之，要实现最优的金融结构和最佳的市场功能，我们一方面要解决资金来源的问题，另一方面要解决资金使用效率的问题，即企业风险管理的问题。

　　第二，关于人民币国际化的问题。我们在进行大宗商品交易的过程中，感受到大宗商品的人民币定价问题可能会成为人民币国际化的有力抓手。首先，当前人民币国际化的进程需要进一步加快。过去我们主要依靠需求拉动，未来可能需要更多地考虑供给侧的推动，缓解人民币国际化面临的紧迫局势。其次，人民币的计价问题。在世界范围内，大宗商品贸易的定价模式已经发生了巨大改变，由过去"一口价"的方式转变为"期货价格＋升贴水"的级差定价模式，尤其是原油、铁矿石、大豆等。我们如果能在期货市场实现人民币定价，就可以为国际市场提供一个公开透明的、以人民币为定价基础的大宗商品交易机制。如此一来，即便人民币尚未实现完全自由兑换，我们也能有力地推动人民币"走出去"。因此，大宗商品的人民币定价问题可以成为一个强有力的抓手。此外，我们还要利用我国的独特优势，让国有控股等大型企业在采购国外原材料时，以人民币为定价机制签订大宗商品的贸易合同，如我们可以通过市场化的方式实现原油、铁矿石、大豆等商品的人民币定价机制。

张晓晶：关于"金融不支持实体经济"的问题，我提出一个新的视角，即从资源配置的视角转到风险配置的视角。当前的问题是金融没有发挥其风险配置的功能。我认为这一问题出现的原因不在金融本身，而是我们过去的发展模式出现了问题。在过去，我们的经济快速发展，创造了世界奇迹。但在经济快速发展的同时，风险也在不断积累，并且随着经济增速的放缓，风险会愈加暴露。可以说伴随高风险的经济增长不是高质量的发展。

出现这种情况的原因，一方面是政府在过去资源配置方面发挥了主导作用，由此带来了经济的快速增长；另一方面，政府也主导了信贷的配置，导致风险与收益不匹配。发展型政府按照政府想要的方式把所有的发展机会、资源和收益分配出去（信贷或杠杆资源在发展初期就是最重要的一项资源）。但与此同时，政府因为隐性担保和软预算约束，却没有把相关风险配置出去，导致风险最后由政府来承担。这种方式的好处是，地方政府也好，国有经济也好，可以不管风险，只专注规模扩张，这样就可以发展得特别快，而风险都由政府兜着，这是过去40年我们可以更快发展的重要原因。

但是这种方式在今天已经无法继续进行下去，因为已经形成了风险的集聚。怎么理解风险集聚呢？从风险水平来衡量，目前，我国宏观杠杆率在250%左右，与美国大体接近。另外，除了对风险水平的衡量，更重要的是了解公共部门面临的风险有多少、最终要由政府承担的风险有多少。比较发达经济体、新兴经济体和中国的公共部门债务占实体经济总债务的比重，可以发现发达经济体公共部门债务占40%左右，新兴经济体占30%不到，中国占60%左右。也就是说，我国已经形成了大量的风险集聚。解决风险集聚问题，有人说要持续去杠杆，但我认为，重要的是要找出债务积累的体制性的原因。政府担保、信贷配置以及窗口指导等各方面的干预，使风险定价无法通过市场化方式实现，这是非常重要的原因。这也回答了一开始我们提出的问题：为什么金融不能很好地配置风险。

对于如何解决风险集聚问题，我有两点建议。第一点是减少政府干预，因为政府无法兜底所有风险。隐性担保、刚性兑付、软预算约束要逐步减少。此外，市场必须要出清，特别是清理僵尸企业，这样才能对风险进行市场化定价。第二点是进一步推动市场开放，做到资源配置和风险配置相匹配。在给市场主体分配风险的同时，相应地分配发展机会，才能真正做到风险的市场化分担，风险集聚问题才会在未来得到逐步缓解。

刘晓春：从银行的角度讲，金融应该支持实体经济。但为什么实体经济总觉得银行不愿意去支持呢？是不是还要从经济模式的角度来考虑问题。我认为，我国银行不存在所有制歧视问题，只是在总结风险规律后，进行了理性的市场化选择。近20年来，境内外的许多研究都认为，中国的银行大量贷款给国企、政府融资平台、房地产，以及影子银行的问题，这些隐性风险很高，甚至这还成了"中国崩溃论"的一条理由。但几十年下来，至少在银行的资产负债表上，大家还是认为风险资产是最安全的资产，这就说明银行是在按经济规律办事。所以这个问题应该反过来看：为什么我们认为应该得到支持的实体经济不能吸引银行？我觉得市场存在两种失灵，一种是完全市场下的市场失灵，另一种是非完全市场下的市场失灵。如果用同样的方法看待两种市场失灵，有可能把市场引向更加非市场化。

无论是影子银行的问题还是小微企业的问题，都说明银行是要赚钱的。表内赚不到，表外也要赚。合规的赚不了，也要想办法绕着赚，所以实际上银行还是在按市场规律办事，是"按错误的方法做了合理的事情"。那小微企业的问题是否在大银行和小银行之间呢？我认为也不是的。从需求的角度看，小微企业确实存在需求。从供给的角度看，第一，美国虽然是一个市场化的国家，但我国14亿人口的流动性远高于美国，在高流动性的前提下，

413

客户对银行的服务需求是希望有大银行，而不是地方局限性的银行。第二，银行放贷的前提是要有存款，而银行能吸收到存款是因为老百姓的信任，这恰恰也是小银行，特别是新建的小银行不容易做到的。城商行发展不起来的原因也在于此，不是因为叫"银行"了，客户就会来存钱。如果银行得不到存款，就只能通过其他方式吸引存款，这背后的风险就很大了。第三，在现有技术条件下，小银行对年轻人的吸引力很差。据我了解，香港的华资小银行的客户平均年龄在 50 岁以上，那这些银行 10 年、20 年以后会怎么样，是很难说的。而最近几年成立的民营银行，主要依靠股东存款。如果股东既出股本，又给存款，那一定会希望从中多捞一点钱，所以风险会更大。因此从实操角度，我们在讨论金融需求和供给时，要考虑到上述几方面的问题。

通过制度创新促进金融创新

问题二：如何加大金融创新力度，提高服务实体经济的效率和水平？

瞿秋平：我提四点想法。一是当前对金融风险和创新问题要有一个基本判断。现在大家都在说中国的金融面临很多问题。那么，我们要分析问题产生的原因是什么？如果觉得是因为很多创新的步伐过快，造成了现在的一些问题，或者极个别领域出现乱象，那么我们就要好好考虑未来该怎么走。此外，根据我个人多年来在金融行业的工作体会，近 10 年来几乎每件事都在提创新，其实是有些说过头了。根据我的理解，什么是创新？创新是比昨天有改变。只要这种改变是前进的，我们就可以把它视为一种创新。所以，现在当我们提创新时，可能要多讲一些如何去改善。我们现在谈很多诸如金融科技要创新、金融产品要创新、流程要创新、激励机制要创新等，但制度创新、法律创新谈得不够，这样就失衡了。所以，对这些问题要有一个基本判断，这是大前提。

二是要善于认识自我。客观认识目前我国经济金融形势和现状，务实地对出现的问题进行描述。比如 5 年前的政府工作报告中就出现了 P2P。又比如关于最近生猪价格上涨的原因，有的认为是受中美贸易摩擦的影响，有的认为是受非洲猪瘟的影响，但实际上也受到国内政策的影响。中国近几年治理环境污染、追求优美环境，使农民不能随便养猪，这也是一个原因。再来看目前中国的金融风险问题真的有特别严峻吗？我认为也不是的。这些例子表明，在问题不是很大的时候，不宜把问题过度放大，而是要客观一点，搞清楚产生问题的原因是什么。

三是要针对重点问题提出解决办法。可以说，如果只是包罗万象地罗列问题，实际上就是不想解决问题。我们应该把问题产生的原因搞清楚，根据问题的原因就事论事，并针对重点问题提出解决办法。

四是政策表达要恰当。例如近期的降准是好消息，释放资金约 9 000 亿元。当日的新闻评价"这次的降准不是大水漫灌"，这种表达可能引起不必要的歧义。难道原来的降准是大水漫灌吗？可见，好的政策表达一定要就事论事，比如可以直接陈述

9 000 亿元的资金释放会对中国经济产生正向引导。只要政策表达得当，就会有奇妙之功。

我想强调制度创新十分关键。比如，我在证监会任职期间曾提出一个问题，中国股民人数到底有多少？回答这个问题需要证监会有基本数据源的管理部门。只有对这些基础数据管理得当，才能真正保护众多中小投资者。最后，从整个逻辑来看，我们还是要脚踏实地，把制度问题搞清楚，落脚到制度创新当中，加强金融机构的制度研究、制度设计、制度整合和制度完善。

杨凯生：我分享两个看法。第一，中国银行业的集中度低于其他世界前十大经济体和金砖国家，并且还在不断下降。按照现在国际上通用的银行业集中度定义，指一个经济体前五大银行的总资产占该经济体银行业总资产的比重。我们总说工农中建交五大行垄断，但从工农中建交的总资产占全国银行业总资产的比重来看，信贷占比是 37%，总资产不会超过 40%。与其他 14 个发达国家和典型的发展中国家对比，中国的银行业集中度是最低的。这个数据和现象我们很难评说好坏，为什么其他国家高，我们就一定要高呢？但一个值得关注的现象是，银行业集中度比较高的几个国家，比如澳大利亚和加拿大，银行业的集中度都超过了 80%，但它们在 2008 年金融危机中的表现都是相对比较稳健的。而且每逢金融危机，一些国家的金融集中度就会进一步提高，美国是最典型的例子。从 20 世纪 80 年代末、90 年代初储蓄贷款机构的危机，到 2008 年发端于美国的金融危机，美国的金融集中度都进一步提高了，而且是迅速提高。如今中国恰恰逆势而动，集中度不断下降。我们姑且不说这种现象的好与坏，但无疑这是一个值得关注的现象。

第二，提高对金融创新的容忍度需要明确主体。现在很多媒体和学术报告中都提到要提高对金融创新的容忍度，但具体是指谁要提高容忍度呢？是投资者股东、监管机构，还是媒体社会舆论呢？如果是投资者股东要提高容忍度的话，他们创办一个金融机构，出现比如高不良贷款率或者其他问题，撇开金融活动的负外部性不说，如果这些机构的股东有意愿有能力承担风险、承担损失，那问题倒不大。但如果是 A 股东代 B 股东、C 股东表明这个态度，可能就有问题了。如果是非股东代股东说这个话，问题就更大了。特别是监管部门更不宜轻易说这样的话，因为这涉及出了问题，究竟是谁承担风险损失的问题。金融机构的经营状况是有很强的外部性的，是要对社会负责的。像周小川行长讲的一样，金融机构要有一种责任感。总的说来，在股东愿意承担并能够承担损失的情况下，他们对自身的损失提高容忍度是可以的，但无权对其造成的社会影响让别人容忍。如果监管机构说要提高容忍度，这是更不合适的。就像医生不能对一个病人说："你体温 39 度，我们已经提高正常体温的标准了，提高容忍度，没事的。"总之这里需要特别注意的是金融机构的负外部性，任何人恐怕都不能代替别人去表示对金融机构经营状况不良的容忍。

任春生：我有几点感受。

第一点是林毅夫先生提到的最优金融结构。市场经济中有不同类型和不同发展阶段的企业主体，它们对资金的需求数量、期限、融资方式等是不同的，而不同金融机构的资金属性、特征、金融产品、风控标准、风险偏好以及管理方式也是不同的。金融要切实服务好实体经济或提升对实体经济的服务效率，需要以不同的产品方式来对接不同的资金需求，专业的金融产品干自己专业的事，不是简单地一刀切或一哄而起，这样会产生要么事情做不好或摆样子，要么不同机构借此要求增加营业范围、扩大营业区域等。比如说支持小微企业，就不是保险资金的擅长领域，按照现在的管理构架，保险资金的投资管理都集中在法人机构，基层机构主要负责展业和理赔等。一是没有贷款产品。二是根本不具备投资管理能力和风控能力。三是集中在法人机构，操作成本极高、效率极低。对于期限长、安全性要求高、集中管理的保险资金更适合在国家重点发展的大型企业、行业以及基础设施补短板等项目上发挥作用。所以就像林毅夫先生说的，不同融资主体的融资需求要采用不同的办法去解决。

第二点是不同的融资主体或不同的工具要发挥不同的作用。保险资金的负债属性不适合 VC、PE 或其他早期投资、初创企业的风险特点。虽然保险资金属于长期资金，但基于对安全性、流动性、收益性的要求，主要投向成熟期企业的股权，或者是公开市场上有明确退出路径的产品。近年，保险资金投资大量包括交通、油气管网、港口、物流、环保设施等方面大型基础设施的非标资产，多是大型龙头企业，符合资金特性，效果也很好，其风控标准严格，内部评级远比外评谨慎得多，评级都是根据市场变化动态调整，违约率远低于其他品种。

第三点是创新源于市场需求。正因为市场上缺乏相应的工具或者融资方式，金融和实体经济对接不上，才产生那么多的嵌套或通道。由于表内信用体系建设尚不完善，资金通过层层嵌套流向实体经济，虽然增加了融资成本，但确实也在一定程度上缓解了一部分融资难的问题，应该说影子银行有它存在的土壤和作用。我去很多地区调研，一些初创的小微企业里只有两个博士和两个专利，产品都没成型，市场前景模糊，再加上信用记录少、抵押物不足，这种情况下融资贵一些确实有其合理性。目前乱象管住了，嵌套减少了，"堵"也堵住了，但是不能切断金融和实体经济的联系，监管部门需要更多地考虑如何在减少环节、降低融资成本的同时，重点疏通资金从金融体系流向实体部门的渠道。市场上自发"创新"出那么多复杂的金融产品，多数是被监管规则倒逼出来的，资金最终确实也进入了实体经济，但是绕了道、成本提高了。就像某人从甲地去乙地出差，没有直接的交通工具，只能到第三地转机才能到达，被迫绕道增加了时间和财务成本。所以要从一些制度政策安排上疏堵结合，进行市场可预期、稳定的战略安排。

刘鹤副总理说过，"做生意是要本钱的，借钱是要还的，投资是有风险的，做坏事是要付出代价的"。我认为对金融创新的容忍要坚守两个原则。第一个是做生意是要有本钱的，借钱是要还的，尤其是金融机构要有相应的资本金，具有损失吸收能力。否则，一旦出现风险，实控人跑路，群体性事件没完没了。第二个是金融机构必须在监管视野范围内，监管规则要落实到位。很多无牌照又做金融的事的机构，监管空白，没有行为约束，为所欲为。所以要有风险补偿机制和纳入监管范围，保证做事有规矩，做了坏事是要受到严惩的。当然，监管部门在识别创新产品和监管能力方面也要提高。

段剑峰：本次研讨会的标题是"金融创新支持经济高质量发展"，似乎是在说我国的金融创新还不够。但横向比较来看，中国是过去10年内全球金融创新做得最好的国家，甚至已经超过了美国。肖钢讲到影子银行是用错误的方法做了正确的事情，这个观点非常好。2010年我们做的报告《影子银行与银行的影子》，也提出中国的影子银行实际上都是银行的影子。因此，从金融产品、金融机构、金融市场的角度衡量金融创新的话，中国的金融创新已经很多了。过去10年内，特别是党的十八大之后，每当经济出现问题，大家首先想到的都是金融创新。互联网金融在中国发展这么快也是源于金融创新。

所以不是金融创新不够，而是其他的领域有问题。如果从金融管理的角度来看，金融创新就存在一些问题。比如"资管新规"，央行、银保监会等管理部门的很多人员都是从美国念书回来的，或者在国内读的书也是用美国的教科书，所以在出台政策时都按照美国的标准来进行管理。银行理财其实是市场化利率的准存款，非要按照美国的标准来进行管理，结果就出现了一系列的事情。而且金融管理不仅是央行和银保监会、证监会的事，财政部也是近几年中国最主要的金融创新的发明者。比如专项债，它还可以用作资本金，这在其他国家都是没有的。所以如果要进行金融管理制度的改善，没有财政部的配合，恐怕是不行的。报告里没有对中国金融管理制度做分析，我认为是一个遗憾。

关于最优金融结构，我在博士论文《金融结构与经济增长》中进行了研究，得出的基本结论是：并没有所谓的最优金融结构。同样一件事情，银行可以干，资本市场也可以干，各有各的比较优势和比较劣势。关于中小企业需要中小银行来支持的观点，现在看来是不对的。我建议不要扩散。过去 10 年中国银行业的集中度急剧下降，工农中建交五大行加上政策性银行，在 2009 年的资产份额是 50% 多，10 年之后下降到 40% 多。而资产份额大量增加的城商行、农商行，也并没有去支持小微企业。从财富市场上也可以看到，过去 10 年大量发行理财产品的是城商行和农商行。它们左手发理财，右手把钱装到地方政府的腰包里，做基建、房地产业务。我非常赞同王毅的观点，金融机构的退出机制是未来需要讨论的话题。

吴英敏：作为市场参与者，我从外汇、利率产品的操作角度分享一些对金融创新和配套制度的观察和感触。受到 2018 年某央企原油套保亏损事件的冲击，当前国内央企在进行外汇、利率风险对冲时受到较大影响。比如外汇产品方面，部分央企甚至都无法进行普通的外汇远期对冲。最近人民币汇率跌破 7，甚至隔夜汇率的最高波动突破 1 200 多点，外汇市场波动很大，如果不进行一些合适的套保，一些既有的外汇敞口会有很大的财务损失。在目前政策限制和制度缺失的情况下，央企在管理金融风险的能动性上受到很大掣肘。这方面，我们可以借鉴大型跨国公司的做法，比如苹果中国就对人民币汇率风险对冲进行制度化、系统化操作，很大程度上规避了金融市场波动导致的财务损失。因此，制度完善对金融产品创新的最终实施必不可少。

黄益平：首先，从总体上创造支持创新的政策制度、法律环境非常重要。如王毅司长说的，建立市场出清、破产制度，创造包括支持创新的一系列政策环境。

其次，如何理解"金融抑制"的概念。根据麦金龙教授的定义，"金融抑制"是指政府在金融体系运行过程中发挥的作用。因此，我们采用了世界银行的数据，与130个国家采用了统一的数据衡量标准。政府对金融体系的干预与金融体系的规模有相关性，但这种相关性在不同国家间也有差异。

并非金融体系的规模很大，政府就一定没有干预。以我国为例，金融体系的规模发展得非常大，但政府对金融体系各个方面干预还比较多。但客观来说，这个干预是相对的概念，目前中国的金融抑制指数是0.6，世界上金融抑制指数最低的地方是香港地区和新加坡，大约0.3。0代表完全没有政府干预，1代表完全政府干预。我们用了大概40年的时间，从1缩小到了0.6，是在向金融自由化的方向走，但走的速度相对较慢。在2015年可找到的130个国家的数据中，中国的金融抑制指数排在第14位。相较于其他国家而言，我们的金融抑制程度还是比较高的，这一点应该没有太大的争议。

从另外一个角度说，恰恰是因为金融抑制程度比较高，我们才看到了各种形形色色的创新。为什么影子银行和数字金融风起云涌呢？正如肖钢主席所说，这就是用错误的方法解决了一件正确的事情，因为融资需求是存在的，但过去由于各种政策限制，本来是想做的事情在表内做不了，得到表外去做。其中，有一些规避了正常风险，最后也引来了一大堆问题。但也有一些是因为表内管制过多引发的。

再次，给小微企业提供贷款不是金融创新关心的主要问题，我们关心的主要问题是在市场情况下，如何提供风险可控、可商业、可持续的金融服务。如果做好了，我们认为这是一个好的创新。但如果做得不好，我们当然不会支持，像一些政策所强制的必须这样、必须那样，这不是我们的立场。而且我们讨论金融创新的重点不是去指导金融机构怎么做，而是看金融机构在满足实体经济部门融资需求中有一些需要的事情，但现在还没有做，或者用奇怪的方法做了。

因此，有哪些政策环境需要改变，是我们要研究关心的问题。我们不是关心互联网金融公司怎么做，商业银行怎么做，这不是我们的专长。在创新方面，我们绝对不会说支持小微企业就是创新，这肯定不对。从大的方向来说，我们对小微企业，尤其是轻资产性的创新性企业的支持需要加强，这一点没有太多的争议。

最后，创新的驱动性是相对的概念。过去的经济发展当然有创新，比如农民企业家自己把厂办起来，这肯定是创新。如果他本来是个农民，现在生产鞋子或者服装，这也是创新。相比较而言，原来产品比较成熟，未来产品要往前走，仍然需要很多学习的过程。但是，创新的相对比重也有所变化，现在成本技术变化了，而且技术水平已经很高了，所以创新是相对的概念。

参考文献

[1] Agarwal V, Vashishtha R, Venkatachalam M. Mutual fund transparency and corporate myopia[J]. The Review of Financial Studies, 2018, 31(5): 1966-2003.

[2] Amihud Y, Mendelson H. Liquidity, volatility and exchange automation[J]. Journal of Accounting, Auditing and Finance, 1988, 3(4): 369-395.

[3] Armour J, Cumming D. Bankruptcy law and entrepreneurship[J]. American Law and Economics Review, 2008, 10(2): 303-350.

[4] Bekaert G, Harvey C R, Lundblad C. Does financial liberalization spur growth?[J]. Journal of Financial economics, 2005, 77(1): 3-55.

[5] Bhattacharya U, Hsu P H, Tian X, et al. What affects innovation more: policy or policy uncertainty?[J]. Journal of Financial and QuantitativeAnalysis, 2017, 52(5): 1869-1901.

[6] Brav A, Jiang W, Ma S, Tian X. How does hedge fund activism reshapecorporate innovation?[J]. Journal of Financial Economics, 2018, 130(2):237-264.

[7] Chang X, Chen Y, Wang S Q, et al. Credit default swaps and corporateinnovation[J]. Journal of Financial Economics, 2019.

［8］ Chemmanur T J, Loutskina E, Tian X. Corporate venture capital, valuecreation, and innovation［J］. The Review of Financial Studies, 2014, 27(8):2434-2473.

［9］ Chemmanur T J, Tian X. Do antitakeover provisions spur corporateinnovation? A regression discontinuity analysis［J］. Journal of Financial andQuantitative Analysis, 2018, 53(3): 1163-1194.

［10］ Chen K, Ren J, Zha T. The nexus of monetary policy and shadow banking in China［J］. American Economic Review, 2018, 108(12): 3891-3936.

［11］ Chesbrough H W. Making sense of corporate venture capital［J］. Harvardbusiness review, 2002, 80(3): 90-99.

［12］ Cornaggia J , Mao Y , Tian X , et al. Does banking competition affect innovation?［J］. Journal of Financial Economics, 2015, 115(1): 189-209.

［13］ Demirguc-Kunt A, Feyen E, Levine R. The evolving importance of banks and securities markets［M］. The World Bank, 2011.

［14］ Dushnitsky G Z, Shapira Z. Entrepreneurial finance meets corporate reality:comparing investment practices by corporate and independent venturecapitalists［J］. Strategic Management Journal, 2010, 31: 990-1017.

［15］ Ehlers T , Kong S , Zhu F . Mapping shadow banking in China: structure and dynamics［J］. BIS Working Papers, 2018.

［16］ Fan W, White M J. Personal bankruptcy and the level of entrepreneurial activity［J］. The Journal of Law and Economics, 2003, 46(2): 543-567.

［17］ Fang V W , Tian X , Tice S . Does stock liquidity enhance or impede firm innovation?［J］. The Journal of Finance, 2014, 69(5):2085-2125.

［18］ Fauver L, Houston J, Naranjo A. Capital market development, international integration, legal systems, and the value of corporate diversification: a cross-country analysis［J］. Journal of Financial and Quantitative Analysis, 2003, 38(1): 135-158.

［19］ Friedman E , Johnson S , Boone P , et al. Corporate governance in the Asian financial crisis.［J］. Departmental Working Papers, 1999, 58(1):141-186.

［20］ Fu R, Kraft A, Tian X, Zhang H, Zuo L. Financial reporting frequency and corporate innovation［J］. Working Paper.

［21］ Fulghieri P, Sevilir M. Organization and financing of innovation, and thechoice between corporate and independent venture capital［J］. Journal ofFinancial and Quantitative Analysis, 2009, 44(6): 1291-1321.

［22］ Gambacorta L, Y Huang, H Qiu and J Wang,How do machine learning and non-traditional data affect credit scoring［J］. BIS, mimeo,2019.

［23］ Gu Y, Mao C X, Tian X. Banks'interventions and firms'innovation: evidence from debt covenant violations［J］. The Journal of Law andEconomics 2017 60:4, 637-671.

［24］ He J J, Tian X. The dark side of analyst coverage: The case of innovation［J］.Journal of Financial Economics, 2013, 109(3): 856-878.

［25］ He J J, Tian X. Finance and corporate innovation: a survey［J］. Asia-PacificJournal of Financial Studies, 2018, 47(2): 165-212.

［26］ Himmelberg C P, Hubbard R G, Love I. Investment, protection, ownership, and the cost of capital［J］. National Bank of Belgium Working Paper,

2000 (25).

［27］ Holmstrom B. Agency costs and innovation［J］. Journal of Economic Behavior & Organization, 1989, 12(3): 305-327.

［28］ Hong H, Lim T, Stein J C. Bad news travels slowly: Size, analyst coverage, and the profitability of momentum strategies［J］. The Journal of Finance, 2000, 55(1): 265-295.

［29］ Hong H, Kubik J D. Analyzing the analysts: career concerns and biased earnings forecasts［J］. The Journal of Finance, 2003, 58(1):313-351.

［30］ Hsu P H, Tian X, Xu Y. Financial development and innovation: Cross-countryevidence［J］. Journal of Financial Economics, 2014, 112(1):116-135.

［31］ Huang Y, Ge T. Assessing China's Financial Reform: Changing Roles of the Repressive Financial Policies［J］. Cato J., 2019, 39: 65.

［32］ Huang Yi, Chen Lin, Zixia Sheng, Lai Wei, FinTech credit and service quality［J］. Working Paper.2019.

［33］ Huang Yi, HaraldHau, Hongzhe Shan, Zixia Sheng, FinTech Credit,Financial Inclusion and Entrepreneurial Growth［J］. Unpublished Working Paper, 2019.

［34］ Huang Y, Wang X . Does financial repression inhibit or facilitate economic growth? A case study of Chinese reform experience［J］. Oxford Bulletin of Economics & Statistics, 2011, 73(6):833-855.

［35］ Kyle A S, Vila J L. Noise trading and takeovers［J］. The RAND Journal of Economics, 1991: 54-71.

［36］ Lemmon M L, Lins K V. Ownership structure, corporate governance, and firm value: Evidence from the East Asian financial crisis [J]. The journal of finance, 2003, 58(4): 1445-1468.

[37] Li J, Hsu S , Qin Y . Shadow banking in China: Institutional risks [J]. China Economic Review, 2014, 31:119-129.

[38] Lin J Y, Sun X, Wu H X. Banking structure and industrial growth: Evidence from China [J]. Journal of banking & Finance, 2015, 58: 131-143.

[39] Lin J Y, Wang Y. The new structural economics: Patient capital as a comparative advantage [J]. Journal of Infrastructure, Policy and Development (2017) Volume, 2017, 1: 4-23.

[40] Liu T, Mao Y, Tian X. The role of human capital: Evidence from patent generation [J]. Kelley School of Business Research Paper, 2017 (16-17).

[41] Lu Y , Guo H , Kao E H , et al. Shadow banking and firm financing in China [J]. International Review of Economics & Finance, 2015, 36:40-53.

[42] Luong H, Moshirian F, Nguyen L, et al. How do foreign institutional investors enhance firm innovation? [J]. Journal of Financial and Quantitative Analysis, 2017, 52(4): 1449-1490.

[43] Manso G. Motivating innovation [J]. The Journal of Finance, 2011, 66(5):1823-1860.

[44] McMillan I, Roberts E, Livada V, et al. Corporate venture capital: Seekinginnovation and corporate growth [J]. National Institute for Standards andTechnology, US Department of Commerce, 2008.

[45] Moshirian F, Tian X, Zhang B, et al. Stock Market Liberalization

andInnovation［J］. Working Paper, 2017.

［46］ Pozsar Z , Adrian T , Ashcraft A B , et al. Shadow banking ［J］. Staff Reports, 2010, 105(458):447-457.

［47］ Robinson D T. Strategic alliances and the boundaries of the firm ［J］. The Review of Financial Studies, 2008, 21(2): 649-681.

［48］ Rosenberg, N. Innovation and Economic Growth. OECD (2004), 1–6.

［49］ Shleifer A, Summers L H. Breach of trust in hostile takeovers ［M］. University of Chicago Press, 1988: 33-68.

［50］ Tan Y, Tian X, Zhang X, et al. The real effects of privatization: Evidence from China's split share structure reform ［J］. Working Paper, 2017.

［51］ Tian X, Wang T Y. Tolerance for failure and corporate innovation ［J］. The Review of Financial Studies, 2014, 27(1): 211-255.

［52］ Tian X, Xu J. Do place-based policies promote local innovation and entrepreneurial finance? ［R］. Working paper, 2019.

［53］ WelchI. Herding among security analysts ［J］. Journal of Financial Economics, 2003, 58(3):369-396.

［54］ Wurgler J. Financial markets and the allocation of capital ［J］. Journal of financial economics, 2000, 58(1-2): 187-214.

［55］ XueW. Mobile payment facilitates income? A perspectiveof entrepreneurial activity［J］. Mimeo, 2019

［56］ Yurtoglu B B , Gugler K , Mueller D C . The impact of corporate governance on investment returns in developed and developing countries ［J］. The Economic Journal, 2003, 113(491):511-511.

［57］ Zingales L. In search of new foundations［J］. The journal of Finance, 2000,55(4): 1623-1653.

［58］ 北京大学国家发展研究院与布鲁金斯学会联合课题组，"中国 2049： 应对全球经济强权崛起的挑战"，课题报告，2019 年。

［59］ 北京大学数字金融研究中心课题组．数字金融的力量：为实体经济赋 能［M］．北京：中国人民大学出版社，2018.

［60］ 陈雨露，马勇．大金融论纲［M］．北京：中国人民大学出版社,2013.

［61］ 方先明，权威．信贷型影子银行顺周期行为检验［J］．金融研究， 2017(06):68-84.

［62］ 高然，陈忱，曾辉，龚六堂．信贷约束、影子银行与货币政策传导［J］． 经济研究，2018, 53(12):70-84.

［63］ 苟琴，黄益平，刘晓光．银行信贷配置真的存在所有制歧视吗？［J］． 管理世界，2014(01):22-32.

［64］ 郭峰，王靖一，王芳，孔涛，张勋，程志云，测度中国数字普惠金融 发展：指数编制与空间特征［J］．《经济学季刊》，待刊．

［65］ 何平，刘泽豪，方志玮．影子银行，流动性与社会融资规模［J］．经济 学（季刊），2018 (1): 45-72.

［66］ 黄浩．互联网银行的普惠金融实践［J］．清华金融评论，2017 (5): 40- 41.

［67］ 黄阳华，罗仲伟．我国劳动密集型中小企业转型升级融资支持研究—— 最优金融结构的视角［J］．经济管理，2014，36(11):1-13.

［68］ 黄益平．对小微信贷政策效果应做独立评估［J］．清华金融评论，2019 (7): 30.

［69］ 焦瑾璞，黄亭亭，汪天都，张韶华、王瑱．中国普惠金融发展进程及实证研究［J］.上海金融，20154: 12-22.

［70］ 径山报告课题组．中国金融改革路线图［M］.北京：中信出版社，2019.

［71］ 雷霖．影子银行规模、房地产价格与金融稳定性［J］.经济与管理研究，2018，39(11):108-118.

［72］ 李波，伍戈．影子银行的信用创造功能及其对货币政策的挑战［J］.金融研究 (12):81-88.

［73］ 李稻葵，陈大鹏，石锦建．新中国 70 年金融风险的防范和化解［J］.改革，2019，303(05):5-18.

［74］ 李利明、曾人雄．1979-2006 中国金融大变革［M］.上海：上海人民出版社，2007.

［75］ 李文喆．中国影子银行的经济学分析：定义、构成和规模测算［J］.金融研究，2019，465(03):57-77.

［76］ 林毅夫，孙希芳，姜烨．经济发展中的最优金融结构理论初探［J］.经济研究，2009(8):45-49.

［77］ 刘畅，刘冲，马光荣．中小金融机构与中小企业贷款［J］.经济研究，2017(08):67-79.

［78］ 刘红忠，史霜霜．地方政府干预及其融资平台的期限错配［J］.世界经济文汇，2017 (4): 62-77.

［79］ 卢峰，姚洋．金融压抑下的法治、金融发展和经济增长［J］.中国社会科学，2004(1):42-55.

［80］ 纳西姆·塔勒布．非对称风险［M］.北京：中信出版社，2019.

［81］ 裴翔，周强龙.影子银行与货币政策传导［J］.经济研究，2014，49(05):91-105.

［82］ 孙国峰，贾君怡.中国影子银行界定及其规模测算——基于信用货币创造的视角［J］.中国社会科学，2015(11):92-110+207.

［83］ 田轩，孟清扬.股权激励计划能促进企业创新吗［J］.南开管理评论，2018，21(03):176-190.

［84］ 汪涛，中国影子银行的发展和规模［J］.财经，2018(7).

［85］ 王浡力，李建军.中国影子银行的规模、风险评估与监管对策［J］.中央财经大学学报，2013(05):20-25.

［86］ 王靖一，黄益平.金融科技媒体情绪的刻画与对网贷市场的影响［J］.经济学 (季刊)，2018，17(04):1623-1650.

［87］ 王喆，张明，刘士达.从"通道"到"同业"——中国影子银行体系的演进历程、潜在风险与发展方向［J］.国际经济评论，2017(04):128-148+8.

［88］ 王振，曾辉.影子银行对货币政策影响的理论与实证分析［J］.国际金融研究，2014(12):58-67.

［89］ 温信祥，苏乃芳.大资管、影子银行与货币政策传导［J］.金融研究，2018(10):38-54.

［90］ 文一.伟大的中国工业革命［M］.清华大学出版社，2016.

［91］ 吴艳霞.供给侧结构性改革视角下的中小银行发展问题研究［J］.吉林金融研究，2017(03):20-26.

［92］ 吴争程，陈金龙，许伟灿.新结构经济学视阈下泉州金融改革与产业升级研究［J］.泉州师范学院学报，2014，32(06):104-109.

［93］ 谢绚丽，沈艳，张皓星，郭峰.数字金融能促进创业吗?——来自中国的证据［J］.经济学（季刊），2018，17(04):1557-1580.

［94］ 徐忠.新时代背景下中国金融体系与国家治理体系现代化［J］.经济研究，2018，53(07):4-20.

［95］ 杨子荣，张鹏杨.金融结构、产业结构与经济增长——基于新结构金融学视角的实证检验［J］.经济学（季刊），2018，17(02):847-872.

［96］ 易纲.中国改革开放三十年的利率市场化进程［J］.金融研究，2009(01):1-14.

［97］ 易行健，周利.数字普惠金融发展是否显著影响了居民消费——来自中国家庭的微观证据［J］.金融研究，2018(11):47-67.

［98］ 张明.中国影子银行:界定、成因、风险与对策［J］.国际经济评论，2013(03):82-92+6.

［99］ 张勋,万广华,张佳佳,何宗樾.数字经济、普惠金融与包容性增长［J］.经济研究，2019，54(08):71-86.

［100］ 张一林，林毅夫，龚强.企业规模、银行规模与最优银行业结构——基于新结构经济学的视角［J］.管理世界，2019，35(03):31-47+206.

［101］ 中国人民银行调查统计司与成都分行调查统计处联合课题组.影子银行体系的内涵及外延［J］.金融发展评论，2012(08):61-76.

［102］ 中国证券监督管理委员会编.中国期货市场年鉴［M］.北京：改革出版社，1995.

［103］ 祝继高，胡诗阳，陆正飞.商业银行从事影子银行业务的影响因素与经济后果——基于影子银行体系资金融出方的实证研究［J］.金融研究，2016(01):66-82.

勾画中国金融继续往前走的路径

——《径山报告》首期三年课题结束语

从2017年年初组建第一个课题组算起，《径山报告》项目已经走过了三个年头，摆在读者面前的是第三份报告。三年的研究聚焦了三个话题，第一年是金融开放，第二年是金融改革，第三年是金融创新。这三份报告合在一起，可以算是一个相对完整的小系列，核心主题就是探讨中国金融如何继续往前走。凡天下事，无论大小，只要有开场，必定有谢幕。俗话说"事不过三"，作为第一期的项目协调人，或许现在恰是我退出《径山报告》课题组的时机。

三年时间并不长，但参与课题的这段经历，对我个人是一笔十分宝贵的财富。这是我第一次从不同的角度系统地审视、剖析中国金融体系的演变。我在博士学习阶段的几位导师曾经一再教导我，做研究要关注重大问题，尽量不要把时间浪费在探究细枝末节上。我希望《径山报告》首期的三个课题能够达到导师们心目中"重大问题"的标准。中国金融改革已经持续了40年，将来应该怎么走？这是关乎中国经济未来的题目，对每一个人、每一家企业都十分重要。

中国的金融改革始于 1978 年,从只有一家单一的金融机构即中国人民银行,到今天已经形成了一个完整的金融体系。这个体系具有一些突出的特点:规模非常大、监管比较弱、管制还很多。然而,这一套看上去并不十分理想的金融体系并没有妨碍中国在经济改革的 40 年间实现高速增长与金融基本稳定。只是在最近 10 年,金融对经济的支持越来越乏力。一方面,金融似乎无法充分满足企业的融资需求与居民的投资需求;另一方面,各种金融风险风起云涌,甚至引发了对发生系统性金融危机的担忧。

在这个大背景下,2017 年的第一个课题是研究金融开放的问题。金融开放作为一条主线,应该说是贯穿了整个改革时期,而且中国在加入世界贸易组织时,对开放金融服务业做了力度非常大的承诺,也取得了不小的成绩。但客观地说,金融开放并没有达到预期或者理想的状态。金融开放是"金融如何继续往前走"的一个重要决定性因素,开放可以增加竞争,可以提高金融服务的质量,也可以引进许多新的业务模式与实践。当然,开放也可能带来新的风险,因此需要在效率与风险之间取得平衡。

2018 年的第二个课题是研究金融改革的问题。金融改革持续了几十年,成绩很大,问题也不少。首先需要做一个客观的评估,哪些地方做得好、哪些地方做得不够好。双轨制改革策略的一个特征是市场机制与政府干预长期并存,有时候政府干预的作用非常大,这一点似乎与市场化改革的方向背道而驰。但问题是,经济发展为什么这么成功？更令人困惑的是，为什么现在普遍抱怨金融不支持实体经济？如果抛开理论成见做客观的分析，不难发现，一些政府干预并非想象中的那么糟糕，但这也不应成为不继续改革的借口。

2019 年的第三个课题是研究金融创新的问题。最近金融遭到普遍的诟病，一个重要的原因是经济发展模式从要素投入型转向创新驱动型，从而对金融服务提出了新的要求。创新是一项长周期、高不确定性的活动，但传统金融却要求短周期、低风险、高回报，所以金融也需要创新。金融创新可以是金融机构转型，也可以是市场机制落地，当然更可以是业务模式创新。中国在数字普惠金融方面走出了一条独特的道路，在很多领域世界领先，但也酿成了不少大的风险。因此，如何平衡创新与稳定是必须面对的一个挑战。

通过研究开放、改革与创新三个课题，《径山报告》课题组试图为"中国金融如何继续往前走"勾画一条可能的路径。三年一期的研究暂告段落，并不意味着金融研究的重大题目已经穷尽，正好相反，还有很多话题需要进一步推究。第一期三份《径山报告》自成一体，搭建了一个研究中国金融问题的框架，很多值得研究的问题并未具体展开，比如农村金融构架、衍生品市场、地方融资平台财务状况及房地产市场风险等，其实就是对这个框架的细化或延伸。

《径山报告》项目从一开始就定位为政策研究，其目的是活跃国内金融改革问题的讨论，推动金融高质量发展。如果对三份报告做一个初步的评估，应该说是比较好地达到了活跃政策讨论、为改革献计献策的目的。2017 年报告发布之后，总共有两百多篇各个角度的媒体文章，2018 年和 2019 年的报道数量都有大幅增长。更重要的是，报告为决策部门提供了重要的参考与依据。在国外，国际货币基金组织和美国财政部等都自己组织力量全文翻译了报告。《径山报告》已经成为智库研究的一个重要品牌。

值得指出的是，虽然《径山报告》聚焦中国的政策问题，但在研究过程中，也获得了不少具有一般性意义的感悟。政府干预的作用会随着环境的变化而改变。如果市场机制不成熟，政府干预反而是有益的，这意味着不应教条化地推进金融改革。金融开放应该区分金融服务业与跨境资本流动，因为这两类开放政策对于金融风险的含义是完全不同的，如果混为一谈，就有不敢开放或者盲目开放的风险。近年来，政府一直希望发展资本市场，提高直接融资的比重，但资本市场的发展需要政治、法律与文化基础，单纯靠短期政策推动，往往是事倍功半。

《径山报告》项目成立之后，首先组建了包括管涛、黄益平、刘晓春、王海明、徐忠和张斌在内的协调小组。协调小组于每年年底确定下一年研究的主题，并邀请对这个主题有积累、有经验、有见解的专家参加课题组。一般在春节之后举行开题会议，协调各分报告的内容。6 月份组织中期评审，就每个分报告邀请相关专家提出具体意见。9 月底在杭州西湖国宾馆举行课题结题研讨会与报告发布会。发布之后，课题组再对报告做最后一轮修改，第二年年初由中信出版社正式出版。

后　记

　　《径山报告》项目能够取得一点成绩，主要应该归功于课题组的三类成员，一是现任的政府官员，包括朱隽、郭凯、徐忠、孙国峰、纪志宏、洪磊，二是曾任领导职务的权威专家，包括朱民、管涛、肖钢、杨凯生，三是长期从事政策研究的知名学者，包括林毅夫、张宇燕、殷剑峰、张斌、田轩。这个学养深厚、经验丰富的"梦幻团队"是课题成功的坚实基础。还有更多的专家多次参与了课题讨论，特别要感谢殷勇、姜建清、谢平、姜洋、方星海、张晓慧、陆磊、朱云来、王毅、张晓朴、张承惠、卢锋、马骏、高善文、黄海洲、梁红、李文红等所提供的真知灼见。

　　课题组要感谢《径山报告》项目第一期的赞助方浙商银行。2015年劳动节假期，我在西子湖畔与浙商银行原行长刘晓春一起品茶，提到这个项目的初步设想，刘行长当机立断，决定支持，令我十分感动。苏雪燕、杜权以及浙商银行其他高管也提供了很多支持。中国金融四十人论坛秘书处在王海明秘书长的领导下，为课题组的组建，报告的开题、评审、发布等活动，以及报告的编辑、翻译和中英文出版，做了大量的工作。特别要感谢宋晓佺、刘雅、高秋月、廉薇、胡冰、马冬冬、金石为、杨博、景滔、丁铁成、李盼、孟凡钰等的辛勤劳动，没有他们的付出，就不会有这三份《径山报告》。

　　过去三年，每年暑假我都要花一个月的时间起草《径山报告》综合报告。这个过程既愉快又痛苦，仔细阅读每份分报告，时时能感受到思想的火花和实践的真知，但要将它们整合到统一的分析框架下，讲一个前后逻辑一致的故事，却绝非易事。有时候只好求同存异，允许综合报告与分报告之间存在一些观点的差异。但愉快也好，痛苦也好，这段经历必将成为我人生中一段十分美好的回忆。

《径山报告》第一期结束了，但这个报告系列还会继续，今后我将和大家一起热切地期待新报告出炉，为新课题组的精彩观点鼓掌。

黄益平

2020 年 2 月 14 日